논리적 사고와 문제 해결 능력을 기르는 수학 읽기

프로그래머,
수학으로 생각하라

논리적 사고와 문제 해결 능력을 기르는
수학 읽기

프로그래머, 수학으로 생각하라 개정판

초판 1쇄 2018년 07월 02일
6쇄 2024년 05월 15일

지은이 유키 히로시
옮긴이 안동현
발행인 최홍석

발행처 (주)프리렉
출판신고 2000년 3월 7일 제 13-634호
주소 경기도 부천시 길주로 77번길 19 세진프라자 201호
전화 032-326-7282(代) **팩스** 032-326-5866
URL www.freelec.co.kr

편 집 강신원, 하나래
디자인 김혜정

ISBN 978-89-6540-218-3

이 책은 저작권법에 따라 보호받는 저작물이므로 무단 전재와 무단 복제를
금지하며, 이 책 내용의 전부 또는 일부를 이용하려면 반드시 저작권자와
(주)프리렉의 서면 동의를 받아야 합니다.
책값은 표지 뒷면에 있습니다.
잘못된 책은 구입하신 곳에서 바꾸어 드립니다.

이 책에 대한 의견이나 오탈자, 잘못된 내용의 수정 정보 등은 프리렉 홈페이지(freelec.co.kr)
또는 이메일(help@freelec.co.kr)로 연락 바랍니다.

프로그래머, 수학으로 생각하라

논리적 사고와 문제 해결 능력을
기르는 수학 읽기

유키 히로시 저 안동현 역

PROGRAMMER NO SUGAKU DAI NI HAN
Copyright ⓒ 2018 Hiroshi Yuki
First published in Japan in 2018 by SB Creative Corp., Tokyo
Korean Translation Copyright ⓒ 2018 by FREELEC
Korean translation rights arranged with SB Creative Corp.
through Shinwon Agency Co.

이 책의 한국어판 저작권은 신원에이전시를 통해 저작권자와 독점 계약한 프리렉에 있습니다.
저작권법에 의해 한국 내에서 보호를 받는 저작물이므로 무단 전재와 복제를 금합니다.

시작하며

안녕하세요, 유키 히로시結城浩입니다. ≪프로그래머, 수학으로 생각하라(개정판)≫에 오신 것을 환영합니다.

이 책은 프로그래머를 위한 수학책입니다.

프로그래밍의 기본은 컴퓨터 과학이며 컴퓨터 과학의 기본은 수학입니다. 그러므로 수학을 배운다는 것은 프로그래밍의 기초를 탄탄히 하는 것으로, 수학을 배우면 제대로 된 프로그램을 만드는 데 많은 도움이 됩니다.

"그렇지만, 아무리 해도 수학에는 약해요."라는 독자분도 있을 것입니다. 특히 "수식이 나오면 바로 건너뛰어 버려요."라는 독자가 많으리라고 생각합니다. 솔직히 말씀드리면 저 자신도 책을 읽는 도중 수식이 나오면 그 부분은 건너뛰곤 합니다.

이 책은 이렇게 '건너뛰고 싶은 수식'은 될 수 있으면 다루지 않았습니다. 또한, 정의나 정리, 증명이 책 지면을 가득 채우지도 않습니다. 단, '9장 머신러닝 첫걸음'에서는 기본적인 수식을 몇 가지 소개하고 있습니다.

이 책은 어디까지나 프로그래머가 **늘 접하는 프로그래밍 작업을 더 잘 이해할 수 있도록 하는 데 도움이 되는 책**입니다. 이 책을 통해 프로그래밍에 도움이 되는 '수학적 사고방식'을 배워 보기 바랍니다.

이 책에서 다루는 수학적 사고방식

'수학적 사고방식'을 배운다는 것이 너무 추상적이므로 몇 가지 예를 이용하여 이야기해 보겠습니다.

조건 분기와 논리

프로그래밍을 할 때 우리는 조건에 따라 처리를 '분기'하게 됩니다. C나 Java라면 if 문을 사용할 것입니다. 조건을 만족한다면 해당하는 처리를 수행하고, 만족

하지 않는다면 다른 처리를 수행하도록 제어합니다. 이때 우리는 수학의 한 분야인 '논리'를 사용하여 프로그램을 제어하는 것입니다. 그러므로 프로그래밍에서는 '이고', '또는', '~가 아니다', '~이라면 …'처럼 논리를 구성하는 요소를 정확히 사용해야 합니다.

반복과 수학적 귀납법

대량의 정보를 처리할 때는 프로그램을 이용하여 '반복'을 수행합니다. 예를 들어 for 문을 사용하면 많은 데이터를 반복하여 처리할 수 있습니다. 이러한 반복을 뒷받침하는 것이 바로 '수학적 귀납법'입니다.

경우 나누기와 수를 세는 법칙

많은 조건이나 데이터를 경우에 따라 나눌 때, 프로그래머는 결코 놓치는 것이 없도록 신경을 써야만 합니다. 그럴 때는 덧셈 법칙과 곱셈 법칙, 순열, 조합 등의 수를 세는 법칙이 도움됩니다. 이는 프로그래머가 항상 배우고 익숙해져야 하는 수학 도구라 할 수 있습니다.

이 외에도 이 책에서는 재귀, 지수, 로그, 나머지 등 기본적이고 중요한 사고방식도 함께 배울 수 있도록 했습니다.

사람과 컴퓨터의 공동 전선

우리는 사람의 능력만으로는 풀 수 없는 문제를 풀기 위해 프로그램을 작성합니다. 프로그래머는 문제를 이해한 다음 이를 해결하는 프로그램을 만듭니다. 이후 컴퓨터는 그 프로그램을 실행하고 문제를 풀게 됩니다.

사람은 반복에 익숙하지 않습니다. 금방 지쳐 버리고 실수를 하곤 합니다. 그러나 복잡한 문제를 푸는 데는 능력을 발휘합니다. 이에 반해 컴퓨터는 반복에는 익숙하나 문제 자체를 스스로 풀지는 못합니다.

즉, 사람과 컴퓨터는 힘을 합쳐 문제를 해결해야 합니다.

어려운 문제에 부딪혔을 때, 사람의 능력만으로는 풀 수 없습니다. 컴퓨터만으로도 풀 수 없습니다. 그러나 사람과 컴퓨터가 힘을 합치면 풀 수 있습니다. 바로 이러한 모습을 그리고자 하는 것도 이 책의 목적 중 하나입니다.

그러나 프로그램을 만드는 것이 그리 쉬운 것은 아닙니다. 아무리 사람과 컴퓨터가 힘을 합쳐 도전한다고 해도 좀처럼 풀 수 없는 문제도 있습니다. 이 책에서는 사람과 컴퓨터의 한계에 대해서도 살펴볼 것입니다.

이 책을 다 읽었을 때 프로그램을 사용하여 사람과 컴퓨터가 공동으로 이루고자 하는 것이 무엇인지를 더욱 깊게 이해할 수 있으면 좋겠습니다.

이 책의 대상 독자

이 책의 주된 대상 독자는 프로그래머입니다. 그러나 프로그래밍이나 수학에 관심이 있는 분이라면 누구라도 재미있게 읽을 수 있습니다.

수학을 잘 알고 있을 필요는 없습니다. 머신러닝을 다루는 부분을 제외하면 이 책에는 Σ나 $\int$을 사용한 어려운 수식은 등장하지 않으므로 수학에 서투른 독자라도 읽는 데 문제는 없습니다. 이 책을 읽는 데 필요한 수학 지식은 사칙연산($+ - \times \div$)과 거듭제곱($2^3 = 2 \times 2 \times 2$) 정도입니다. **그 외는 본문에서 모두 설명합니다.**

숫자나 논리에 흥미가 있는 분이라면 더욱 재미있게 이 책을 읽을 수 있습니다.

프로그래밍을 잘 못해도 상관없습니다. 그러나 조금이라도 프로그래밍을 해 본 경험이 있다면 이 책을 통해 많은 도움을 받을 수 있습니다. 설명을 돕고자 C 언어를 이용한 프로그램을 몇 가지 사용하지만, C 언어를 알지 못해도 이 책을 읽는 데 어려움은 없습니다.

이 책의 구성

이 책은 각 장을 어떤 순서로 읽어도 상관없지만, 될 수 있으면 첫 장부터 순서대로 읽을 것을 추천합니다.

1장은 **영(0)**에 대한 이야기입니다. 자리 표기법을 이용하여 영의 존재가 규칙을 단순화한다는 것을 배우고 '아무것도 없음'이라는 것이 '있음'이라는 의미에 대해 생각해 봅니다.

2장에서는 논리를 사용하여 복잡한 내용을 정리하는 것에 대해 배워 봅니다. **논리식과 진리표, 드모르간 법칙, 3값 논리, 카르노 맵** 등을 소개합니다.

3장에서는 **나머지**를 '그룹화'라는 관점에서 이야기를 진행합니다. 어려운 문제라도 주기성을 발견하면 풀 수 있을 때가 있음을 배워 봅니다.

4장에서는 **수학적 귀납법**을 배웁니다. 수학적 귀납법은 단 2단계로 수많은 주장을 증명하는 방법입니다. 또한, **루프 불변**을 사용하여 올바른 반복을 만드는 예를 소개합니다.

5장에서는 **순열과 조합** 등 **수를 세는 법칙**을 배웁니다. 수를 셀 때는 '세고자 하는 대상의 성질을 파악하는 것'이 그 무엇보다도 중요합니다.

6장에서는 자신을 이용하여 자신을 정의하는 **재귀**에 대해 배워 봅니다. **하노이의 탑과 피보나치 수열, 프랙털 도형** 등을 이용하여 복잡한 것 안에서 재귀적인 구조를 발견하는 연습을 해 보도록 하겠습니다.

7장에서는 **지수적 폭발**에 대해 배워 봅니다. 지수적 폭발이 포함된 문제는 컴퓨터조차도 풀기가 어려울 수 있습니다. 이와는 반대로 지수적 폭발을 거꾸로 이용하여 규모가 엄청나게 큰 문제를 푸는 방법에 대해서도 생각해 보겠습니다. 또한, **이진 검색**을 이용하여 문제 공간을 둘로 나눈다는 것의 의미에 대해서도 배워 보겠습니다.

8장에서는 **정지 판정 문제**를 이용하여 프로그램에 관련된 문제 중 많은 것은 컴퓨터가 아무리 진화한다고 해도 절대로 풀 수 없다는 것도 배워 보겠습니다. 이와 함께 **귀류법**이나 **대각선 논법**에 대해서도 살펴보겠습니다.

9장에서는 최근 주목받는 **머신러닝**에 대해 알아봅니다. 여기서는 머신러닝에 등장하는 기본 개념을 몇 가지 소개합니다.

10장에서는 이 책에서 배운 내용을 복습하며 구조를 발견하는 사람의 능력이 문제 해결에 어떤 역할을 하는지, 사람과 컴퓨터의 협력이 어떤 의미인지에 대해서 생각해 보겠습니다.

고마움의 글

마틴 가드너 Martin Gardner 에게 고마움의 말을 전합니다. "수학 게임"에 빠져 정신없이 읽던 어린 시절이 지금도 그립습니다.

필자를 응원해 준 독자 여러분, 필자를 위해 기도해 준 크리스천 친구들에게도 고마움의 말을 전합니다.

이 책의 원고에 관심을 두고 귀중한 조언과 격려를 아끼지 않은 많은 분에게도 표현할 수 없는 감사의 말을 전합니다.

이 책이 완성될 때까지 인내를 가지고 지원해 준 소프트뱅크 퍼블리케이션 주식회사의 편집장님에게도 고마움을 전합니다.

언제나 저를 격려해 주는 가장 사랑하는 부인과 두 명의 아이에게도 고마움을 전합니다.

식탁에서 연립방정식에서 미적분까지 가르쳐 준 아버지에게 이 책을 바칩니다. 아버지 고맙습니다.

지은이 유키 히로시 結城 浩

2판 발간에 즈음하여

최근 머신러닝(기계학습), 딥러닝(심층학습), 인공지능(AI) 등의 키워드를 뉴스 등에서 자주 보게 됩니다. 머신러닝에 관심이 있는 사람도 많습니다.

그러나 머신러닝은 프로그래밍과 수학 모두와 깊은 관계가 있으며 변화가 심하고 주제도 넓은 범위에 미치므로 먼 이야기처럼 느끼는 사람도 있을 것입니다.

그래서 이번 2판에서는 '머신러닝 첫걸음'이라는 제목의 장을 새롭게 추가했습니다. 여기에서는 머신러닝에 등장하는 기본적인 개념을 순서에 맞게 소개합니다.

이 책은 '가능한 한 수식은 사용하지 않는다'라는 방침을 적용했지만, '머신러닝 첫걸음'에서는 간단한 수식을 소개하고 설명합니다. 수식에 익숙하지 않다면 '쉬운' 내용을 설명하고 있음에도 '어렵다'고 느낄 수 있습니다. 수식을 보기만 해도 사고가 정지해 버리는 것은 정말로 안타까운 일입니다. 수식도 그렇게 두렵지는 않습니다.

이렇게 새로 추가된 내용이 여러분이 머신러닝으로 첫걸음을 내딛는 데 도움이 되었으면 하는 바람입니다.

2017년 12월

요코하마에서

목차

시작하며	5
이 책에서 다루는 수학적 사고방식	5
사람과 컴퓨터의 공동 전선	6
이 책의 대상 독자	7
이 책의 구성	8
고마움의 글	9
2판 발간에 즈음하여	10

| Chapter 01 |

0 이야기 '없다'는 것이 '있다'라는 의미   21

이 장에서 배울 내용	22
초등학교 1학년의 추억	23
10진법	23
2503의 분해	24
2진법	25
1100의 분해	26
진법 변환	27
컴퓨터에서 2진법을 사용하는 이유	28
자리 표기법	31
자리 표기법을 사용하지 않는 로마 숫자	33
지수법칙	34
10의 0승은 무엇인가?	34
10^{-1}은 무엇인가?	35
규칙 확장	36
2^0 생각해 보기	36

2^{-1}은 무엇인가?	37
0의 역할	**38**
자리 확보	38
패턴을 만들어 규칙을 간단하게 하기	38
일상생활에서의 0	39
인간의 한계와 구조의 발견	**41**
역사를 되돌아보며	41
인간의 한계를 넘으려면	42
이 장에서 배운 내용	**44**

| Chapter 02 |

논리 | true와 false 둘로 나누기   45

이 장에서 배울 내용	**46**
왜 논리가 중요한가?	**47**
논리는 애매함을 없애는 도구	47
논리를 부정적으로 느끼는 분에게	47
승차 요금 문제: 빠짐없고 겹치지 않는 분할에 대해	**48**
버스 요금 규칙	48
명제와 참·거짓	49
'누락'은 없는가?	50
'중복'은 없는가?	51
수직선을 그려 생각하기	52
경계에 주의하자	53
빠짐없고 겹치지 않는 분할	53
문제를 분할하는 if 문	54
논리의 기본은 둘로 나누기	55
복잡한 명제 만들기	**55**
부정: A가 아니다	56
논리곱: A이고 B	59

논리합: A 또는 B	61
배타적 논리합: A 또는 B(그러나 둘 다는 아님)	65
등치: A와 B는 같다	67
조건 명제: A라면 B	69
더 알아보기	75

드모르간의 법칙 — 77
드모르간의 법칙이란? — 77
쌍대성 — 78

카르노 맵 — 79
두 개의 램프 게임 — 79
논리식으로 생각하기 — 80
카르노 맵 사용하기 — 81
세 개의 램프 게임 — 83

정의되지 않음을 포함한 논리 — 86
조건 논리곱(&&) — 87
조건 논리합(||) — 89
3값 논리의 부정(!) — 91
3값 논리에서 드모르간 법칙 — 91
더 알아보기 — 93

이 장에서 배운 내용 — 93

| Chapter 03 |

나머지 주기성과 그룹 나누기 — 95

이 장에서 배울 내용 — 96

요일 퀴즈 (1) — 97
100일 후는 무슨 요일? — 97
퀴즈의 답 — 97
나머지를 사용하여 생각해 보기 — 97
나머지의 힘: 큰 수를 나눗셈 한 번으로 그룹 나누기 — 98

요일 퀴즈 (2)	99
10^{100}일 후는 무슨 요일?	99
힌트: 직접 계산할 수 있을까?	99
퀴즈의 답	99
주기성 알아내기	100
주기를 시각적으로 표현하기	101
거듭제곱 퀴즈	102
$1234567^{987654321}$	102
힌트: 실험을 통한 주기성 발견	103
퀴즈의 답	103
되돌아보며: 주기성의 발견과 나머지의 관계	104
오셀로 게임을 이용한 통신	104
힌트	106
퀴즈의 답	106
패리티 확인	107
패리티 비트를 이용하여 두 개의 그룹으로 나누기	107
친구 찾기 퀴즈	108
힌트: 작은 수를 이용하여 실험하기	108
퀴즈의 답	109
되돌아보며	109
타일 깔기 퀴즈	111
힌트: 타일 수를 세어 보면	111
퀴즈의 답	112
되돌아보며	112
한붓그리기 퀴즈	113
쾨니히스베르크의 다리	113
힌트: 시험 삼아해 보기	114
힌트: 단순화하여 생각해 보기	116
힌트: 입구와 출구를 생각해 보기	116
퀴즈의 답	117

패리티 확인	121
이 장에서 배운 내용	121

Chapter 04	
수학적 귀납법 **수많은 도미노를 쓰러뜨리려면**	123
이 장에서 배울 내용	124
소년 가우스, 덧셈을 구하다	125
생각해 보기	125
가우스 소년의 정답	125
가우스 소년의 정답 검토하기	126
일반화하기	128
수학적 귀납법: 수많은 도미노를 쓰러뜨리려면	129
0 이상의 정수에 대한 주장	129
가우스 소년의 주장	130
수학적 귀납법이란?	131
도미노의 예	132
가우스 소년의 주장을 수학적 귀납법으로 증명하기	133
홀수의 합 구하기: 수학적 귀납법의 예	135
수학적 귀납법을 이용하여 증명하기	136
그림을 이용하여 설명하기	138
오셀로 퀴즈: 잘못된 수학적 귀납법	138
힌트: 그림 때문에 헷갈리지 않도록	141
퀴즈의 답	141
프로그램과 수학적 귀납법	141
수학적 귀납법을 반복으로 표현하기	142
루프 불변	144
이 장에서 배운 내용	148

| Chapter 05 |

순열과 조합 세지 않기 위한 법칙 — 151

- 이 장에서 배울 내용 — 152
- 센다는 것: 정수와의 대응 — 153
  - '누락'과 '중복'에 주의 — 153
- 나무 세기: 0을 잊지 말자 — 154
- 덧셈 법칙 — 157
- 곱셈 법칙 — 161
- 치환 — 164
  - 일반화하기 — 165
  - 트럼프 나열 방법 — 167
- 순열 — 167
  - 일반화하기 — 170
  - 수형도: 성질을 파악할 수 있는가? — 172
- 조합 — 175
  - 일반화하기 — 176
  - 치환·순열·조합 사이의 관계 — 178
- 퀴즈로 연습하기 — 180
  - 중복 조합 — 181
  - 논리도 사용하자 — 183
- 이 장에서 배운 내용 — 186

| Chapter 06 |

재귀 자신으로 자신을 정의 — 189

- 이 장에서 배울 내용 — 190

하노이의 탑   191
- 힌트: 작은 하노이의 탑을 풀면서 생각해 보자   191
- 퀴즈의 답   194
- 닫힌 식 구하기   197
- 하노이의 탑을 푸는 프로그램   198
- 재귀적인 구조를 발견하자   199

두 번째 계승   201
- 계승의 재귀적 정의   201
- 덧셈의 정의   203
- 재귀와 귀납   203

피보나치 수열   204
- 늘어나는 생물   205
- 피보나치 수열   208

파스칼의 삼각형   211
- 조합의 수를 재귀적으로 정의   214
- 조합론적 해석   215

재귀적인 도형   217
- 실제로 그려 보기   218
- 시어핀스키 개스킷   220

이 장에서 배운 내용   221

| Chapter 07 |

지수적 폭발   곤란한 문제와의 싸움   223

이 장에서 배울 내용   224

지수적 폭발이란 무엇인가?   225
- 달에 닿는 종이 접기   225
- 지수적 폭발   227

두 배 게임: 지수적 폭발이 일으키는 문제   228

프로그램의 설정 옵션	229
'정해져 있다'는 통하지 않음	231
이진 검색: 지수적 폭발을 이용한 검색	**232**
범인 찾기 퀴즈	232
힌트: 더 적은 수로 생각하기	233
퀴즈의 답	234
재귀적인 구조의 발견과 점화식	235
이진 검색과 지수적 폭발	237
로그: 지수적 폭발을 다루는 도구	**239**
로그와 거듭제곱의 관계	240
2를 밑으로 하는 로그	242
로그 그래프	243
지수법칙과 로그	244
로그와 계산자	247
암호: 지수적 폭발로 비밀을 지킴	**249**
무작위 공격	249
비트의 길이와 안전성과의 관계	250
지수적 폭발에 대처하려면	**252**
문제 공간의 넓이 이해하기	252
네 가지 대처법	253
이 장에서 배운 내용	**254**

| Chapter 08 |

계산할 수 없는 문제 셀 수 없는 수, 프로그래밍할 수 없는 프로그램   257

이 장에서 배울 내용	**258**
귀류법	**259**
소수 퀴즈	260
귀류법에서 주의할 점	262
셀 수 있음	**263**

셀 수 있는 집합의 예	263
셀 수 없는 집합은 있는가?	267

대각선 논법   267

정수열 전체는 셀 수 없다	267
실수 전체의 집합은 셀 수 없다	273
함수의 집합도 셀 수 없다	274

계산할 수 없는 문제   276

계산할 수 없는 문제란?	277
계산할 수 없는 문제가 있다	278

정지 판정 문제   279

프로그램의 정지 판정	280
프로그램을 조사하는 프로그램	281
정지 판정 문제란?	282
정지 판정 문제의 증명	284
이해되지 않는 분을 위해	288
계산할 수 없는 문제는 많다	290

이 장에서 배운 내용   291

| Chapter 09 |

머신러닝 첫걸음   예측 문제와 분류 문제   293

이 장에서 배울 내용   294

머신러닝이란?   295

주목받는 머신러닝	295
머신러닝은 시대의 기술	295

예측 문제와 분류 문제   296

예측 문제	297
분류 문제	300

퍼셉트론   303

퍼셉트론이란?	303
가중합	304
활성화 함수	308
퍼셉트론 요약	309
머신러닝에서의 '학습'	**309**
학습의 흐름	310
훈련 데이터와 테스트 데이터	311
손실 함수	311
기울기 하강법	315
프로그래머의 관여	317
신경망	**317**
신경망이란?	318
오차 역전파법	319
딥러닝과 강화학습	320
인간은 필요 없어지는가?	**321**
이 장에서 배운 내용	**323**

| Chapter 10 |

프로그래머 수학이란? 정리를 대신하여   325

이 책을 되돌아보며	**326**
문제를 해결한다는 것	**330**
패턴을 발견하여 일반화	330
서투름에서 생기는 지혜	331
판타지 법칙	331
프로그래머에게 수학이란	333

| **찾아보기** | **334** |

| Chapter 01 |

0 이야기

'없다'는 것이 '있다'라는 의미

 시작하는 대화

선생님   "1, 2, 3은 로마 숫자로 I, II, III이라고 씁니다."
학생   "덧셈은 쉽네요. I + II는 I를 세 개 나열하여 III로 만들면 되니까요."
선생님   "그렇지만 II + III는 IIIII가 아니라 V랍니다."
학생   "아, 그런가요?"
선생님   "숫자가 커질수록 정리하는 데 약간의 수고가 필요하답니다."

이 장에서 배울 내용

이 장에서는 0에 대해 배워 봅니다.

우선 우리 인간이 사용하는 10진법과 컴퓨터가 사용하는 2진법에 대해 이야기해 보겠습니다. 그런 다음 숫자 표기법에 대해 설명하고 0의 역할에 대해 함께 생각해 보도록 합니다. 0은 '아무것도 없음'을 나타내는 것처럼 보이지만, 실제로는 패턴을 만들어 규칙을 간단하게 정리하는 커다란 역할을 하고 있습니다.

| Chapter 01 | 0 이야기: '없다'는 것이 있다라는 의미

초등학교 1학년의 추억

다음은 지금도 기억하는 초등학교 1학년 시절의 추억입니다.

"그러면 공책을 펴고 '십이'라고 쓰세요."라고 선생님이 말씀하셨습니다. 저는 새로 산 공책을 펴고 날카롭게 깎은 연필을 쥐고 숫자로 크게 다음과 같이 썼습니다.

$$102$$

선생님은 저에게 오셔서 공책을 보시더니 미소를 지으시며 이렇게 말씀하셨습니다.

"틀렸네요. 12라고 쓰는 거예요."

어린 시절 저는 선생님이 '십이'라고 말씀하신 대로 '10(십)'과 '2(이)'를 썼습니다. 그러나 이렇게 쓰면 틀린 것이었습니다. 여러분도 잘 알겠지만 '십이'는 12라고 표기하기 때문입니다.

그런데 로마 숫자에서는 '십이'를 XII라고 표기합니다. X는 10을 나타내고 I는 1을 나타냅니다. II는 I가 두 개이므로 2를 나타냅니다. 즉, XII는 십(X)과 이(II)를 나란히 표기한 것입니다.

'십이'라는 하나의 수를 12나 XII로 표기하듯이 숫자에는 다양한 표기법이 있습니다. 12라고 쓰는 것은 아라비아 숫자를 이용한 표기법이고 XII라고 쓰는 것은 로마 숫자를 이용한 표기법입니다. 어느 표기법을 쓰더라도 나타내고자 하는 '숫자 자체'는 다르지 않습니다. 그러면 지금부터 표기법을 몇 가지 소개해 보도록 하겠습니다.

10진법

10진법에 대해 알아봅시다.

우리는 보통 **10진법**을 사용합니다.

- 사용하는 숫자는 0, 1, 2, 3, 4, 5, 6, 7, 8, 9의 10종류입니다.
- 자릿수에 의미가 있으며 오른쪽으로부터 1의 자리, 10의 자리, 100의 자리, 1000의 자리라고 표현합니다.

이러한 약속은 초등학교 수학 시간에 배웠을 것입니다. 일상생활에서 쓰고 있으므로 모두 잘 알고 있겠지요. 여기서는 복습을 할 겸 실례를 들어 10진법에 대해 설명하겠습니다.

2503의 분해

먼저 2503이라는 수를 예로 들어 생각해 봅시다. 2503은 2, 5, 0, 3이라는 네 개의 숫자를 나열하여 2503이라는 하나의 숫자를 나타냅니다.

$$\boxed{2}\ \boxed{5}\ \boxed{0}\ \boxed{3}$$

이렇게 나열한 숫자는 자릿수에 따라 의미가 달라집니다.

- 2는 '1000의 개수'를 나타냅니다.
- 5는 '100의 개수'를 나타냅니다.
- 0은 '10의 개수'를 나타냅니다.
- 3은 '1의 개수'를 나타냅니다.

즉, 2503이라는 수는 2개의 1000과 5개의 100, 0개의 10과 3개의 1을 더한 수를 표현한 것입니다.

숫자와 말로만 설명해서는 재미가 없으므로 그림으로 나타내 보겠습니다.

$$2 \times 1000\ +\ 5 \times 100\ +\ 0 \times 10\ +\ 3 \times 1$$

이렇게 숫자에 크고 작음을 함께 표현하니 각 자릿수의 숫자 2, 5, 0, 3이 등장하는 패턴을 잘 알 수 있습니다.

1000은 10×10×10, 즉 10^3(10의 3승)이고 100은 10×10, 즉 10^2(10의 2승)이므로 다음과 같이 표현할 수도 있습니다. (화살표 부분에 주목해 주세요.)

$$\mathbf{2} \times 10^3 + \mathbf{5} \times 10^2 + \mathbf{0} \times 10 + \mathbf{3} \times 1$$

더불어 10은 10^1(10의 1승), 1은 10^0(10의 0승)이므로 다음과 같이 쓸 수 있습니다.

$$\mathbf{2} \times 10^3 + \mathbf{5} \times 10^2 + \mathbf{0} \times 10^1 + \mathbf{3} \times 10^0$$

1,000의 자리, 100의 자리, 10의 자리, 1의 자리는 각각 10^3 자리, 10^2 자리, 10^1 자리, 10^0 자리라고 표현해도 좋을 것입니다. 10진법의 자리는 모두 10^n이라는 형태로 이루어집니다. 여기서 10을 10진법의 **기수** 또는 **밑수**라고 일컫습니다.

밑수 10의 오른쪽 위에 있는 수(지수)가 3, 2, 1, 0처럼 규칙적이라는 점을 기억해 두기 바랍니다.

$$\mathbf{2} \times 10^{\underset{3}{\downarrow}} + \mathbf{5} \times 10^{\underset{2}{\downarrow}} + \mathbf{0} \times 10^{\underset{1}{\downarrow}} + \mathbf{3} \times 10^{\underset{0}{\downarrow}}$$

2진법

다음은 2진법에 대해 알아보겠습니다.

컴퓨터는 수를 다룰 때 2진법을 사용합니다. 10진법으로부터 유추해 보면 규칙을 쉽게 알 수 있습니다.

- 사용하는 숫자는 0과 1 두 종류뿐입니다.
- 오른쪽부터 순서대로 1의 자리, 2의 자리, 4의 자리, 8의 자리, …를 나타냅니다.

2진법으로 수를 순서대로 세어 보면 먼저 0, 그리고 1, 다음은 2가 아니라 한 자리를 올려 10이 되고, 이어서 11, 100, 101 순으로 계속됩니다.

표 1-1 0부터 49까지의 수를 10진법과 2진법으로 표기

10진법	2진법	10진법	2진법	10진법	2진법	10진법	2진법	10진법	2진법
0	0	10	1010	20	10100	30	11110	40	101000
1	1	11	1011	21	10101	31	11111	41	101001
2	10	12	1100	22	10110	32	100000	42	101010
3	11	13	1101	23	10111	33	100001	43	101011
4	100	14	1110	24	11000	34	100010	44	101100
5	101	15	1111	25	11001	35	100011	45	101101
6	110	16	10000	26	11010	36	100100	46	101110
7	111	17	10001	27	11011	37	100101	47	101111
8	1000	18	10010	28	11100	38	100110	48	110000
9	1001	19	10011	29	11101	39	100111	49	110001

1100의 분해

여기서 2진법으로 1100이라 쓴 수를 예로 들어 자세하게 살펴보겠습니다.

10진법일 때와 마찬가지로 나열한 숫자는 자릿수에 따라 의미가 달라집니다. 왼쪽 자리부터 순서대로 다음과 같습니다.

- 1은 '8의 개수'를 나타냅니다.
- 1은 '4의 개수'를 나타냅니다.
- 0은 '2의 개수'를 나타냅니다.
- 0은 '1의 개수'를 나타냅니다.

| Chapter 01 | 0 이야기: 없다는 것이 있다라는 의미

즉, 2진법 1100은 1개의 8, 1개의 4, 0개의 2와 0개의 1을 더한 수입니다. 여기서 나온 8, 4, 2, 1이라는 수는 각각 2^3, 2^2, 2^1, 2^0을 나타냅니다. 다른 말로 하면 2진법의 1100은 다음과 같이 쓸 수 있습니다.

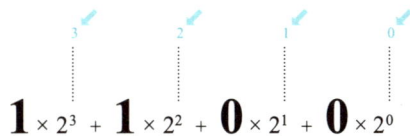

이 식을 계산하면 2진법으로 쓴 1100을 10진법으로 변환할 수 있습니다.

$$1 \times 2^3 + 1 \times 2^2 + 0 \times 2^1 + 0 \times 2^0 = 1 \times 8 + 1 \times 4 + 0 \times 2 + 0 \times 1$$
$$= 8 + 4 + 0 + 0$$
$$= 12$$

이로써 2진법으로 표기한 1100을 10진법으로 표기하면 12가 된다는 것을 알 수 있습니다.

진법 변환

10진법으로 쓴 12를 2진법으로 바꾸어 보겠습니다. 그러려면 먼저 12를 2로 반복해서 나누어(12를 2로 나누고 그 몫인 6을 다시 2로 나누고 또다시 그 몫인 3을 2로 나누는 등), 나머지가 1인지 0인지를 조사합니다. 나머지가 0이라는 것은 나누어떨어진다는 의미입니다. 이렇게 얻은 나머지(1과 0)를 반대 순서로 나열하면 2진법 표기가 됩니다.

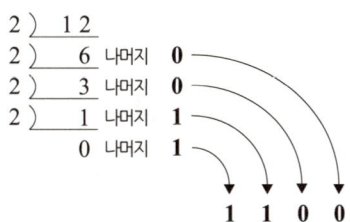

그림 1-1 12를 2진법으로 표기

같은 방법으로 10진수로 표기한 2503을 2진법으로 표기해 보겠습니다.

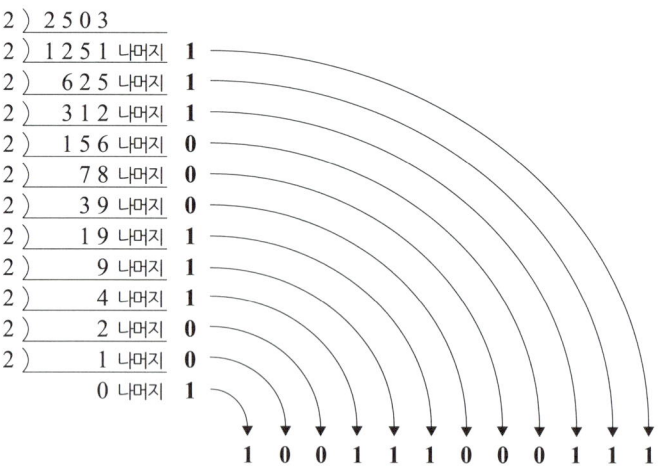

그림 1-2 2503을 2진법으로 표기

그림 1-2를 통해 10진법으로 표기한 2503을 2진법으로 바꾸면 100111000111이 된다는 것을 알 수 있습니다. 각 자리를 강조하여 표기하면 다음과 같이 나타낼 수 있습니다.

$$1 \times 2^{11} + 0 \times 2^{10} + 0 \times 2^9 + 1 \times 2^8 + 1 \times 2^7 + 1 \times 2^6 + 0 \times 2^5 + 0 \times 2^4 + 0 \times 2^3 + 1 \times 2^2 + 1 \times 2^1 + 1 \times 2^0$$

10진법에서는 밑수가 10이고 각 자리는 10^n이라는 형태가 됩니다. 이에 비해 2진법에서는 밑수가 2이고 각 자리는 2^n이라는 형태가 됩니다. 10진법에서 2진법으로 표기 형식을 바꾸는 것을 10진법에서 2진법으로의 **진법 변환**(또는 기수 교환)이라고 합니다.

컴퓨터에서 2진법을 사용하는 이유

컴퓨터에서는 일반적으로 2진법을 사용하는데, 왜 그런지 생각해 보도록 합시다. 컴퓨터에서는 수를 표현할 때 다음과 같은 두 가지 상태를 이용합니다.

- 스위치가 꺼진 상태
- 스위치가 켜진 상태

여기서 말하는 스위치는 기계적인 것뿐만 아니라 전자 회로로 만든 스위치라고 생각해도 상관없습니다. 요컨대 두 가지의 상태를 표현할 수 있으면 어떤 것도 괜찮습니다. 스위치에 있는 두 가지 상태를 0과 1이라는 숫자에 대응시킵니다.

- 스위치가 꺼진 상태 - 0
- 스위치가 켜진 상태 - 1

하나의 스위치가 있으면 0이나 1 둘 중 하나를 표현할 수 있습니다. 여기서 여러 개의 스위치를 나열하여 각각의 스위치가 2진법의 각 자리를 나타낸다고 생각해 봅시다. 그러면 스위치의 개수를 늘리기만 하면 아무리 큰 수라도 표현할 수 있게 됩니다.

물론 0~9까지 10개의 상태를 표현할 수 있는 스위치를 만들면 컴퓨터가 10진법을 사용하는 것도 논리적으로는 가능합니다. 그러나 그렇게 하려면 0과 1로 이루어진 스위치와 비교하여 무척이나 복잡한 구조를 만들어야만 합니다.

또한, 다음 그림 1-3과 그림 1-4에 나타낸 덧셈표를 비교해 보기 바랍니다. 2진법의 표는 10진법의 표보다도 훨씬 작고 간단하다는 것을 알 수 있습니다. 한 자릿수를 계산하는 전자 회로를 만든다고 하면 10진법을 이용하는 것보다도 2진법을 이용하는 것이 훨씬 편할 것입니다.

다만, 2진법은 10진법과 비교하여 자릿수가 많아진다는 단점이 있습니다. 예를 들어 10진법에서는 숫자 2503이 네 자리로 표현되지만, 2진법에서 같은 숫자를 표현하려면 100111000111처럼 12자리가 필요합니다. 앞의 표 1-1을 보더라도 분명히 2진법 쪽이 자릿수가 많아진다는 것을 알 수 있습니다.

사람은 2진법보다도 10진법을 다루기 쉽다고 느낍니다. 10진법이 자릿수가 적으므로 계산할 때 실수할 확률이 낮기 때문입니다. 또한, 2진법보다도 10진법이 숫자의 크기를 직관적으로 판단하는 데 편리하다는 장점도 있습니다. 사람의 양손 손가락을 합하면 10개가 된다는 것도 10진법을 직관적으로 이해하게끔 합니다.

+	0	1	2	3	4	5	6	7	8	9
0	0	1	2	3	4	5	6	7	8	9
1	1	2	3	4	5	6	7	8	9	10
2	2	3	4	5	6	7	8	9	10	11
3	3	4	5	6	7	8	9	10	11	12
4	4	5	6	7	8	9	10	11	12	13
5	5	6	7	8	9	10	11	12	13	14
6	6	7	8	9	10	11	12	13	14	15
7	7	8	9	10	11	12	13	14	15	16
8	8	9	10	11	12	13	14	15	16	17
9	9	10	11	12	13	14	15	16	17	18

그림 1-3 10진법 덧셈표

+	0	1
0	0	1
1	1	10

그림 1-4 2진법 덧셈표

이에 비해 컴퓨터는 아주 빠르게 계산할 수 있으므로 자릿수의 많고 적음은 신경 쓰지 않습니다. 컴퓨터는 사람처럼 계산 실수를 하지도 않고, 수의 크기를 직관적으로 파악할 필요도 없습니다. 컴퓨터는 다루는 숫자의 종류가 적고, 계산 규칙이 간단한 것을 선호하기 때문입니다.

정리해 봅시다.

- 10진법에서는 자릿수는 적지만, 숫자의 종류가 많아집니다.
  → 사람은 이러는 편이 사용하기 쉽습니다.
- 2진법에서는 숫자의 종류는 적지만, 자릿수가 많아집니다.
  → 컴퓨터는 이러는 편이 사용하기 쉽습니다.

이러한 이유로 컴퓨터에서는 2진법을 사용하는 것입니다.

사람은 10진법을 사용하고 컴퓨터는 2진법을 사용하므로 컴퓨터가 10진법을 계산할 때는 10진법과 2진법 사이의 변환을 수행합니다. 컴퓨터는 10진법을 2진법으로 변환하고 2진법을 사용하여 계산한 다음, 2진법으로 얻은 계산 결과를 10진법으로 변환합니다.

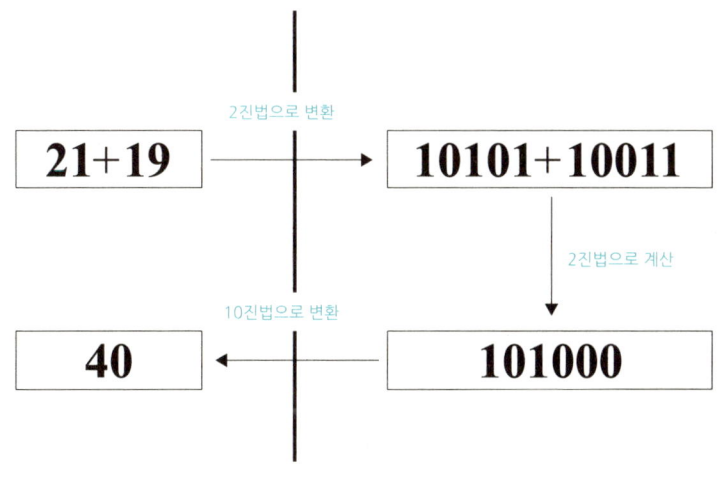

그림 1-5 사람이 컴퓨터를 사용하여 계산할 때

자리 표기법

자리 표기법을 살펴봅시다.

앞서 10진법과 2진법이라는 두 가지 표기법을 살펴보았습니다. 이들 방법은 일반적으로 **자리 표기법**Positional Notation 또는 위치 기수법이라 불립니다. 자리 표기법에는 10진법이나 2진법 외에도 다양한 종류가 있습니다. 프로그래밍에서는 8진법이나 16진법도 자주 사용합니다.

8진법

8진법의 특징은 다음과 같습니다.

- 사용하는 숫자는 0, 1, 2, 3, 4, 5, 6, 7의 8종류입니다.
- 오른쪽부터 순서대로 8^0 자리, 8^1 자리, 8^2 자리, 8^3 자리, …가 됩니다(기수는 8).

16진법

16진법의 특징은 다음과 같습니다.

- 사용하는 숫자는 0, 1, 2, 3, 4, 5, 6, 7, 8, 9, A, B, C, D, E, F의 16종류입니다.
- 오른쪽부터 순서대로 16^0 자리, 16^1 자리, 16^2 자리, 16^3 자리, …가 됩니다(기수는 16).

16진법에서는 10 이상을 나타내는 숫자로 A, B, C, D, E, F를 사용합니다(소문자 a, b, c, d, e, f를 사용할 때도 있습니다).

N진법

일반적으로 N진법의 특징은 다음과 같습니다.

- 사용하는 숫자는 0, 1, 2, 3, …, $N-1$의 N종류입니다.
- 오른쪽부터 순서대로 N^0 자리, N^1 자리, N^2 자리, N^3 자리, …가 됩니다(기수는 N).

예를 들어 N진법으로 $a_3a_2a_1a_0$의 네 자리로 표기된 수는 다음과 같은 의미입니다(a_3, a_2, a_1, a_0은 0 ~ $N-1$ 중 하나입니다).

$$a_3 \times N^3 + a_2 \times N^2 + a_1 \times N^1 + a_0 \times N^0$$

자리 표기법을 사용하지 않는 로마 숫자

자리 표기법은 무척 자연스럽고 당연하게 느껴지지만 자릿수를 사용하지 않는 숫자 표기법도 있습니다.

예를 들어 **로마 숫자**에서는 자리 표기법을 사용하지 않습니다. 로마 숫자는 지금까지도 시계의 문자판 등에 간간이 쓰이곤 합니다.

그림 1-6 로마 숫자를 사용한 시계의 문자판

또한, 영화 마지막에 스크린 위를 흐르는 제작진 소개 자막에 연도를 나타내는 MCMXCVIII라는 알파벳이 나올 때도 있습니다. 이것도 로마 숫자입니다.

로마 숫자 표기법의 특징은 다음과 같습니다.

- 숫자의 자리는 의미가 없으며 숫자 자체가 그 수를 나타냅니다.
- 0이 없습니다.
- I(1), V(5), X(10), L(50), C(100), D(500), M(1000) 등의 문자를 사용합니다.
- 나열한 문자가 나타내는 수를 모두 더한 것이 전체 수가 됩니다.

예를 들어 I를 3개 나열한 III는 3을 나타냅니다. 또한, V와 I를 나열한 VI는 6을 나타냅니다. VIII는 8이 됩니다.

로마 숫자의 덧셈은 단순히 기호를 나열만 하면 되므로 간단할까요? 분명히 1 + 2를 계산하려면 1을 나타내는 I와 2를 나타내는 II를 나열하여 III라 쓰면 됩니다. 그러나 수가 커지면 그리 간단하지만은 않습니다.

예를 들어 3 + 3의 계산은 III와 III를 나열한 IIIIII가 아니라 5씩 정리하여 VI가 됩니다. CXXIII(123)과 LXXVIII(78)을 더하면 CXXIIILXXVIII처럼 나열하기만 해서는 안 되고 IIIII를 V로, VV를 X로, XXXXX를 L로, LL을 C로 정리하여 CCI(201)이라고 표기해야 합니다. 결국, 기호를 정리하여 자리 표기법의 자릿수 올림과 마찬가지로 계산을 해야만 합니다.

더욱이 IV와 같이 V 왼쪽에 I를 두어 5 - 1, 즉 4를 나타낸다는 뺄셈 규칙이 사용될 때도 있습니다(시계의 문자판에는 과거에 IIII라 쓴 적도 있었습니다).

그러면 로마 숫자 MCMXCVIII를 10진법으로 표기해 보겠습니다.

$$\begin{aligned} MCMXCVIII &= (M) + (CM) + (XC) + (V) + (III) \\ &= (1000) + (1000-100) + (100-10) + (5) + (3) \\ &= 1998 \end{aligned}$$

결국, MCMXCVIII는 1998을 나타내는 것이 됩니다. 로마 숫자를 사용하는 것은 꽤 불편해 보이네요.

지수법칙

10의 0승은 무엇인가?

10진법을 설명할 때 '1은 10^0(10의 0승)'이라는 표현이 있었습니다. 즉, $10^0=1$이라는 뜻입니다.

혹시 다음과 같은 의문을 가진 독자분이 있을지도 모르겠습니다.

"10^2은 '10을 2번 곱한 수'이다. 그렇다면 10^0이라는 것은 '10을 0번 곱한 수'가 아닌가? 그렇다면 1이 아니라 0이 되는 것이 아닌가?"

이 의문의 핵심이 어디 있는지 주의 깊게 생각해 보기 바랍니다. 그것은 "10^n은 10을 n번 곱한 수이다."라는 부분에 있습니다. 10을 n번 곱한 수라고 할 때 우리 머릿속에서는 n에 해당하는 수로 자연스레 1, 2, 3, … 등을 생각할 것입니다. 그러므로 0번 곱한 수라고 할 때 그 의미를 어떻게 해석해야 하는지 알 수 없을지도

모릅니다.

여기서 'n번 곱한 수'라는 표현은 우선 잊도록 합시다. **지금까지 배운 지식으로부터 유추하건대 10^0을 어떻게 정의하여야 타당할 것인가**의 관점에서 생각해 보겠습니다.

우리가 흔히 아는 것부터 시작해 보도록 하겠습니다. 10^3은 1000이고 10^2는 100입니다. 그리고 10^1은 10입니다. 이 식을 나열하여 규칙성을 찾아보겠습니다.

$$10^3 = 1000$$
$$10^2 = 100$$
$$10^1 = 10$$
$$10^0 = ?$$

10분의 1
10분의 1
10분의 1

10의 오른쪽 위에 있는 숫자(지수)가 1 감소할 때마다 수는 10분의 1로 줄어듭니다. 그렇다면 10^0은 1이 될 거라고 생각하는 것이 타당하지 않을까요? 0을 특별한 것으로 생각하지 말고 0까지 포함하여 다음과 같은 규칙을 만드는 것입니다.

"지수가 1 줄어들면 전체는 10분의 1이 된다."

10^{-1}은 무엇인가?

10^0에서 생각을 멈출 필요는 없습니다. 10^{-1}(10의 -1승)에 대해서도 같은 규칙, 즉 "지수가 1 줄어들면 전체는 10분의 1이 된다."라는 규칙을 적용해 보면 다음과 같이 됩니다.

$$10^0 = 1$$
$$10^{-1} = \frac{1}{10}$$
$$10^{-2} = \frac{1}{100}$$
$$10^{-3} = \frac{1}{1000}$$
...

10분의 1
10분의 1
10분의 1

규칙 확장

여기서 잠깐 정리하고 넘어가겠습니다.

지금까지 10^n이라는 표기에 대해 살펴보았습니다. n이 1, 2, 3, ... 일 때, 즉 10^1, 10^2, 10^3일 때를 '10을 1번 곱하기', '10을 2번 곱하기', '10을 3번 곱하기', ...라고 처음에는 생각했습니다.

여기서 '몇 번을 곱하기'라는 생각에서 발전하여 "10^n은 n이 1씩 줄어들 때마다 10분의 1이 된다."라는 규칙을 발견했습니다.

n이 0일 때, 즉 10^0일 때의 값은 '몇 번 곱하기'라는 설명으로는 이해할 수 없습니다. 그러므로 여기서 규칙을 확장합니다. "10^1의 10분의 1이 10^0이다."라고 생각하면 10^0은 1이라고 정의할 수 있습니다.

n이 -1, -2, -3, ... 일 때, 즉 10^{-1}, 10^{-2}, 10^{-3}일 때도 규칙을 더 확장하면 정의할 수 있습니다.

이렇게 하여 모든 정수 n(..., -3, -2, -1, 0, 1, 2, 3, ...)에 대하여 10^n이라는 표기의 값을 정의할 수 있습니다. 10^{-3}에 대하여 '10을 -3번 곱하기'라는 사고방식은 직관적이지 못합니다. 그러나 규칙을 확장한다는 관점을 갖는다면 n이 음수일 때도 10의 n승을 간단하게 '정의'할 수 있게 됩니다.

2^0 생각해 보기

10^0과 마찬가지로 2^0의 값도 생각해 봅시다.

$$
\begin{aligned}
2^5 &= 32 \\
2^4 &= 16 \\
2^3 &= 8 \\
2^2 &= 4 \\
2^1 &= 2 \\
2^0 &= ?
\end{aligned}
$$

(각 단계: 2분의 1)

2^n은 n이 1씩 줄어들 때마다 2분의 1이 됨을 알 수 있습니다.

그렇다는 것은 2^1을 2분의 1로 줄인 것이 2^0이라고 생각하는 것이 자연스럽습니다. 즉, $2^0=1$로 하는 것입니다.

여기서 중요한 점은 2^0이 무엇인가를 단순히 지식으로 외우지는 말라는 것입니다. 규칙을 간단하게 하려면 2^0은 어떤 값이어야 타당한가를 생각하는 것이 더 중요합니다. 즉, 기억력의 문제가 아니라 상상력의 문제입니다. 기억해야 하는 것은 "규칙을 간단히 하도록 값을 정한다."라는 사고방식입니다.

2^{-1}은 무엇인가?

10^{-1}과 마찬가지로 2^{-1}에 대해서도 생각해 보겠습니다. 이미 아는 내용일 겁니다. 2^0을 2로 나눈 것을 2^{-1}으로 정의합니다. 즉, $2^{-1} = 1/2$로 정의하는 것입니다. 마찬가지로 $2^{-2} = 1/2^2$, $2^{-3} = 1/2^3$이라고 생각할 수 있습니다.

지금까지의 내용을 정리하는 의미에서 패턴이 뚜렷하게 보이도록 식을 쭉 나열해 보겠습니다.

$$10^{+5} = 1 \times 10 \times 10 \times 10 \times 10 \times 10 \qquad 2^{+5} = 1 \times 2 \times 2 \times 2 \times 2 \times 2$$
$$10^{+4} = 1 \times 10 \times 10 \times 10 \times 10 \qquad 2^{+4} = 1 \times 2 \times 2 \times 2 \times 2$$
$$10^{+3} = 1 \times 10 \times 10 \times 10 \qquad 2^{+3} = 1 \times 2 \times 2 \times 2$$
$$10^{+2} = 1 \times 10 \times 10 \qquad 2^{+2} = 1 \times 2 \times 2$$
$$10^{+1} = 1 \times 10 \qquad 2^{+1} = 1 \times 2$$
$$10^0 = 1 \qquad 2^0 = 1$$
$$10^{-1} = 1 \div 10 \qquad 2^{-1} = 1 \div 2$$
$$10^{-2} = 1 \div 10 \div 10 \qquad 2^{-2} = 1 \div 2 \div 2$$
$$10^{-3} = 1 \div 10 \div 10 \div 10 \qquad 2^{-3} = 1 \div 2 \div 2 \div 2$$
$$10^{-4} = 1 \div 10 \div 10 \div 10 \div 10 \qquad 2^{-4} = 1 \div 2 \div 2 \div 2 \div 2$$
$$10^{-5} = 1 \div 10 \div 10 \div 10 \div 10 \div 10 \qquad 2^{-5} = 1 \div 2 \div 2 \div 2 \div 2 \div 2$$

이것을 보면 10^0이나 2^0을 1로 정하는 것이 타당하다는 것을 이해할 수 있을 것입니다.

이와 함께 지금까지 설명한 '규칙'을 더 일반화한 것에 **지수법칙**이라는 이름을 붙였습니다. 지수법칙은 다음과 같은 식으로 나타낼 수 있습니다.

$$N^a \times N^b = N^{a+b}$$

즉, "N의 a승에 N의 b승을 곱한 수는 N의 a+b승과 같다."라는 법칙입니다(단, N ≠ 0). 지수법칙에 대해서는 7장에서도 다루게 됩니다.

0의 역할

자리 확보

여기서는 0의 역할에 대해 생각해 보겠습니다. 예를 들어 10진법으로 표기한 2503에서 0은 어떤 역할을 하는 것일까요? 2503의 0은 10의 자리가 '없다'라는 것을 나타냅니다. 그러나 없다고 해서 2503에서 0을 생략할 수는 없습니다. 0을 생략하여 253이라고 쓰면 전혀 다른 숫자가 되기 때문입니다.

자리 표기법에서는 자리에 중요한 의미가 있으므로 10의 자릿수가 없어도 그곳에 무언가 숫자를 두어야 합니다. 여기서 0이 등장할 차례입니다. 즉, 0의 역할은 **자리를 확보하는 것**입니다. 말하자면 0은 윗자리가 떨어지지 않도록 받치는 것입니다.

'없다'라는 것을 나타내는 0이 '있다'라는 것 때문에 수의 의미를 정확하게 표현할 수 있습니다. 이는 자리 표기법에서는 0이 반드시 있어야 한다는 것을 의미합니다.

패턴을 만들어 규칙을 간단하게 하기

자리 표기법을 설명할 때 '0승'이라는 표현이 있었습니다. 1을 일부러 10^0으로 표현했습니다. 0을 사용하면 자리 표기법의 각 자리의 크기를 10^n으로 통일해서 나타낼 수 있습니다. 그러지 않으면 1자리만 특별하게 취급하여 다루어야만 합니다. 0을 사용하면 패턴을 만들어 내고 그 패턴을 이용하여 식을 표현할 수 있게 됩니다.

각 자리 숫자를 위에서부터 순서대로 $a_n, a_{n-1}, a_{n-2}, \ldots, a_2, a_1, a_0$이라고 표현하면 10진법의 자리 표기법은 다음과 같이 일반화하여 표현할 수 있습니다.

$$a_n \times 10^n + a_{n-1} \times 10^{n-1} + a_{n-2} \times 10^{n-2} + \cdots + a_2 \times 10^2 + a_1 \times 10^1 + a_0 \times 10^0$$

즉, 자리 표기법의 각 자리는 통일되게 $a_k \times 10^k$처럼 쓸 수 있게 됩니다. a_k의 아래 첨자 k와 10^k의 지수 k가 일치한다는 점이 포인트입니다.

자리 표기법을 일반화한 앞의 식에서 $n = 3$이라고 하고, $a_3 = 2$, $a_2 = 5$, $a_1 = 0$, $a_0 = 3$이라고 하면 2503이 만들어집니다.

0을 사용하여 '아무것도 없음'을 명시적으로 표현하면 규칙을 간단하게 만들 수 있습니다. 이렇게 규칙을 만들 때 대부분은 간단하게 하는 것이 좋습니다. 여러분이 어떤 문제에 직면했을 때에도 '아무것도 없음'을 명시적으로 표현하면 특정한 패턴이 발견되지는 않는지 생각해 보기 바랍니다.

일상생활에서의 0

일상생활에서도 0과 같이 '아무것도 없음'을 나타내는 것을 발견할 때가 있습니다.

일정이 없다는 일정

많은 사람이 일정표 등을 이용하여 일정을 관리합니다. 일정표에는 '내근', '출장', '연구회' 등의 일정이 적혀 있습니다. 그렇다면 0에 해당하는 일정은 무엇이 될까요?

예를 들어 '일정이 없음'을 나타내는 '공백'이라는 가상의 일정을 생각할 수 있을 것입니다. 컴퓨터의 일정표에서 '공백'을 검색하면 일정이 비어 있는 날을 찾을 수 있습니다. 일정을 찾을 때와 마찬가지로 '일정이 없음'도 검색할 수 있는 것입니다.

또한, '일정을 넣지 않을 예정'을 0이라고 생각할 수도 있을 것입니다. 일정에 처음부터 '일정을 넣지 않을 예정'을 입력해 두고 일정표가 업무로만 차지 않도록 하는 것입니다. 마치 자리 표기법에서 자리를 확보하고자 0을 사용하는 것과 비슷하네요.

약효가 없는 약

어떤 캡슐 약을 규칙적으로 복용해야 하는데 4일에 한 번은 복용하지 않아야 한다고 합시다. 즉, 3일 복용하고 하루 쉬고 3일 복용하고 하루 쉬는 식의 주기를 반복하는 것입니다. 이러한 규칙을 지키며 약을 계속 복용하기는 그리 쉬운 일이 아닙니다.

이럴 때 다음과 같은 아이디어가 떠오릅니다. 캡슐 약은 매일 빠지지 않고 복용하는 것으로 하되, 4개 중 1개의 비율로 '아무런 효과도 없는' 가짜 캡슐 약을 복용하는 것입니다. 달력 모양의 상자를 준비하고 그곳에 오늘 먹을 약을 놓아두면 더 좋을 것입니다(그림 1-7).

그림 1-7 달력 모양의 상자에 가짜 캡슐을 넣어 둠

이렇게 하면 '오늘이 복용하는 날인지 복용하지 않는 날인지'를 판단할 필요가 없어집니다. 약효가 '없는' 약이 '있다'는 것 때문에 '매일 캡슐 하나씩을 복용한다'라는 간단한 규칙이 된 것입니다.* 이때, 가짜 캡슐이 자리 표기법의 0과 같은 역할을 한다는 것을 알 수 있습니다.

---

* 예를 들어 경구 피임약은 21일간 복용하고 7일간은 복용을 중지합니다. 28정 세트에는 7일분이 위약(플라세보)이므로 중지 기간에도 계속 복용하게 되어 있습니다.

인간의 한계와 구조의 발견

역사를 되돌아보며

지금 우리는 자리 표기법에 따른 10진법을 당연한 듯이 사용하고 있습니다. 그러나 이렇게 되기까지는 수천 년에 걸친 시간이 소요되었고, 세계 곳곳의 문명이 연관되어 있습니다. 숫자 표기와 관련된 역사의 흐름을 간단하게 살펴보도록 하겠습니다.

고대 이집트인은 5진법과 10진법을 혼용한 표기법을 사용했습니다. 5와 10으로 정리할 때마다 각각의 표기 기호를 사용했던 것입니다. 그러나 고대 이집트인의 표기법은 자리 표기법이 아니었으며 물론 0도 없었습니다. 참고로 고대 이집트인은 숫자를 **파피루스**라는 종이에 기록했습니다.

바빌로니아인은 **점토판**에 쐐기 모양의 기호를 이용하여 수를 표시했습니다. 1과 10을 나타내는 두 종류의 쐐기 모양을 사용하여 59까지의 수를 표시하고, 59를 넘으면 자리를 올려 60″ 자리를 표시했습니다. 10진법과 60진법이 섞인 **자리 표기법**이 탄생한 것입니다. 지금도 1시간이 60분, 1분이 60초인 것은 바빌로니아인이 사용했던 **60진법**의 흔적이 남아 있기 때문입니다. 점토판은 파피루스와 달리 다양한 종류의 기호를 구별하여 쓰기가 어려워서, 바빌로니아인은 적은 수의 기호로 수를 표기해야 했습니다. 말하자면 점토판이라는 하드웨어의 제약이 자리 표기법이 탄생한 배경이라고도 할 수 있겠네요.

그리스인은 수를 실용적인 것으로 인식했을 뿐 아니라 철학적인 진리가 표현되어 있다고까지 생각했습니다. 그들은 수를 도형과 우주, 음악 등과 관련지어 이해했습니다.

마야인은 수를 셀 때 0을 시작점으로 삼았습니다. 마야인이 사용했던 것은 20진법이었습니다.

로마인은 5진법과 10진법이 섞인 **로마 숫자**를 사용했습니다. 5는 V, 10은 X로 표기했습니다. 마찬가지로 50, 100, 500, 1000은 L, C, D, M이라는 문자로 각각 표기했습니다. IV는 4, IX는 9, XL은 40을 나타내는 것과 같이 숫자를 왼쪽에 두

어 숫자를 뺀 다음 표현하는 방법은 후대에 만들어진 것이므로 고대 로마에서는 사용하지 않았습니다.

인도인은 바빌로니아로부터 전해진 자리 표기법을 받아들임과 동시에 0도 숫자라는 점을 확실히 인식했습니다. 게다가 인도인은 **10진법**을 채용했습니다. 지금 우리가 사용하는 0, 1, 2, 3, 4, 5, 6, 7, 8, 9는 인도 숫자가 아닌 **아라비아 숫자**라 불립니다만 이것은 인도 숫자를 서구에 전한 사람이 아라비아의 학자였기 때문입니다.

이와 같이 수를 표기하는 문제에 수많은 나라와 문명이 관련되어 있음을 알 수 있습니다.

인간의 한계를 넘으려면

여기서 조금은 근본적인 문제를 생각해 보도록 하겠습니다. 인간은 **왜 수를 표기하는 방법을 고안**했을까요?

로마 숫자로는 1, 2, 3을 I, II, III이라고 표기합니다. 4는 IIII나 IV라고 씁니다. 5는 V가 됩니다. 그렇지만, 5를 IIIII라고 쓰더라도 크게 어색하지는 않아 보입니다. 그렇게 하지 않은 것은 무엇 때문일까요?

아마도 어렵지 않게 답을 추측할 수 있을 겁니다. 바로 **수가 커질수록 다루기가 어려워지기 때문**입니다. 예를 들어 IIIIIIIII와 IIIIIIIII 중 어느 것이 큰 수일까요? 한눈에 알기는 어려워 보입니다. 그러나 X와 XI라고 표기하면 바로 구분할 수 있습니다. I를 쭉 나열만 해서는 큰 수를 표기하기가 불편합니다. 따라서 현명했던 옛 사람들은 큰 수를 표기하고자 덩어리로 묶어 정리하는 방법을 생각해 냈습니다.

큰 수를 나타내고자 덩어리로 정리하는 방법이 언뜻 당연해 보이나, 실제로는 여기에 정말로 중요한 사고방식이 나타나 있습니다. '십이'라고 표현하려면 IIIIIIIIIII보다도 XII라고 표기하는 쪽이 편리하고, 더 나아가 자리 표기법을 이용하여 12라고 표기하는 것이 더 편리합니다. 이러한 사실에 포함된 교훈은 무엇일까요?

그것은 바로 **"커다란 문제는 작은 '덩어리'로 나누어 푼다."**라는 사고방식입니다.

커다란 수를 효율적으로 표현하는 것은 고대인에게는 중요한 문제였습니다. 이에 대한 역사의 해답이 10진법, 즉 자리 표기법입니다. 인간의 능력에는 한계가 있으므로 이를 극복하는 방법이 필요했던 것입니다. 만약 인간이 수를 인지하는 능력이 더 뛰어났다면, 덩어리를 만들어 정리하고 나서 수를 표시하는 방법으로는 발달하지 않았을지도 모릅니다.

인간이 우주로 로켓을 발사하고 유전자 정보를 해석하는 등의 수준이 되면 다루는 수는 폭발적으로 커집니다. 그렇게 되면 자리 표기법으로는 충분하지 않습니다. 1000000000000과 10000000000000 중 어느 것이 큰지 바로 알기는 어렵습니다.

이럴 때 지수를 사용한 표현이 중요해집니다. 10^{12}이나 10^{13}이라면 뒤에 것이 더 큰 수라는 것을 바로 알 수 있습니다. 지수를 사용한 표현은 0의 개수에 주목하여 정리한 것입니다.

문제는 수의 표기법에만 한정되지 않습니다. 지금을 사는 우리는 컴퓨터를 사용하여 인간의 손으로는 따라갈 수 없는 큰 단위의 문제를 풀고자 합니다. 현명하게 프로그래밍하여 거대한 규모의 문제를 얼마나 빠르게 해결하는가에 노력을 기울입니다. "커다란 문제는 작은 덩어리로 나누어 푼다."라는 해법은 현대에도 적용됩니다.

"커다란 문제를 풀 때는 여러 개의 작은 덩어리로 나누자. 나눈 덩어리가 여전히 크다면 더 작은 덩어리로 나누자. 적당히 작아졌다면 드디어 이 문제를 풀자." 이러한 방법이 중요한 것은 옛날이나 지금이나 마찬가지입니다. 따라서 대규모의 프로그램을 만들 때도 여러 개의 작은 프로그램(모듈)으로 나누어 개발하는 것이 일반적입니다.

이 장에서 배운 내용

이 장에서는 자리 표기법을 통해 0이 어떤 역할을 하는지를 생각해 보았습니다. 0은 실질적인 양을 가지지는 않지만, 자릿수를 채우는 역할을 하고 0 덕분에 간단한 자리 표기법이 가능해집니다.

또한, 지수법칙에 대해서도 살펴보았습니다. 특히 0승을 어떻게 정의하는 것이 타당한가에 대해 생각해 보았습니다. 규칙을 간단히 유지한 상태에서 개념을 확장하는 것이 얼마나 중요한지 다시 한번 깨닫기를 바랍니다.

이 장에서는 0이라는 '하나의 숫자'를 시작으로 사고를 진행했습니다. 다음 장에서는 '둘로 나누기'에 대해 살펴보겠습니다.

끝내는 대화

학생   "그럼 악보의 쉼표도 0 같은 것인가요?"
선생님 "그러네요. 음을 내지 않는다는 것을 명시적으로 나타내고 있네요."
학생   "0은 구멍이라기보다는 구멍을 메우는 것이네요. 자리를 확보하는 것이니까요."
선생님 "바로 그렇습니다. 이를 플레이스홀더^{Placeholder}라고 한답니다."
학생   "플레이스홀더?"
선생님 "플레이스홀더는 패턴을 낳고 패턴은 간단한 규칙을 낳는답니다."
학생   "그렇군요. 0이라는 플레이스홀더 때문에 간단한 자리 표기법을 만들 수가 있었던 것이네요."

| Chapter 02 |

논리

true와 false 둘로 나누기

시작하는 대화

기술자   "이 댐의 시스템은 비상 버튼을 누를 때 **또는** 위험 수위를 넘을 때 사이렌이 울리게 되어 있습니다."
질문자   "그 '**또는**'은 배타적인가요?"
기술자   "무슨 의미인가요?"
질문자   "비상 버튼을 누르고 **동시에** 위험 수위를 넘었을 때에도 사이렌이 울리나요?"
기술자   "물론 사이렌은 울립니다."

* * *

발언자   "그는 지금 서울 **또는** 부산에 살고 있습니다."
질문자   "그 '**또는**'은 배타적인가요?"
발언자   "무슨 의미인가요?"
질문자   "그는 서울에서 살면서 **동시에** 부산에서 살 수도 있나요?"
발언자   "그런 일은 불가능하겠지요."

이 장에서 배울 내용

이 장에서는 논리에 관해 살펴보겠습니다.

우선 프로그래머에게 왜 논리가 중요한지를 알아보겠습니다. 그리고 버스 요금 예제를 사용하여 문장으로 규칙을 읽을 때 주의할 점을 배워 보겠습니다. 그런 다음 진리표와 벤 다이어그램, 논리식, 카르노 맵 등을 이용하여 복잡한 논리를 푸는 연습을 해 보겠습니다. 마지막으로 정의되지 않은 값을 포함한 3값 논리를 소개하도록 하겠습니다.

| Chapter 02 | **논리:** true와 false 둘로 나누기

왜 논리가 중요한가?

논리는 애매함을 없애는 도구

평상시 우리가 사용하는 말(자연 언어)은 아무리 해도 애매하고 부정확하기 쉽습니다. 앞의 '시작하는 대화'에 등장한 '또는'이라는 말만 보더라도 정확한 의미를 한 가지로 정할 수는 없습니다. 그러나 사양서(어떤 프로그램을 만들 것인가를 기록한 문서)는 자연 언어로 쓰는 것이 보통입니다. 그러므로 프로그래머는 자연 언어의 애매한 표현에 헷갈리지 않도록 주의하여 사양서를 읽고 정확한 의미를 정할 수 있도록 해야 합니다.

이 장에서 배울 '논리'는 자연 언어의 애매함을 없애고, 엄밀하고 정확하게 사물의 상태를 기술하고자 하는 도구입니다. 예를 들어 논리 표현(논리식)을 사용하여 사양서를 표현하고자 하면, 사양서 안의 애매한 부분과 모순이 있는 부분을 발견할 수 있습니다. 또한, 논리의 도움을 빌면 복잡하고 까다로운 사양서를 간단하고 쉽게 이해할 수 있는 형태로 변환할 수도 있습니다.

그러므로 프로그래머는 논리라는 도구를 잘 이해하고 이를 자유로이 사용할 수 있도록 노력을 게을리해서는 안 됩니다.

논리를 부정적으로 느끼는 분에게

프로그래머에게 있어 논리적으로 사고한다는 것은 무척 중요합니다. 자신이 즐거울 때나 슬플 때나 컴퓨터는 논리적으로 움직이기 때문입니다. "프로그램아, 제대로 일해!"라고 아무리 애원을 해도 논리적으로 오류가 있는 프로그램은 제대로 동작하지 않습니다. 또한, 반대로 "이 프로그램, 제대로 작동할까?"라고 불안해 어쩌지 못해도 논리적으로 올바른 프로그램은 몇백만 번이라도 정상으로 작동합니다. 프로그램은 우리의 감정과는 전혀 관계없이 움직입니다.

많은 분이 "논리는 차갑고 기계적이고 융통성이 없어."라고 생각합니다. 분명히 논리에는 이러한 성질도 있습니다. 하지만 반대로 그래서 우리에게 도움을 주는 것입니다. 우리는 컴퓨터를 이용하여 일합니다. 사람은 감정에 따라 움직이는 불안정한 생물이지만, 컴퓨터는 다릅니다. 차갑고 기계적이고 융통성이 없으므로 컴퓨터는 언제나 안정적으로 작동합니다.

프로그래머는 사람과 컴퓨터 사이의 경계선에 서 있습니다. 논리적으로 생각하고 논리적으로 표현한다면 상식이나 감정 등에 좌우되지 않는 제대로 된 프로그램을 만들 수 있습니다. 프로그램으로 완성될 때까지 열심히 만들어야 합니다. 그러면 이후는 컴퓨터가 책임지고 이를 동작시킵니다.

추상적인 이야기는 이것으로 이만 끝내고 기본적인 문제부터 살펴보도록 하겠습니다.

승차 요금 문제: 빠짐없고 겹치지 않는 분할에 대해

버스 요금 예제를 이용하여 논리의 근본적인 사고방식인 '빠짐없고 겹치지 않는 분할'에 대해 배워 보겠습니다.

여기서 '빠짐없고'란 말 그대로 빠진 것 없이 모두 포함함을 이르는 말입니다. 다른 말로 '누락 없이'라고 생각해도 됩니다. '겹치지 않는'이란 '중복되지 않게'라는 뜻으로, 동시에 일어나지 않는다는 의미로 '배타排他'라고도 합니다.

버스 요금 규칙

어떤 버스 회사 A의 승차 요금은 다음의 '요금 규칙 A'처럼 정해져 있습니다.

요금 규칙 A

승객의 나이가 만 6세 이상	1,000원
승객의 나이가 만 6세 미만	0원

이 요금 규칙 A에 따르면 만 13세인 철이의 요금은 1,000원입니다. 철이의 나이가 만 6세 이상이기 때문이지요. 또한, 만 4세인 영희의 요금은 0원이 됩니다. 영희의 나이가 만 6세 미만이기 때문입니다. 그렇다면 만 6세인 길동이의 요금은

| Chapter 02 | 논리: true와 false 둘로 나누기

얼마일까요? 길동이의 나이가 만 6세 이상이므로 승차 요금은 1,000원이 됩니다. 만 6세 이상이라는 것은 6세를 포함한다는 뜻이기 때문입니다.

여기까지는 아무런 어려움이 없습니다.

명제와 참·거짓

지금부터 설명을 계속하려면 몇 가지 용어를 알아 두어야 합니다.

요금 규칙 A로 승차 요금을 조사할 때는 항상 승객의 나이가 만 6세 이상인가를 확인해야 합니다. 이때 옳은가 옳지 않은가를 판단할 수 있는 문장을 **명제**Proposition라고 합니다. 예를 들어 다음 문장은 옳은가 그렇지 않은가를 판단할 수 있으므로 모두 명제입니다.

- 철이(만 13세)의 나이는 만 6세 이상이다.
- 영희(만 4세)의 나이는 만 6세 이상이다.
- 길동이(만 6세)의 나이는 만 6세 이상이다.

명제가 옳을 때 그 명제는 '참'이라고 합니다. 옳지 않을 때 그 명제는 '거짓'이라고 합니다. 참일 때를 **true**, 거짓일 때를 **false**라고도 합니다.

앞서 표시한 세 개 명제의 참과 거짓은 다음과 같습니다.

- 철이(만 13세)의 나이는 만 6세 이상이다.　→　참true인 명제
- 영희(만 4세)의 나이는 만 6세 이상이다.　→　거짓false인 명제
- 길동이(만 6세)의 나이는 6세 이상이다.　→　참true인 명제

명제는 반드시 true나 false 둘 중 하나가 됩니다. true와 false 모두에 해당하는 것은 명제라 부를 수 없습니다. 마찬가지로 true와 false 어느 쪽도 아닌 것도 명제라고 부를 수 없습니다.

요금 규칙 A를 이용하여 승차 요금을 알고 싶을 때는 승객의 나이를 조사하여 "승객의 나이는 만 6세 이상이다."라는 명제의 참·거짓을 판단했습니다. 참이라면

승객 요금은 1,000원이 되고 거짓이라면 승차 요금은 0원이 됩니다.

여기서는 명제, 참(true), 거짓(false) 등의 용어를 배워 보았습니다.

'누락'은 없는가?

앞서 본 요금 규칙 A와 같은 규칙을 읽을 때는 "누락은 없는가?"라고 묻는 것이 중요합니다. '누락(漏落)'이란 있어야 할 것이 빠진 것을 말합니다. 즉, 앞서 설명한 '빠짐없이'라는 논리의 근본 조건을 만족하지 못한다는 의미입니다.

요금 규칙 A에 "누락이 없다."라는 것은 어떤 승객에 대해서도 "승객의 나이는 만 6세 이상이다."의 참이나 거짓을 판단할 수 있다는 것을 의미합니다.

규칙 A에 누락은 없습니다. 버스에 어떤 승객이 타게 될지는 모르나 어떤 사람이라도 나이가 있으므로 이를 기준으로 참이나 거짓을 판단한 수 있습니다.

누락이 있는 규칙

다음에 나타난 요금 규칙 B에서 누락을 찾아보기 바랍니다.

요금 규칙 B(누락이 있음)

승객의 나이가 만 6세보다 위	1,000원
승객의 나이가 만 6세 미만	0원

승객의 나이가 만 6세일 때가 누락이 됩니다.

요금 규칙 B는 '만 6세보다 위'와 '만 6세 미만'일 때에는 요금이 정해져 있습니다. 그러나 승객이 '만 6세일 때'에 요금이 얼마인지가 정해지지 않았습니다. 이렇게 '누락'이 있으므로 요금 규칙 B는 승차 요금을 정하는 규칙으로는 적합하지 않습니다.

| Chapter 02 | 논리: true와 false 둘로 나누기

'중복'은 없는가?

규칙에 '누락'이 없는지 확인해야 할 뿐 아니라 "중복은 없는가?"라는 질문도 반드시 확인해야 합니다. 여기서 '중복重複'이란 같은 것이 겹치는 것을 말합니다. 즉, 앞서 설명한 '겹치지 않게'라는 논리의 근본 조건을 만족하지 못한다는 의미입니다. 예를 들어 요금 규칙이라면 한 승객에 대해 두 종류의 요금이 해당하지 않는지 확인해야 합니다.

중복이 있는 규칙

다음과 같은 요금 규칙 C에서 중복을 찾아보기 바랍니다.

요금 규칙 C(중복이 있음)

승객의 나이가 만 6세 이상	1,000원
승객의 나이가 만 6세 이하	0원

승객의 나이가 만 6세일 때가 중복됩니다.

요금 규칙 C에서는 '만 6세 이상'과 '만 6세 이하'일 때, 모두 만 6세가 포함되므로 이 규칙에는 '중복'이 있습니다. 어디에 적용하느냐에 따라 요금이 달라지므로 요금 규칙 C는 적합하지 않습니다.

여기서 주의해야 할 부분은 중복된 부분이 모순된다는 점입니다. 만약 다음과 같은 요금 규칙 D라면 만 6세일 때를 특별히 표시할 필요는 없지만 모순은 없습니다.

요금 규칙 D(중복은 있으나 모순은 없음)

승객의 나이가 만 6세 이상	1,000원
승객의 나이가 만 6세	1,000원
승객의 나이가 만 6세 미만	0원

수직선을 그려 생각하기

어떤 규칙이든 '누락'이나 '중복'이 없는지를 확인하는 것이 중요합니다. 승차 요금 규칙처럼 조건을 조사할 때는 단순히 해당 문장을 이용하는 것뿐 아니라 다음과 같이 수직선을 그려 확인하는 것이 도움됩니다.

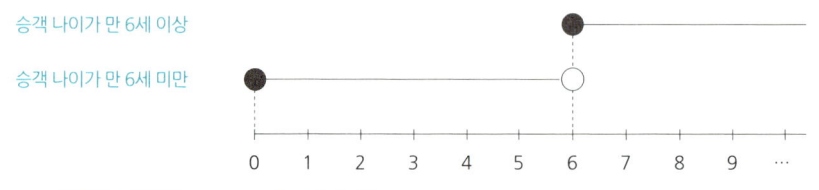

그림 2-1 요금 규칙 A를 표현한 수직선

이 그림에서는 "승객의 나이가 만 6세 이상이다."라는 문장을 참으로 하는 나이의 범위를 ●──이라는 그림으로 나타내고 거짓이 되는 나이의 범위를 ●──○라는 그림으로 나타내었습니다. 기호 ●는 그 점을 포함한다는 것을 나타내고 기호 ○는 그 점을 포함하지 않는다는 것을 나타냅니다. 이 그림을 이용하면 '누락'이나 '중복'이 없다는 것을 쉽게 알 수 있습니다.

'누락'이 있는 요금 규칙 B를 그림으로 나타내보면 ○이 겹친다는 것을 알 수 있습니다.

그림 2-2 요금 규칙 B에는 '누락'이 있음

'중복'이 있는 요금 규칙 C에서는 이와는 달리 ●가 겹칩니다.

| Chapter 02 | 논리: true와 false 둘로 나누기

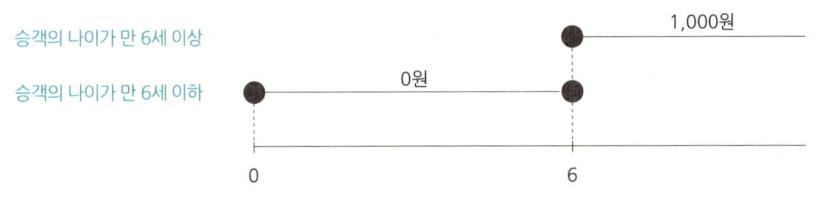

그림 2-3 요금 규칙 C에는 '중복'이 있음

경계에 주의하자

수직선을 보면 경계에 주의하는 것이 무척 중요함을 알 수 있습니다. 이 장에서 다루는 요금 규칙에서는 만 0세 부분과 만 6세 부분이 경계가 됩니다. 잘못된 조건이나 프로그램의 오류는 경계 부분에서 자주 발생하곤 합니다. 그러므로 수직선을 그려서 생각할 때는 항상 경계를 포함할 것인가 포함하지 않을 것인가를 확실히 해야 합니다. 경계가 확실하지 않은 그림(**그림 2-4**)을 그려서는 안 됩니다.

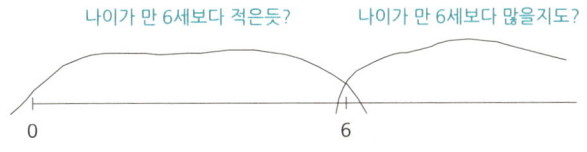

그림 2-4 경계가 확실하지 않은 그림은 쓸모없음

빠짐없고 겹치지 않는 분할

규칙을 생각할 때 '누락'이나 '중복'이 없음을 확인하는 것은 매우 중요합니다. '누락'이 없음(**빠짐없음**)에 의해 해당 규칙을 어떤 경우에도 적용할 수 있음이 분명해집니다. '중복'이 없음(**겹치지 않음**)에 의해 해당 규칙에는 모순이 없다는 것이 분명해집니다.

커다란 문제를 만났을 때는 그것을 여러 개의 작은 문제로 나누어 풉니다. 이럴 때 자주 사용하는 방법이 빠짐없고 겹치지 않는 분할입니다. 너무 커서 풀기 어려운 문제라도 **빠짐없고 겹치지 않게 분할**하면 작고 풀기 쉬운 문제로 변환할 수 있습니다.

문제를 분할하는 if 문

여기서 앞의 요금 규칙 A를 이용하여 '승차 요금을 표시하는 프로그램 만들기'라는 문제를 풀어야 한다고 합시다. 이 문제는 '승객의 나이가 만 6세 이상'이라는 명제가 참일 때와 거짓일 때의 두 가지로 분할할 수 있습니다(그림 2-5).

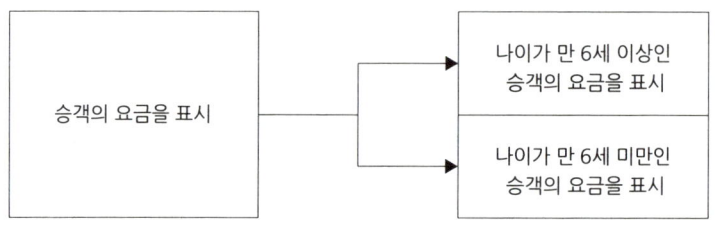

그림 2-5 문제 분할

'나이가 만 6세 이상인 승객의 요금을 표시'라는 문제는 요금 규칙 A를 이용하면 바로 풀 수 있습니다. '요금은 1,000원'이라고 표시하면 되기 때문입니다.

'나이가 만 6세 미만인 승객의 요금을 표시'라는 문제 역시 요금 규칙 A를 이용하여 바로 해결할 수 있습니다. '요금은 0원'이라고 표시하면 됩니다.

커다란 문제를 두 개의 작은 문제로 분할하여 푼다는 점을 잘 이해하기 바랍니다. 실제로 이러한 명제의 참이나 거짓을 구하는 문제를 분할하는 것이 프로그래밍에서 자주 사용하는 if 문입니다.

```
if ( 승객의 나이가 만 6세 이상 ) {
    '요금은 1,000원'이라고 표시
} else {
    '요금은 0원'이라고 표시
}
```

| Chapter 02 | 논리: true와 false 둘로 나누기

즉, if 문과 같은 조건 분기는 '빠짐없고 겹치지 않는 분할'을 표현한 것임을 알 수 있습니다.

논리의 기본은 둘로 나누기

여기까지만 보면 "그런 것쯤이야 당연한 것 아냐?"라고 생각하는 독자분이 있을지 모르겠습니다.

경험이 많은 프로그래머는 '빠짐없고 겹치지 않는 분할'을 의식하지 않고도 if 문을 사용할 수 있습니다. 재빠르게 조건식을 만들고 조건이 참일 때와 거짓일 때를 즉시 작성할 것입니다. 특히 여기서 예를 든 간단한 규칙이라면 눈 깜짝할 새에 if 문을 작성하겠지요.

그러나 모든 문제가 그리 간단하지만은 않습니다. 프로그래머는 if 문을 몇십, 몇백 번 작성합니다. 하나하나는 단순하더라도 복잡하게 구성한 if 문 안의 어떤 곳에서 한순간의 실수 때문에 버그가 발생하곤 합니다.

그러므로 간단한 if 문이라 하더라도 '빠짐없고 겹치지 않는 분할'이어야 함을 의식하면서 프로그래밍할 필요가 있습니다. 여기서 예를 든 버스 요금 규칙은 '누락'과 '중복'에 대해 의식하는 연습을 하기 위한 예제입니다.

빠짐없고 겹치지 않는 분할을 조합하여 표현하는 것이 논리의 기본입니다. 여기서 수행하는 것은 세계를 단지 두 가지로 분할하는 것입니다만, 둘로 여러 번 반복해서 분할하면 복잡한 것도 명확하게 표현할 수 있습니다.

다음 절부터는 복잡한 명제를 만드는 방법과 이를 푸는 방법에 대해 배워 보겠습니다.

복잡한 명제 만들기

명제가 항상 간단한 것은 아닙니다. 복잡하게 얽힌 상황을 표현하려면 복잡한 명제를 만들 필요가 있습니다.

예를 들어 "승객의 나이는 만 6세 미만이고 승차일이 일요일이 아니다."라는 것은 조금 복잡한 명제입니다. 이것은 '승객의 나이가 만 6세 미만'과 '승차일이 일요일이 아니다'라는 두 가지의 명제를 조합하여 만든 것입니다. "승객의 나이는 만 6세 미만이고 승차일이 일요일이 아니다."라는 문장은 옳은가 옳지 않은가를 결정할 수 있으므로 분명히 명제라고 부를 수 있습니다.

이 절에서는 명제를 조합하여 새로운 명제를 만드는 방법에 대해 살펴보겠습니다.

부정: A가 아니다

'승차일은 일요일이다'라는 명제를 기준으로 '승차일은 일요일이 아니다'라는 명제를 만들 수 있습니다. 이렇게 '~가 아니다'라는 명제를 만드는 연산을 **부정**이라고 부릅니다. 영어로는 **not**이라 표현합니다.

어떤 명제를 A라고 하면 A의 부정은 논리식으로 다음과 같이 표기합니다.*

~A (Not A)

진리표

'A가 아니다'라는 것, 즉 ~A라는 논리식의 의미를 엄밀히 정의해 보겠습니다. 문장을 사용하여 설명하면 모호해질 위험이 있으므로 **진리표**를 사용하겠습니다(**그림 2-6**). 진리표란 여러 명제를 조합하여 새로운 명제를 만들 때, 각 명제의 참과 거짓이 대응하는 관계를 나타낸 표입니다.

A	~A	
true	false	A가 true라면 ~A는 false
false	true	A가 false라면 ~A는 true

그림 2-6 진리표를 사용한 연산자 ~의 정의

---

* ~A는 $\bar{A}$나 $\neg A$로 표기할 때도 있습니다.

| Chapter 02 | 논리: true와 false 둘로 나누기

이 표는 ~이라는 연산자의 정의이며 다음과 같은 의미를 나타냅니다.

- 명제 A가 true라면 명제 ~A는 false이다.
- 명제 A가 false라면 명제 ~A는 true이다.

A는 명제이므로 반드시 true이거나 false 중 하나가 됩니다. 그러므로 이 진리표는 모든 경우를 다 나타내는 것이 되고, '누락'이나 '중복'이 없는 빠짐없이 겹치지 않는 분할을 표현하고 있습니다.

이중 부정은 원래로 돌아옴

부정은 두 번 반복하면 원래로 돌아옵니다. '승차일은 일요일이 아니다가 아니다'라는 명제는 '승차일은 일요일이다'라는 명제와 같아집니다. 일반적으로 다음과 같이 말할 수 있습니다.

~~A와 A는 같다.

"~~A와 A는 같다."라는 말은 당연해 보이는데 확실하게 '증명'할 수도 있습니다. 어떻게 증명하면 될까요?

예, 바로 진리표를 이용하여 증명하면 됩니다. A의 참·거짓을 기준으로 ~A의 참·거짓이 결정됩니다. ~A의 참·거짓이 결정되면 ~~A의 참·거짓이 결정됩니다. 이를 진리표로 정리하면 **그림 2-7**과 같이 됩니다.

왼쪽 끝 열(A)과 오른쪽 끝 열(~~A)을 비교해 봅시다. A는 true나 false 둘 중의 하나가 되며 그 어느 경우이든 A와 ~~A는 같은 값이 됩니다. 따라서 A와 ~~A는 같다고 할 수 있습니다.

이렇게 진리표는 연산자의 '정의'뿐 아니라 '증명'에도 사용할 수 있습니다.

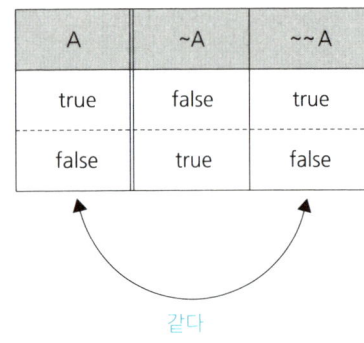

그림 2-7 이중 부정이 원래의 명제가 됨을 증명

벤 다이어그램

진리표는 편리한 도구이지만 표 형태이므로 쓱 한 번 본 것만으로는 이해하기 어려울 때가 있습니다. **벤 다이어그램**Venn Diagram이라는 그림을 사용하면 명제의 참이나 거짓을 알기 쉽게 바로 표현할 수 있습니다.

그림 2-8에 명제 A와 명제 ~A의 관계를 나타낸 벤 다이어그램을 표시했습니다. 칠해진 부분을 주의해서 보기 바랍니다.

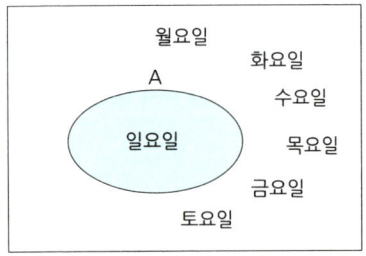

명제 A '승차일은 일요일이다.'

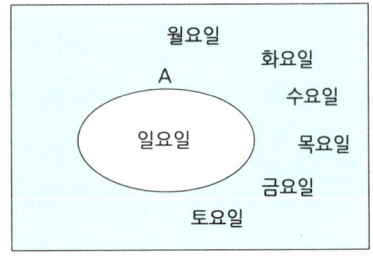

명제 ~A '승차일은 일요일이 아니다.'

그림 2-8 명제 A와 명제 ~A의 관계를 나타낸 벤 다이어그램

원래 벤 다이어그램은 집합의 관계를 나타내는 그림입니다. 바깥쪽의 사각형은 전체 집합을 나타냅니다. 여기서는 '모든 요일의 집합'을 나타냅니다. A를 '승차

일은 일요일이다'라는 명제라고 하면 안쪽의 타원은 '일요일의 집합'을 나타냅니다. 즉, 이 영역은 '명제 A가 true가 되는 요일의 집합'을 나타내는 것이 됩니다.*

그러므로 사각형 영역이 '모든 요일의 집합'이고 타원 영역이 '일요일의 집합'이라고 하면 이 타원 부분을 제외한 부분은 무엇일까요? 바로 '일요일이 아닌 요일의 집합'이 됩니다. 이것은 '명제 A가 false인 요일의 집합' 또는 '명제 ~A가 true인 요일의 집합'이라 할 수 있습니다.

이 두 가지 벤 다이어그램을 비교해 보면 명제 A와 명제 ~A의 관계를 직관적으로 이해할 수 있습니다.

논리곱: A이고 B

'나이가 만 6세 이상'과 '승차일은 일요일이다'라는 두 가지 명제를 조합하여 '나이가 만 6세 이상이고 승차일이 일요일이다'라는 새로운 명제를 만들 수 있습니다. 이렇게 'A이고 B'라는 명제를 만드는 연산을 **논리곱**이라고 합니다. 영어로는 **and**로 나타냅니다.

'A이고 B'라는 명제는 논리식으로는 다음과 같이 표기합니다.

$\quad$ A $\wedge$ B (A and B)

A $\wedge$ B는 'A와 B 모두가 true일 때만 true'가 되는 명제입니다.

진리표

앞서와 마찬가지로 A $\wedge$ B의 진리표를 작성해 보겠습니다(그림 2-9). 이것이 연산자 $\wedge$의 정의입니다.

---

* "승차일은 일요일이다."라는 문장은 승차일이 언제인지 정할 때 처음으로 true인지 false인지 정해집니다. 이때 명제라 부르기보다는 승차일에 관한 조건이라 부르는 편이 적절합니다. 여기서 벤 다이어그램이 나타내는 것은 "승차일은 일요일이다."라는 조건을 true로 하는 승차일을 모두 모은 집합이라 할 수 있습니다.

A	B	A ∧ B
true	**true**	**true**
true	false	false
false	true	false
false	false	false

A∧B는 A와 B 모두가 true일 때만 true

그림 2-9 연산자 ∧의 정의

 기준이 되는 명제가 A와 B의 두 가지이므로 진리표는 4행이 됩니다. A가 true/false 둘 중의 하나이며 그 각각에 대해 B도 true/false 둘 중의 하나이므로 모든 경우는 2×2여서 4가지가 되기 때문입니다. 이것으로 모든 경우를 '누락'이나 '중복' 없이 전부 표시했습니다. 이것도 '빠짐없고 겹치지 않는 분할'입니다.

 그림 2-9의 이러한 진리표가 연산자 ∧의 정의입니다. 사람에게 설명할 때에는 "A와 B 모두가 true일 때만 A ∧ B는 true가 됩니다."라고 간단하게 말할 수 있으나 진리표로 나타낼 때는 이처럼 모든 경우를 표시하게 됩니다.

벤 다이어그램

 A ∧ B를 벤 다이어그램을 이용하여 표현해 보겠습니다. A와 B의 두 가지 명제에 대응하는 원을 각각 그리고 두 개의 원이 겹치는 부분을 칠합니다. 이 칠한 부분이 A ∧ B에 대응하게 됩니다. 겹친 부분은 A 원의 일부이면서 동시에 B 원의 일부이기도 하기 때문입니다.

| Chapter 02 | **논리**: true와 false 둘로 나누기

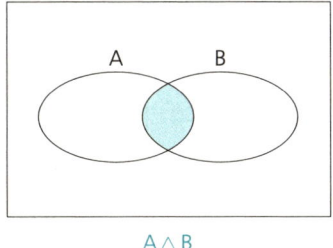

A ∧ B

그림 2-10 A ∧ B를 나타낸 벤 다이어그램

벤 다이어그램 그리기

~(A ∧ B)라는 논리식을 벤 다이어그램으로 그리면 어떻게 될까요?

~(A ∧ B)의 벤 다이어그램은 그림 2-11과 같이 됩니다. 일단 그림 2-10처럼 A ∧ B을 나타내는 그림을 생각한 다음, 이 그림의 색을 반전하여 그 부정을 구하면 됩니다.

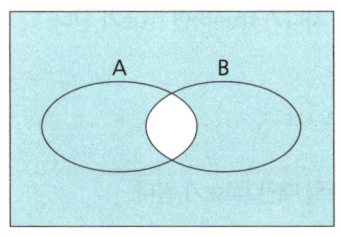

~ (A ∧ B)

그림 2-11 ~(A ∧ B)를 나타낸 벤 다이어그램

논리합: A 또는 B

어떤 슈퍼마켓에서는 '쿠폰 A를 제시하거나 또는 쿠폰 B를 제시하는' 손님에게 할인해 준다고 가정합시다. 쿠폰 A나 B 둘 다 제시해도 상관없습니다. '쿠폰 A를 가지고 있거나 또는 쿠폰 B를 가졌다'는 '쿠폰 A를 가짐'과 '쿠폰 B를 가짐'이라는 두 가지의 명제를 조합하여 만든 명제라고 할 수 있습니다. 이러한 'A 또는 B'라는 명제를 만드는 연산을 **논리합**이라고 부릅니다. 영어로는 **or**입니다.

'A 또는 B'라는 명제는 논리식으로 다음과 같이 표기합니다.

  A ∨ B (A or B)

A ∨ B는 하나의 명제이며 'A와 B 중 적어도 하나 이상이 true이면 true'라는 성질을 지니고 있습니다.

진리표

앞서와 마찬가지로 A ∨ B의 진리표를 만들어 봅시다. 이것이 연산자 ∨의 정의가 됩니다(그림 2-12). 이 진리표를 보면 A ∨ B는 A와 B 양쪽 모두가 false일 때만 false가 되며 그 외에는 모두 true가 된다는 것을 알 수 있습니다.

'적어도 ~'라는 표현이 등장했을 때는 부정을 생각하면 이해하기 쉽게 정리될 때가 잦습니다. 연산자 ∨를 설명할 때도

  A와 B 중 적어도 하나가 true라면 true가 된다.

라고 이야기하는 것보다도

  A와 B 모두 false일 때만 false가 된다.

라고 설명하는 편이 간결합니다.

A	B	A ∨ B
true	true	true
true	false	true
false	true	true
false	**false**	**false**

A∨B는 A와 B 모두가 false일 때만 false

그림 2-12 연산자 ∨의 정의

이렇게 진리표는 '정의'나 '증명'에 필요할 뿐 아니라, 더 간결한 표현을 발견하고자 할 때도 도움이 될 때가 있습니다. 이처럼 진리표는 편리한 도구입니다.

벤 다이어그램

A ∨ B의 벤 다이어그램을 그려 봅시다(그림 2-13).

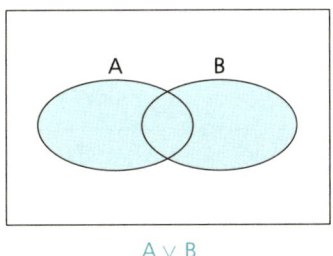

그림 2-13 A ∨ B를 나타낸 벤 다이어그램

A와 B 두 가지 명제에 대응하는 원을 그리고 A 내부를 칠하고 B 내부도 칠합니다. 물론 A와 B가 겹치는 부분도 칠합니다. 이렇게 칠해진 부분이 A ∨ B에 대응하게 됩니다. 이렇게 칠한 부분이 A 원의 내부이거나 또는 B 원의 내부이기 때문입니다.

벤 다이어그램 그리기

(~A) ∨ (~B)라는 논리식을 벤 다이어그램으로 그리면 어떻게 될까요?

그림 2-14처럼 됩니다.

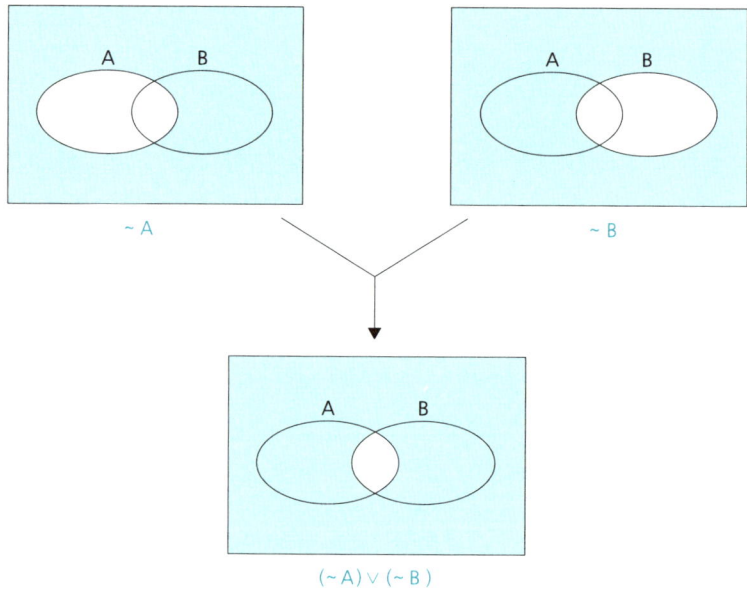

그림 2-14 (~A) ∨ (~B)를 나타낸 벤 다이어그램

우선 ~A의 벤 다이어그램과 ~B의 벤 다이어그램을 그린 다음, 그 둘을 겹치듯이 하여 (~A) ∨ (~B)의 벤 다이어그램을 그리면 이해하기 쉽습니다.

여기서 그림 2-11의 ~(A ∧ B) 벤 다이어그램과 그림 2-14의 (~A) ∨ (~B) 벤 다이어그램이 일치한다는 점을 눈치채셨나요? 이 두 가지 벤 다이어그램이 일치하는 것은 우연이 아닙니다. 이를 드모르간 법칙이라고 합니다. 자세한 내용은 뒤에 다시 설명하도록 하겠습니다.

벤 다이어그램이 일치한다는 것은 ~(A ∧ B)와 (~A) ∨ (~B)가 같은 명제임을 의미합니다. ~(A ∧ B)라는 논리식을 문장으로 나타내면 "A이고 B, 이 조건이 아니다."가 되며 (~A) ∨ (~B)를 문장으로 나타내면 "A가 아니거나 또는 B가 아니다."가 됩니다. 그러나 두 가지의 문장 모두가 같은 의미라는 것을 이해하기는 그리 쉽지는 않습니다. 하지만 벤 다이어그램으로 그려 보면 두 가지 모두 같은 의미임을 쉽게 알 수 있습니다.

배타적 논리합: A 또는 B(그러나 둘 다는 아님)

"그는 현재 서울에 있다."라는 명제와 "그는 현재 부산에 있다."라는 명제를 조합하여 "그는 현재 서울에 있다. 또는 그는 현재 부산에 있다."라는 명제를 만들었습니다. 여기서 사용된 '또는'은 앞서 이야기한 논리합과는 다릅니다. 왜냐하면, 여기서는 그가 현재 서울이나 부산 중 한 곳에만 있다는 것을 말하는 것으로 두 곳 모두에 있다는 것을 가정한 것이 아니기 때문입니다.

'A 또는 B(그러나 둘 다는 아님)'이라는 연산을 **배타적 논리합**이라 부릅니다. 영어로는 **exclusive or**라고 합니다. 논리합과 비슷하지만, A와 B 모두 true일 때 처리 방법이 달라집니다. A와 B의 배타적 논리합은 "A와 B 한쪽만이 true일 때 true가 되나 양쪽이 모두 true라면 false가 된다."라는 명제가 됩니다.

논리식으로는 다음과 같이 표현합니다.

$A \oplus B$

진리표

$A \oplus B$는 그리 직관적이지 않으므로 진리표를 만들어 천천히 살펴보도록 하겠습니다.

A	B	A ⊕ B
true	true	false
true	**false**	**true**
false	**true**	**true**
false	false	false

A ⊕ B는 A와 B가 다를 때만 true

그림 2-15 연산자 ⊕의 정의

이 진리표를 보면 A ⊕ B라는 것은 'A와 B가 다를 때만 true'라는 것을 알 수 있습니다.

벤 다이어그램

A ⊕ B를 벤 다이어그램으로 그려 보겠습니다.

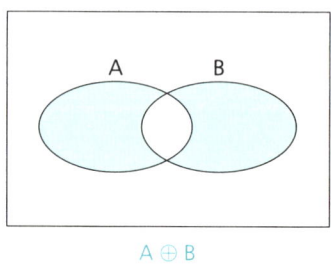

A ⊕ B

그림 2-16 A ⊕ B를 나타낸 벤 다이어그램

A와 B 두 가지 명제에 대응하는 원을 그리고 A 내부와 B 내부를 칠합니다. 이때, A와 B가 겹쳐진 부분은 칠하지 않습니다. 이렇게 칠해진 부분이 A ⊕ B에 해당하는 부분이 됩니다.

회로도

배타적 논리합 A ⊕ B는 **그림 2-17**과 같은 전기회로로 표현할 수도 있습니다. 이 회로에는 전지와 전구가 한 개씩 있으며 A와 B 두 개의 스위치가 있습니다. 각각의 스위치는 두 곳의 단자에 접속할 수 있으며 위쪽에 접속하면 true, 아래쪽과 접속하면 false라고 정했습니다.

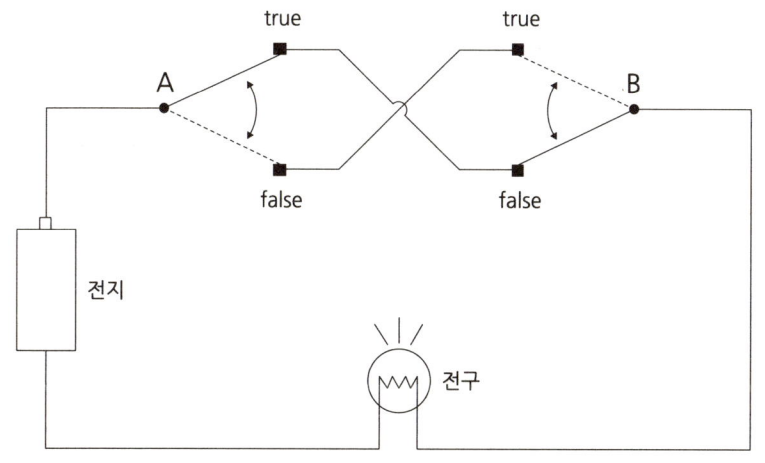

그림 2-17 A ⊕ B를 나타내는 회로도

이렇게 하면 A와 B의 true와 false를 조합할 때 전구가 켜지거나 꺼지게 할 수 있습니다. 전구가 켜질 때를 true, 꺼질 때를 false라고 하면 이 회로는 A ⊕ B에 딱 들어맞습니다. 두 곳의 스위치가 다를 때만 전구에 불이 들어오기 때문이지요.

등치: A와 B는 같다

두 개의 명제 A와 B가 있다고 할 때 "A와 B는 같다."라는 것도 하나의 명제가 됩니다. 이 책에서는 A와 B가 같다는 것을 나타내는 논리식을 다음과 같이 쓰겠습니다.

A = B

=는 '같다'를 나타내는 연산자입니다.*

진리표

연산자 =를 진리표로 정의해 보겠습니다.

A	B	A = B	
true	**true**	**true**	A와 B 모두가 true일 때 A = B는 true
true	false	false	
false	true	false	
false	**false**	**true**	A와 B 모두가 false일 때 A = B는 true

그림 2-18 연산자 =의 정의

벤 다이어그램

A = B의 벤 다이어그램도 그려 보겠습니다(그림 2-19).

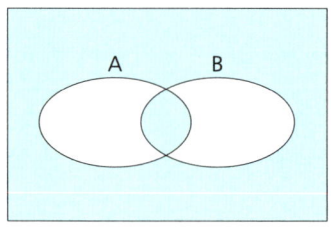

A = B

그림 2-19 A = B를 나타낸 벤 다이어그램

---

* A = B는 A ≡ B로 쓸 때도 있습니다.

A와 B 두 가지의 명제에 대응하는 원을 그리고 두 개의 원 바깥을 칠한 다음 A와 B가 겹치는 부분도 칠합니다. 이때 칠한 부분이 A = B에 대응하는 부분입니다. 두 원의 바깥은 A와 B 모두가 false인 영역이며 A와 B가 겹치는 부분은 A와 B가 모두 true인 영역을 나타냅니다.

배타적 논리합의 부정

~(A ⊕ B)라는 논리식(배타적 논리합의 부정)을 더 알기 쉽게 표현해 보세요.

A = B가 됩니다.

A ⊕ B의 벤 다이어그램(그림 2-16)과 A = B의 벤 다이어그램(그림 2-19)을 비교하면 칠해진 부분이 반대임을 알 수 있습니다. 즉, A ⊕ B를 부정한 논리식은 A = B와 같으므로 ~(A ⊕ B)는 A = B와 같다는 것을 알 수 있습니다.

이때, "~(A ⊕ B)는 A = B와 같다."라는 문장도 하나의 명제이므로 다음과 같이 표현할 수 있습니다.

$$(\sim(A \oplus B)) = (A = B)$$

이 명제는 A와 B의 참이나 거짓에 상관없이 항상 true인 명제입니다. 이렇게 항상 true인 명제를 **항진 명제**라고 합니다.

조건 명제: A라면 B

그러면 이번에는 '~라면'이라는 연산을 소개하겠습니다. '~라면'이라는 연산은 익숙해지지 않으면 무척 이해하기 어려우므로 여기까지 쉽게 읽어 온 독자분도 주의해서 읽기 바랍니다.

'이고'나 '또는'과는 달리 '~라면'이라는 것은 그리 연산처럼 보이지는 않습니다. 그러나 A와 B라는 두 개의 명제를 이용하여 만든 'A라면 B'는 참·거짓을 판단할 수 있는 명제입니다. 예를 들어 '승객의 나이가 만 10세 이상'이라는 명제를 A, '승객의 나이가 만 6세 이상'이라는 명제 B라고 하면 'A라면 B'라는 명제는 참이 됩니다. 왜냐하면, 승객의 나이가 만 10세 이상이라면 그 승객의 나이는 당연히 만 6세 이상이기 때문입니다.

'A라면 B'라는 명제는 **조건 명제**(또는 함의)라고 부르며 논리식으로는 다음과 같이 표기합니다.

$A \Rightarrow B$

$A \Rightarrow B$는 하나의 명제이며 A와 B라는 두 개의 명제를 이용하여 만든 것입니다. 그렇다면 이 명제의 정의는 어떻게 될까요? 앞서와 마찬가지로 진리표를 만들어 정의하도록 하겠습니다.

진리표

$A \Rightarrow B$는 간단하기는 합니다만 혼동하기 쉬운 연산입니다. 그림 2-20의 진리표를 주의 깊게 살펴보기 바랍니다.

A	B	$A \Rightarrow B$
true	true	true
true	**false**	**false**
false	true	true
false	false	true

A가 true일 때 $A \Rightarrow B$는 B가 false일 때만 false

A가 false일 때 $A \Rightarrow B$는 항상 true

그림 2-20 연산자 ⇒의 정의

이 진리표가 여러분이 상상하는 'A라면 B'와 일치하나요?

진리표를 자세히 보면 우선 '$A \Rightarrow B$가 false가 되는 것은 A가 true이고 B가 false일 때뿐'이라는 것을 알 수 있습니다. 이것은 직관적으로도 이해할 수 있는 내용입니다. 전제가 된 A가 true임에도 B가 false이면 'A라면 B'라는 주장은 성립하지 않

| Chapter 02 | 논리: true와 false 둘로 나누기

습니다. 그러므로 A가 true이고 B가 false라면 A ⇒ B는 false가 됩니다.

주의 깊게 보아야 하는 것은 'A가 false일 때' 즉, 진리표의 맨 아래 두 줄입니다. A가 false라면 B의 참·거짓과 상관없이 A ⇒ B는 true가 됩니다. 즉, **전제 조건인 A가 false라면 B의 참·거짓에 관계없이 'A라면 B'의 값은 true**가 됩니다.

이것이 논리에서 '~라면'을 정의하는 방법입니다.

우리가 보통 'A라면 B'라고 할 때는

(1) A가 true라면 B도 true이다. 또한, A가 false라면 B도 false이다.

(2) A가 true라면 B도 true이다. 그러나 A가 false라면 B는 true/false 어느 쪽이라도 상관없다.

라는 두 가지 패턴이 있습니다. 논리에서는 이 두 가지를 구별합니다. (1)은 A = B라는 것입니다. (2)가 A ⇒ B가 됩니다.

벤 다이어그램

진리표(그림 2-20)를 보면서 A ⇒ B의 벤 다이어그램을 그려 봅시다.

A가 true이고 B가 false일 때 외에는 전부 칠해야 합니다. A가 true이고 B가 false인 영역, 즉 'A 내부 중 B에 속하지 않는 부분'은 칠해서는 안 됩니다. 요컨대 그림 2-21처럼 A의 외부와 B의 내부를 모두 칠한 것이 됩니다.

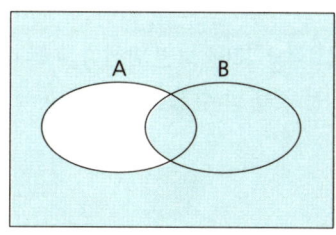

A ⇒ B

그림 2-21 A ⇒ B를 나타낸 벤 다이어그램

함정의 논리

그림 2-21의 벤 다이어그램은 분명히 '~라면'의 진릿값과 일치합니다. 그러나 이것을 보고 "흠, 분명히 이것은 '~라면'의 벤 다이어그램이군."이라고 바로 이해할 수 있는 사람은 많지 않을 것입니다.

다음과 같이 생각해 보기 바랍니다.

그림 2-21의 벤 다이어그램은 하늘에서 어떤 토지를 본 그림입니다. 칠해진 부분은 콘크리트로 만든 부분이고, 칠하지 않은 부분은 텅 빈 함정입니다. 함정에 빠지지 않으려면 콘크리트 위에 있어야만 합니다.

이러한 상황이라면 "당신이 A 안에 서 있다고 한다면 당신은 B 안에 서 있는 것이다."라고 할 수 있습니다. 그렇지 않으면 A 안에 서 있을 수 없어서 함정에 빠져 버리기 때문입니다. 즉, 그림 2-21의 벤 다이어그램은 "A 안에 있다고 한다면 반드시 B 안에 있어야 한다."라는 상황을 만들고자 땅에 구멍을 판 그림인 것입니다.

벤 다이어그램 그리기

(~A) ∨ B라는 논리식을 벤 다이어그램으로 그리면 어떤 모습일까요?

그림 2-22처럼 됩니다.

이 벤 다이어그램(그림 2-22)을 보면 앞선 A ⇒ B라는 논리식의 벤 다이어그램(그림 2-21)과 같다는 것을 알 수 있습니다. 즉, A ⇒ B와 (~A) ∨ B는 같은 것입니다.

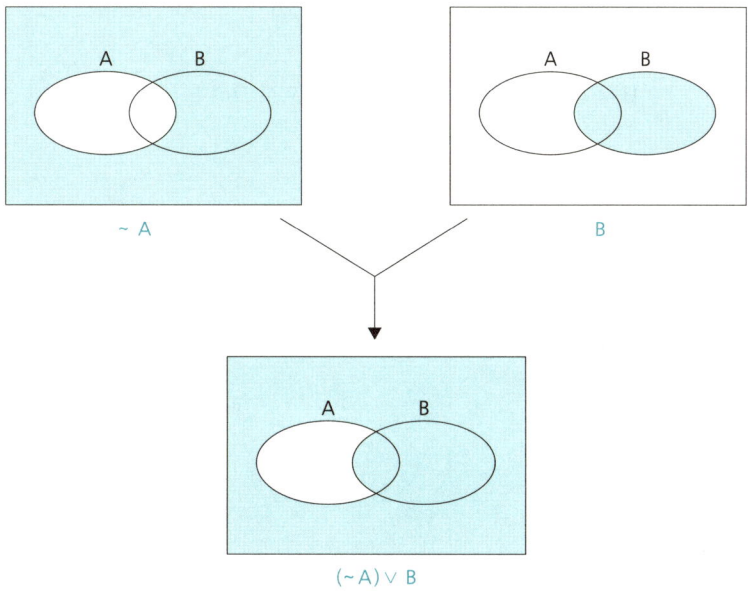

그림 2-22 (~A) ∨ B를 나타낸 벤 다이어그램

'A라면 B'가 'A가 아니거나 B이다'와 같다는 사실은 함정의 논리를 거꾸로 생각하면 이해할 수 있을 것입니다.

- A에 발을 들이지 않으면 절대로 함정에 빠지지 않습니다. 함정은 A에만 있기 때문입니다.
- 또한, B에 가만히 있으면 절대로 함정에 빠지지 않습니다. B에는 함정이 없기 때문입니다.

즉, 'A에 들어가지 않거나 B 안에 있다'라는 것이 확실하다면 절대로 함정에 빠지지 않습니다. 이것이야말로 "A 안에 있고자 한다면 B 안에 있어야 한다."가 됩니다.

역

B ⇒ A라는 논리식을 벤 다이어그램으로 그려 봅시다.

B ⇒ A라는 것은 요컨대 (~B) ∨ A라는 것이므로 벤 다이어그램은 그림 2-23과 같습니다.

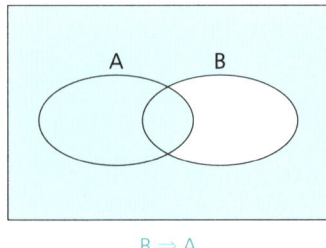

그림 2-23 B ⇒ A를 나타낸 벤 다이어그램

논리식 B ⇒ A를 나타낸 벤 다이어그램(그림 2-23)은 논리식 A ⇒ B를 나타낸 벤 다이어그램(그림 2-21)과 일치하지 않습니다. 이것은 A ⇒ B가 참이라고 해서 B ⇒ A가 참이라고는 할 수 없다는 것을 나타냅니다. 논리학에서는 B ⇒ A를 A ⇒ B의 **역**이라 부릅니다. 즉, 조건 명제가 참이라고 해서 "역이 반드시 참이라고는 할 수 없다."라는 것입니다.

대우

(~B) ⇒ (~A)라는 논리식을 벤 다이어그램으로 그리면 어떤 모습일까요?

 A ⇒ B는 (~A) ∨ B와 같습니다. 즉, '⇒의 왼쪽에 있는 식의 부정'과 '⇒의 오른쪽에 있는 식'과의 논리합 ∨을 취하는 것이 됩니다. 그러므로 (~B) ⇒ (~A)는 ~(~B) ∨ (~A)가 됩니다. 따라서 (~B) ⇒ (~A)의 벤 다이어그램은 그림 2-24와 같이 됩니다.

논리식 (~B) ⇒ (~A)를 나타낸 벤 다이어그램(그림 2-24)은 논리식 A ⇒ B를 나타낸 벤 다이어그램(그림 2-21)과 같다는 것을 알 수 있습니다. 즉, A ⇒ B는 (~B) ⇒ (~A)와 같습니다.

$$(\sim B) \Rightarrow (\sim A)$$

이러한 논리식을 A ⇒ B의 **대우**라고 합니다. 원래 논리식이 참이라면 그 대우도 참이며 원래 논리식이 거짓이라면 그 대우도 거짓이 됩니다.

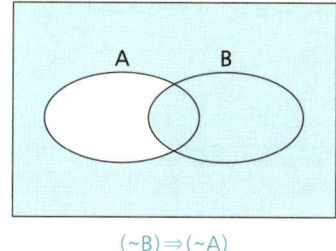

(~B) ⇒ (~A)

그림 2-24 (~B) ⇒ (~A)를 나타낸 벤 다이어그램

더 알아보기

지금까지 다음과 같은 복합적인 논리식을 배웠습니다.

~A
A ∧ B
A ∨ B
A ⊕ B
A = B
A ⇒ B

이들은 자주 사용하는 논리식입니다만 이들이 전부는 아닙니다. A와 B가 취할 수 있는 true/false를 조합하면 다음과 같이 전부 2 × 2 = 4가지가 됩니다.

A = true,   B = true
A = true,   B = false
A = false, B = true
A = false, B = false

이 네 가지 각각에 대해 연산의 결과는 true/false 두 가지가 있습니다. 즉, 두 가지의 명제를 조합한 연산자는 2^4 = 16가지가 됩니다.

살펴보는 김에 모든 조합을 표현한 진리표를 그려 보도록 하겠습니다(그림 2-25).

							A⊕B				A⇒B						
A	B	항상false	A∧B	A∧(~B)	A	(~A)∧B	B	~(A=B)	A∨B	~(A∨B)	A=B	~B	A∨(~B)	~A	(~A)∨B	~(A∧B)	항상true
true	true	false	true	false	true	false	true	false	true	false	true	false	true	false	true	false	true
true	false	false	false	true	true	false	false	true	true	false	false	true	true	false	false	true	true
false	true	false	false	false	false	true	true	true	true	false	false	false	false	true	true	true	true
false	false	false	false	false	false	false	false	false	false	true	true	true	true	true	true	true	true
		0	1	2	3	4	5	6	7	8	9	10	11	12	13	14	15

그림 2-25 A와 B로 만들 수 있는 모든 연산의 진리표

규칙성의 발견

그림 2-25의 진리표는 보기에는 순서가 제멋대로인 듯 보이지만 실제로는 규칙성이 있습니다. 어떤 규칙일까요?

| Chapter 02 | 논리: true와 false 둘로 나누기

  진리표의 false를 0, true를 1로 바꾸어 보면 왼쪽 끝에서부터 한 열씩 0, 1, 2, ..., 15를 2진법으로 표현한 수가 됩니다.

예를 들어 가장 왼쪽(0번째)의 '항상 false'는 아래에서부터 false, false, false, false이므로 이는 2진법의 0000에 해당합니다. 7번째에 있는 'A ∨ B'는 아래에서부터 false, true, true, true이므로 이는 2진법의 0111에 해당합니다.

이렇게 2진법을 사용하면 '누락'이나 '중복'이 없는 표를 만들 수 있습니다.

드모르간의 법칙

이 절에서는 드모르간 법칙에 대해 배워 보겠습니다. 드모르간 법칙은 ∧와 ∨의 관계를 이해하는 데 도움이 되는 편리한 법칙입니다. 이 법칙을 사용하면 ∧를 사용한 식과 ∨를 사용한 식을 서로 교환할 수 있습니다.

드모르간의 법칙이란?

(~A) ∨ (~B)는 ~(A ∧ B)로 바꾸어 쓸 수 있으며 반대로 ~(A ∧ B)는 (~A) ∨ (~B)로 바꾸어 쓸 수 있습니다. 이것을 **드모르간 법칙**de Morgan's Law이라고 합니다. 드모르간 법칙은 다음과 같은 논리식으로 쓸 수 있습니다.

(~A) ∨ (~B) = ~(A ∧ B)
(~A) ∧ (~B) = ~(A ∨ B)

드모르간 법칙을 우리말로 무리하게 표현하자면 다음과 같이 됩니다.

- 'A가 아니다' 또는 'B가 아니다'라는 것은 'A이면서 B'가 아닌 것과 같다.
- 'A가 아니다'면서 'B가 아니다'라는 것은 'A 또는 B'가 아닌 것과 같다.

이처럼 우리말을 읽기만 해서는 이해하기가 어렵습니다. 하지만 진리표를 만들거나 벤 다이어그램을 그려 보면 틀림없음을 확인할 수 있습니다.

진리표(그림 2-26)로 이를 확인해 보겠습니다.

A	B	(~A) ∨ (~B)	~(A∧B)	(~A) ∧ (~B)	~(A∨B)
true	true	false	false	false	false
true	false	true	true	false	false
false	true	true	true	false	false
false	false	true	true	true	true

같다   같다

그림 2-26 드모르간 법칙을 진리표로 확인

벤 다이어그램을 그려서 확인해도 상관없습니다. 앞서 그림 2-11과 그림 2-14를 통해 알아본 것이 생각날 겁니다.

쌍대성

논리식의 쌍대성이라는 성질을 알면 드모르간 법칙을 간단하게 익힐 수 있습니다.

어떤 논리식 안의 true와 false, A와 ~A, ∧와 ∨를 서로 바꾸면 그 논리식 전체를 부정한 논리식이 만들어집니다. 즉, 다음이 서로 대응하는 것입니다.

true ↔ false
A ↔ ~A
∧ ↔ ∨

이를 논리식의 **쌍대성**이라고 부릅니다. 논리식 A ∧ B로 알아보겠습니다. 논리

식 A ∧ B의 A와 ~A, ∧와 ∨, B와 ~B를 각각 서로 바꾸면 논리식 (~A) ∨ (~B)가 만들어집니다(괄호는 적절하게 추가했습니다). 이 논리식 (~A) ∨ (~B)는 원래 논리식 A ∧ B의 부정, 즉 ~(A ∧ B)와 같아집니다. 이것이 쌍대성이라는 성질입니다.

(~A) ∨ (~B) = ~(A ∧ B)

드모르간 법칙과 딱 맞아떨어지는군요. 이처럼 쌍대성을 사용하여 논리식을 다루다 보면 논리에도 점점 익숙해지리라 생각합니다.

카르노 맵

지금까지 논리식과 진리표, 벤 다이어그램을 배워 보았습니다. 이번에는 복잡한 논리식을 정리하는 데 필요한 카르노 맵이라는 도구를 소개하겠습니다.

두 개의 램프 게임

여러분은 지금 게임기로 놀고 있습니다. 화면에는 파란색과 노란색 두 개의 램프가 표시되어 있으며, 둘 다 반짝반짝 켜졌다 꺼지기를 반복하고 있습니다.

그리고 두 개의 램프 게임에서는 다음과 같은 규칙을 따라 게임기의 버튼을 재빠르게 눌러야만 합니다. 여러분은 다음과 같은 복잡한 규칙을 알아보기 쉽게 정리할 수 있나요?

두 개의 램프 게임 규칙

다음 중 하나의 패턴이라면 즉시 버튼을 눌러주세요.

ⓐ 파란색 램프는 꺼져 있지만, 노란색 램프는 켜져 있다.
ⓑ 파란색 램프가 꺼져 있고, 노란색 램프도 꺼져 있다.
ⓒ 파란색 램프가 켜져 있고, 노란색 램프도 켜져 있다.

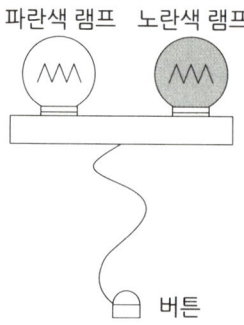

그림 2-27 두 개의 램프 게임

논리식으로 생각하기

규칙을 정리할 때는 머리로만 생각하는 것이 아니라 논리식을 써서 생각하는 것이 철칙입니다. 우선 주어진 규칙을 그대로 논리식으로 써 보도록 합시다. 먼저 기본적인 명제에 A, B라는 이름을 붙입니다.

- 명제 A: 파란색 램프가 켜져 있다.
- 명제 B: 노란색 램프가 켜져 있다.

A와 B를 사용하여 2개의 램프 게임의 규칙을 다시 써 보면 버튼을 눌러야 할 때는 다음 ⓐ, ⓑ, ⓒ의 논리합이 됩니다.

ⓐ (~A) ∧ B

ⓑ (~A) ∧ (~B)

ⓒ A ∧ B

즉, 버튼을 눌러야 할 때는 다음과 같은 논리식이 true가 될 때입니다.

$$((\sim A) \land B) \lor ((\sim A) \land (\sim B)) \lor (A \land B)$$
$$\quad\quad\text{ⓐ} \quad\quad\quad\quad\text{ⓑ} \quad\quad\quad\quad\text{ⓒ}$$

아, 그렇군요. 근데 이건 전혀 간단해지지 않은 것 같네요. 램프가 켜지고 꺼지는 것을 보면서 이런 논리식의 참·거짓을 바로 판단한다는 것은 무리입니다.

여기서 등장하는 것이 카르노 맵입니다.

카르노 맵 사용하기

카르노 맵 Karnaugh Map이란 **모든 명제의 참·거짓 조합을 2차원으로 나타낸 그림**을 말합니다.

두 개의 램프 게임을 카르노 맵을 사용하여 표현해 보겠습니다.

- 명제 A: 파란색 램프가 켜져 있다.
- 명제 B: 노란색 램프가 켜져 있다.

이와 같은 명제로 얻을 수 있는 모든 참·거짓의 조합에 대응하는 그림을 그립니다. 그리고 버튼을 눌러야 하는 조합에 확인 표시를 붙입니다(**그림 2-28**).

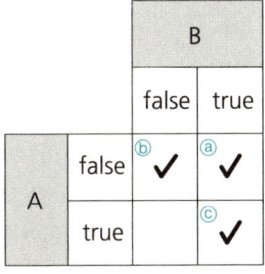

그림 2-28 두 개의 램프 게임 카르노 맵 (확인 표시 붙임)

확인 표시를 했으면 이번에는 인접한 확인 표시를 포함하는 몇 개의 그룹을 만들겠습니다. 만들 수 있는 그룹의 모양은 다음과 같습니다(**그림 2-29**).

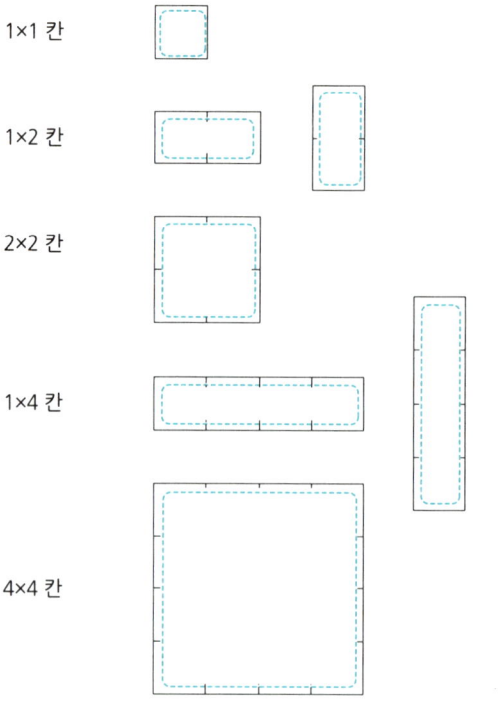

그림 2-29 인접한 확인 표시를 감싸는 그룹

이때 인접한 확인 표시를 감싸도록 가능한 모든 그룹을 만듭니다. 그룹이 서로 겹쳐도 상관없습니다.

그림 2-30에서는 둥근 점선의 직사각형으로 표현했습니다.

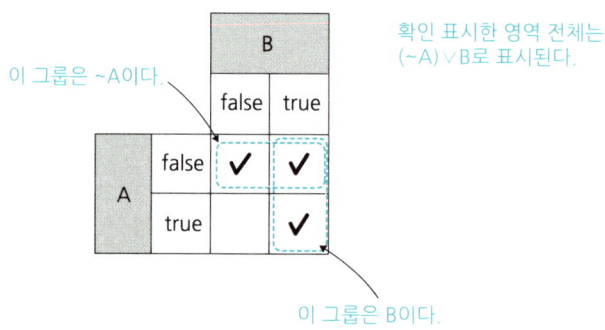

그림 2-30 두 개의 램프 게임 카르노 맵 (그룹을 만들어 논리식을 생각하기)

| Chapter 02 | 논리: true와 false 둘로 나누기

확인 표시를 모두 감쌌다면 이번에는 각각의 그룹을 나타내는 논리식을 생각해 보겠습니다(그림 2-30).

- 가로로 긴 그룹은 A가 false가 되는 영역이므로 ~A라고 나타냅니다.
- 세로로 긴 그룹은 B가 true가 되는 영역이므로 B라고 나타냅니다.

따라서 확인 표시가 있는 영역 전체는 ~A와 B의 논리합을 이용하여 다음과 같이 나타낼 수 있습니다.

(~A) ∨ B

즉, 두 개의 램프 게임에서는 반짝이는 램프를 보면서 '파란색 램프가 꺼져 있을 때(~A)' 또는 '노란색 램프가 켜져 있을 때(B)'에 버튼을 누르면 됩니다.

카르노 맵을 이용하면 ((~A) ∧ B) ∨ ((~A) ∧ (~B)) ∨ (A ∧ B)가 (~A) ∨ B와 같다는 것을 알 수 있습니다. 이처럼 **카르노 맵을 이용하면 논리식을 간단한 형태로 변환**할 수 있으므로 편리합니다.

세 개의 램프 게임

이번에는 램프를 세 개로 늘려 보겠습니다.
램프는 파란색, 노란색, 빨간색의 세 종류가 있습니다(그림 2-31).

세 개의 램프 게임 규칙

다음 중 하나의 패턴이라면 즉시 버튼을 눌러주세요.

- ⓐ 파란색 램프가 꺼지고 노란색 램프도 꺼지고 빨간색 램프도 꺼진다.
- ⓑ 노란색 램프는 꺼졌지만, 빨간색 램프는 켜져 있다.
- ⓒ 파란색 램프는 꺼졌지만, 노란색 램프는 켜져 있다.
- ⓓ 파란색 램프도 노란색 램프도 빨간색 램프도 켜져 있다.

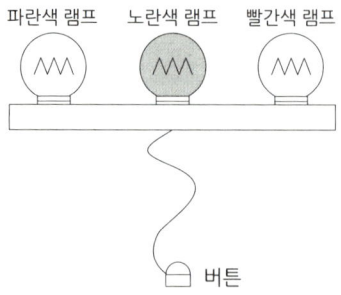

그림 2-31 세 개의 램프 게임

여기까지 오면 머릿속에서만 정리하기에는 무리입니다. 그러므로 바로 카르노 맵을 사용해 보겠습니다(**그림 2-32**).

- 명제 A: 파란색 램프가 켜져 있다.
- 명제 B: 노란색 램프가 켜져 있다.
- 명제 C: 빨간색 램프가 켜져 있다.

이러한 명제 A, B, C의 true/false에 대응하는 표를 만들어 '버튼을 눌러야 할 때'에 확인 표시를 붙입니다. 이번에는 명제가 세 개이므로 표의 칸은 전부 $2^3 = 8$개가 됩니다.

		B		
		false		true
		false	true	false
A	false	ⓐ ✓	ⓑ ✓	ⓒ ✓	ⓒ ✓
A	true		ⓑ ✓	ⓓ ✓	
		false	true	false
			C	

그림 2-32 세 개의 램프 게임 카르노 맵 (확인 표시를 붙임)

B와 C의 false/true의 경계가 어긋나 있음에 주의하기 바랍니다. 이러한 어긋남에 의해 8개의 칸으로 모든 버튼을 표현할 수 있는 것입니다.

확인 표시를 붙였다면 앞서와 마찬가지로 가능한 많은 확인 표시를 감싸는 그룹으로 나눕니다(**그림 2-33**).

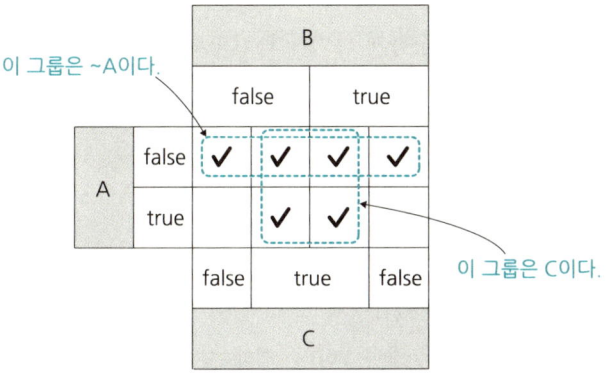

그림 2-33 세 개의 램프 게임 카르노 맵 (그룹을 만들어 논리식을 생각하기)

확인 표시를 포함하는 그룹으로 나누었다면 각각의 그룹을 나타내는 논리식을 생각해 봅시다.

- 가로로 긴 그룹은 A가 false인 영역이므로 ~A라고 나타냅니다.
- 가운데 그룹은 C가 true인 영역이므로 C라고 나타냅니다.

이렇게 하면 확인 표시가 붙은 영역은 (~A)와 C의 논리합이므로 다음과 같이 나타낼 수 있습니다.

(~A) ∨ C

처음에는 세 개의 램프 게임의 규칙이 복잡한 듯 보였으나, 카르노 맵을 이용하면 이렇게 간단하게 표현할 수 있습니다. 놀랍지 않나요?

이렇게 얻은 논리식 (~A) ∨ C로부터 세 개의 램프 게임에서는 '파란색 램프가 꺼져 있거나(~A)' 또는 '빨간색 램프가 켜져 있을 때(C)' 버튼을 누르면 된다는 것을 알 수 있습니다.

이 논리식에는 B가 등장하지 않습니다. 이를 통해 버튼을 누를 것인가를 판단할 때에는 노란색 램프는 볼 필요가 없다는 것을 알 수 있습니다.

카르노 맵은 논리식을 단순하게 하거나 논리회로를 설계할 때 등에 사용할 수 있습니다.

정의되지 않음을 포함한 논리

지금까지 논리의 기본을 배웠습니다. 논리에서는 참^{true}과 거짓^{false}이라는 두 개의 값만을 사용하여 연산을 수행했습니다. 명제는 반드시 참이나 거짓 둘 중 하나의 값을 가집니다.

여기서 우리의 관심사인 프로그램을 떠올려 보도록 합시다. 프로그램에서는 에러 때문에 종료하거나 폭주하거나 무한 반복에 빠지거나 예외가 발생하거나 등 다양한 이유로 **true와 false 중 어떤 쪽의 값도 가지지 못하는 때**가 종종 일어납니다.

이러한 '값을 얻을 수 없다'라는 상황도 함께 표현하고자 true와 false뿐 아니라 새롭게 undefined라는 값을 설정하겠습니다. undefined는 '정의되지 않음'이라는 의미입니다.

- true 참
- false 거짓
- undefined 정의되지 않음

지금부터 true, false, undefined를 사용한 3값 논리를 생각해 보도록 하겠습니다. 정의되지 않음을 포함한 논리는 실제 프로그래밍에도 종종 발견할 수 있습니다. 다음 절에서는 정의되지 않음을 포함한 다음과 같은 논리 각각에 대해 알아보겠습니다.

| Chapter 02 | 논리: true와 false 둘로 나누기

- 조건 논리곱
- 조건 논리합
- 부정
- 드모르간 법칙

조건 논리곱(&&)

3값 논리에서 논리곱(조건 논리곱, Conditional And, Short-circuit Logical And)을 살펴봅시다. 조건 논리곱이란 프로그래밍에서 컴퓨터 자원을 효율적으로 사용하기 위한 논리곱으로, 앞서 다룬 논리곱과 같은 개념입니다. A와 B의 조건 논리곱은 다음과 같이 && 연산자를 사용하여 표현합니다.

A && B

연산자 &&를 지금까지와 마찬가지로 진리표를 이용하여 정의해 보겠습니다. 다만, 앞서와는 달리 true/false/undefined 세 종류의 값을 사용하겠습니다(그림 2-34).

A	B	A && B
true	true	true
true	false	false
true	undefined	undefined
false	true	false
false	false	false
false	undefined	false
undefined	true	undefined
undefined	false	undefined
undefined	undefined	undefined

- undefined를 포함하지 않을 때 A&&B는 A∧B와 같음
- A가 true일 때 A&&B는 B와 같음
- A가 false일 때 A&&B는 항상 false
- A가 undefined일 때 A&&B는 항상 undefined

그림 2-34 연산자 &&의 정의

이 진리표를 보면 다음과 같은 사실을 알 수 있습니다.

- undefined를 포함하지 않는 줄은 논리곱 A ∧ B와 같다.
- A가 true일 때 A && B는 B와 같다.
- A가 false일 때 A && B는 항상 false이다.
- A가 undefined일 때 A && B는 항상 undefined이다.

이는 각 줄의 왼쪽에서 읽어 나가다가 undefined를 '여기서 컴퓨터가 폭주'라고 읽으면 쉽게 이해할 수 있습니다.

- A가 true라면 B를 조사합니다. B의 결과가 A && B의 결과가 됩니다.
- A가 false라면 B를 조사할 필요도 없이 false가 됩니다.
- A가 undefined라면 여기서 컴퓨터는 폭주하므로 B를 조사할 필요도 없이 A && B의 결과는 undefined가 됩니다.

이 &&는 C나 Java에서 사용하는 연산자 &&와 같은 의미입니다.
다음과 같은 프로그램을 생각해 봅시다.

```
if (A && B) {
    ...
}
```

A가 false라면 A && B는 반드시 false가 되며 A가 true라면 A && B의 값은 B의 값과 같아집니다. 그렇다는 것은 A && B라는 것은 **A라는 조건에 따라 B를 조사할 것인지 안 할 것인지를 판단하는 것**이라고도 볼 수 있습니다(그래서 조건 논리곱이라 부릅니다). 결국, 다음과 같다는 뜻입니다.

| Chapter 02 | 논리: true와 false 둘로 나누기

```
if ( A ) {
   if ( B ) {
      ...
   }
}
```

A && B와 B && A는 같지 않습니다. 즉, 교환법칙이 성립하지 않습니다.
연산자 &&는 다음과 같이 사용합니다.

```
if ( check() && execute()){
   ...
}
```

이때 check( ) 함수의 값이 false라면 execute( ) 함수는 처음부터 실행되지 않습니다. 여기서 check( ) 함수는 execute( ) 함수를 실행해도 되는지를 조사하는 역할을 합니다.

조건 논리합(∥)

이번에는 마찬가지 방법으로 3값 논리에서 논리합(조건 논리합)을 살펴보겠습니다. A와 B의 조건 논리합은 다음과 같이 연산자 ∥를 이용하여 나타냅니다(그림 2-35).

   A ∥ B

A	B	A || B	
true	true	true	
true	false	true	A가 true일 때 A || B는 항상 true
true	undefined	true	
false	true	true	
false	false	false	A가 false일 때 A || B는 B와 같음
false	undefined	undefined	
undefined	true	undefined	
undefined	false	undefined	A가 undefined일 때 A || B는 항상 undefined
undefined	undefined	undefined	

undefined를 포함하지 않을 때
A \|\| B는 A ∨ B와 같음

그림 2-35 연산자 \|\|의 정의

A가 true라면 A \|\| B는 반드시 true가 되며 A가 false일 때 A \|\| B의 값은 B와 같아집니다.

```
if ( A || B) {
   ...
}
```

즉, 앞서와 같은 프로그램은 다음과 같은 의미가 됩니다.

```
if ( A ) {
} else {
   if ( B ) {
      ...
   }
}
```

| Chapter 02 | 논리: true와 false 둘로 나누기

3값 논리의 부정(!)

3값 논리에서 부정은 !로 나타냅니다. 즉, A의 부정은 다음과 같이 표현합니다.

!A

부정은 간단하네요(그림 2-36).

A	!A
true	false
false	true
undefined	undefined

undefined를 포함하지 않을 때 !A는 ~A와 같음

A가 undefined라면 !A도 undefined

그림 2-36 연산자 !의 정의

3값 논리에서 드모르간 법칙

3값 논리에서 논리곱과 논리합, 부정을 모두 다루었으므로 이번에는 3값 논리에서 드모르간 법칙을 알아보고자 합니다. 다음과 같은 두 식이 성립하는지 진리표를 이용하여 조사해 봅시다(그림 2-37).

(!A) || (!B) = ! (A && B)
(!A) && (!B) = ! (A || B)

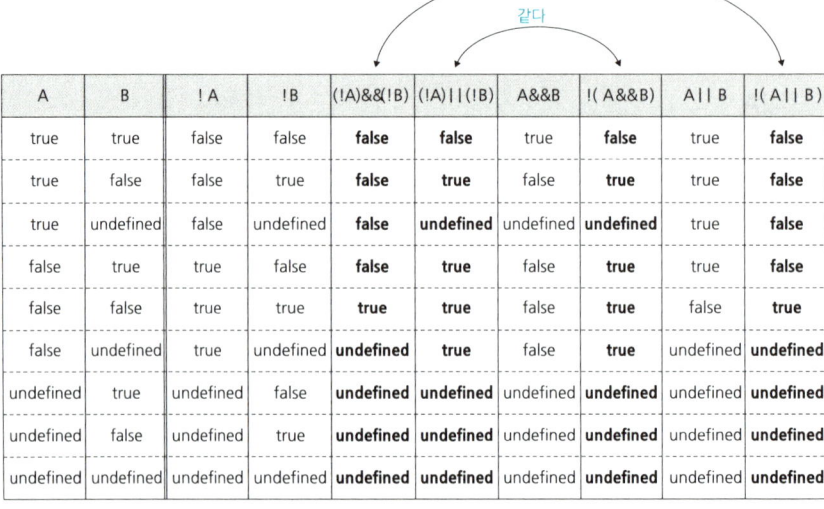

그림 2-37 3값 논리에서 드모르간 법칙

이 진리표를 보면 분명히 3값 논리에서도 드모르간 법칙이 성립한다는 것을 알 수 있습니다.

드모르간 법칙을 사용하면 if 문을 다음과 같이 변형할 수 있습니다.

```
if ( !(x >= 0 && y >= 0) ) {
    ...
}
```

↓

```
if ( x < 0 || y < 0 ) {
    ...
}
```

| Chapter 02 | 논리: true와 false 둘로 나누기

더 알아보기

true/false/undefined를 다루는 논리 연산자를 전부 합하면 3^9개나 되므로 여기에 전부 실을 수는 없습니다. 여기서는 프로그래밍을 할 때 자주 사용하는 &&, || 과 함께 !을 소개했습니다.

이 장에서 배운 내용

이번 장에서는 논리식과 진리표, 벤 다이어그램, 카르노 맵 등의 도구를 사용하여 복잡한 논리를 풀어 보는 것을 연습했습니다.

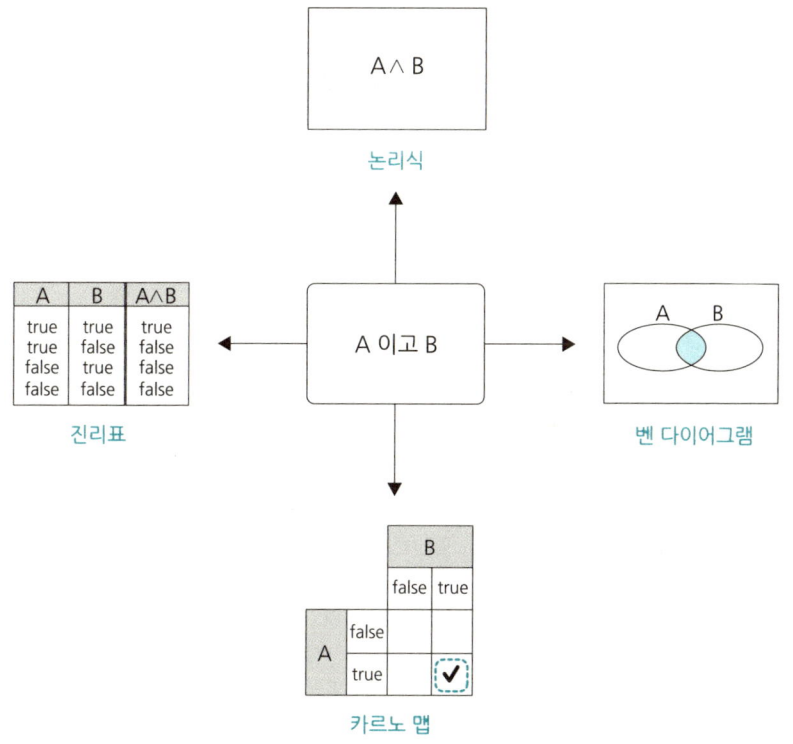

그림 2-38 다양한 논리 표현법

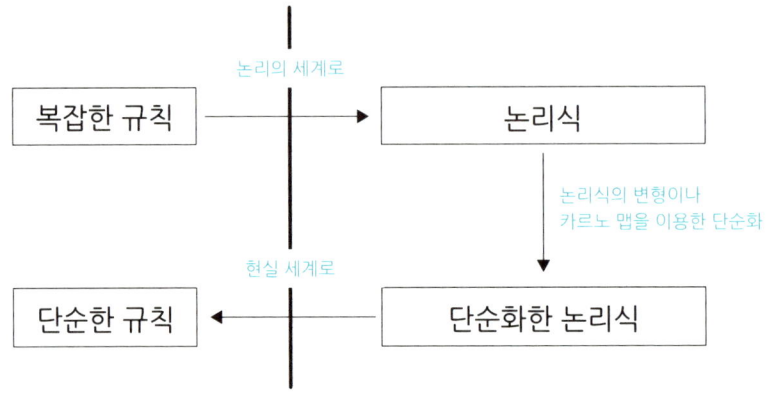

그림 2-39 논리를 사용한 단순화

또한, 정의되지 않음을 다루는 3값 논리도 배워 보았습니다.

논리에서는 '빠짐없고 겹치지 않는 분할'이 매우 중요합니다. 일반적인 논리에서는 '둘로 나누기'가, 3값 논리에서는 '셋으로 나누기'가 기본입니다. 다음 장에서는 '나누기'에 대해 더욱 자세하게 배워 보도록 하겠습니다.

 **끝내는 대화**

선생님   "결국, if 문은 둘로 나누는 것이 됩니다."
학생   "둘로 나누기?"
선생님   "그렇습니다. 조건이 성립하는 세계와 조건이 성립하지 않는 세계, 이렇게 두 가지로 말이죠."

| Chapter 03 |

나머지

주기성과 그룹 나누기

 **시작하는 대화**

선생님	"홀수란 무엇인가요?"
학생	"1, 3, 5, 7, 9, 11, ... 입니다."
선생님	"그렇습니다. 홀수는 2로 나누었을 때 나머지가 1인 정수입니다. 그러면 짝수는요?"
학생	"2로 나누어떨어지는 정수입니다."
선생님	"그래요. 짝수는 2로 나누었을 때 나머지가 0인 정수입니다."
학생	"그게 어떻다는 거예요?"
선생님	"나눗셈은 그룹 나누기와 같은 것입니다."
학생	"그룹 나누기?"
선생님	"나머지가 얼마인가에 따라 어떤 그룹에 속할 것인지 정해지기 때문이죠."

이 장에서 배울 내용

이 장에서는 나머지에 대해 배워 보겠습니다.

나머지란 나누기를 했을 때 나누어떨어지지 않고 남는 것을 말합니다. 우리는 초등학교 때부터 +, -, ×, ÷, 즉 더하고 빼고 곱하고 나누는 사칙연산을 반복해서 배워왔습니다. 그러나 나머지 계산은 나눗셈을 배울 때 잠깐 다루었을 뿐입니다. 하지만 실제로 나머지 계산은 수학에서도 프로그래밍에서도 중요한 역할을 합니다.

이 장에서는 몇 개의 퀴즈를 통하여 "나머지는 그룹 나누기이다."라는 것을 배웁니다. 나머지를 사용하여 그룹 나누기를 제대로 수행하면 어려웠던 문제도 손쉽게 풀 수 있는 경우가 있습니다. 또한, 나머지와 관련하여 **패리티**[Parity]라는 개념도 배워 보겠습니다. 패리티는 통신에서 에러를 확인할 때도 사용하는 중요한 개념입니다.

| Chapter 03 | **나머지**: 주기성과 그룹 나누기

요일 퀴즈 (1)

100일 후는 무슨 요일?

오늘은 일요일입니다. 그렇다면 100일 후는 무슨 요일일까요?

퀴즈의 답

1주일이 7일이므로 7일마다 같은 요일이 반복됩니다. 오늘이 일요일이라고 하면 7일 후, 14일 후, 21일 후, …처럼 7의 배수 일은 모두 일요일이 됩니다. 98은 7의 배수이므로 98일 후도 일요일이 됩니다. 따라서 다음과 같은 계산에 따라 100일 후는 화요일임을 알 수 있습니다.

   98일 후 …… 일요일
   99일 후 …… 월요일
   100일 후 …… 화요일

나머지를 사용하여 생각해 보기

앞의 퀴즈는 다음과 같이 나머지를 사용하여 계산해도 마찬가지 결과를 얻을 수 있습니다. 0, 1, 2, …, 6이라는 수를 일, 월, 화, …, 토라는 요일에 각각 지정합니다.

0	1	2	3	4	5	6
일	월	화	수	목	금	토

오늘이 일요일이라면 100일 후의 요일은 100을 7로 나누었을 때의 나머지에 대응하는 요일이 됩니다.

   100 ÷ 7 = 14, 나머지 2

그러므로 100일 후는 화요일이 됩니다.

나머지의 힘: 큰 수를 나눗셈 한 번으로 그룹 나누기

100일 후의 요일을 구하는 퀴즈는 앞서와 같이 나머지를 사용하지 않고 "오늘은 일요일, 1일 후는 월요일, 2일 후는 화요일, 3일 후는 …"처럼 100일을 하나하나 세더라도 풀 수는 있습니다. 100이라는 수는 그리 크지 않기 때문이지요.

그러나 만약 퀴즈가 "1억일 후의 요일을 구하라."라고 한다면 하나하나 세어서 풀기는 거의 불가능할 것입니다. 1초에 1번씩 세더라도 1억까지 세는 데는 3년 이상이 걸리기 때문입니다.

하지만 나머지를 사용하면 1억일 후의 요일이라도 금방 구할 수 있습니다. 한번 해볼까요?

1억일 후:

$100000000 \div 7 = 14285714$, 나머지 2

나머지가 2이므로 1억일 후는 화요일이 됩니다.

이처럼 n일 후의 요일은 n을 7로 나눈 나머지를 이용하여 구할 수 있습니다. 이는 요일이 7일을 주기로 하여 반복되기 때문입니다. 직접 다루기가 어려운 큰 수를 만났을 때라도 거기에서 반복(주기성)을 발견할 수 있다면 나머지의 힘을 이용하여 자유자재로 다룰 수 있습니다.

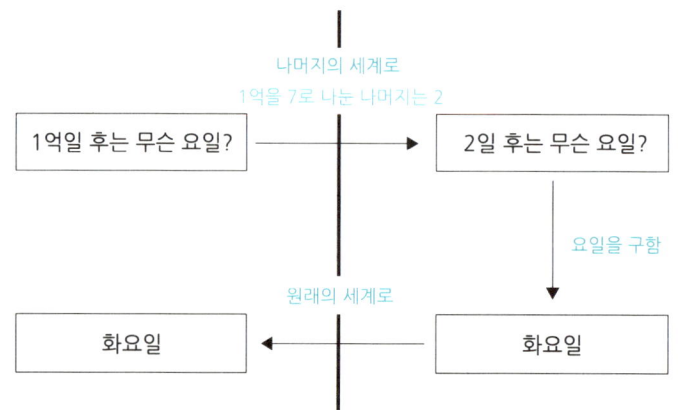

그림 3-1 나머지를 이용한 요일 구하기

| Chapter 03 | 나머지: 주기성과 그룹 나누기

요일 퀴즈 (2)

이번에는 조금 더 어려운 요일 퀴즈에 도전해 보겠습니다.

10^{100}일 후는 무슨 요일?

오늘은 일요일입니다. 그렇다면 10^{100}일 후*는 무슨 요일일까요?

힌트: 직접 계산할 수 있을까?

100일 후의 요일을 구할 때와 마찬가지로 10^{100}을 7로 나눈 나머지를 구할 수 있으면 좋겠지만, 실제로 이처럼 큰 수를 계산하기는 결코 쉬운 일이 아닙니다. 전자계산기를 사용하더라도 쉽지 않을 것입니다.

요일 퀴즈 (1)은 요일의 주기성을 이용하며 풀었습니다. 요일 퀴즈 (2)에서도 주기성을 발견할 수 있을까요? 한번 찾아보기 바랍니다.

퀴즈의 답

10^{100}을 처음부터 구하는 것이 아니라 1, 10, 100, 1000, 10000, …과 같이 0의 개수를 늘려 가면서 주기성이 있는지를 조사해 보겠습니다.

0의 개수			
0	1일 후의 요일	1 ÷ 7 = 0, 나머지 1	→ 월
1	10일 후의 요일	10 ÷ 7 = 1, 나머지 3	→ 수
2	100일 후의 요일	100 ÷ 7 = 14, 나머지 2	→ 화
3	1000일 후의 요일	1000 ÷ 7 = 142, 나머지 6	→ 토
4	10000일 후의 요일	10000 ÷ 7 = 1428, 나머지 4	→ 목
5	100000일 후의 요일	100000 ÷ 7 = 14285, 나머지 5	→ 금
6	1000000일 후의 요일	1000000 ÷ 7 = 142857, 나머지 1	→ 월
7	10000000일 후의 요일	10000000 ÷ 7 = 1428571, 나머지 3	→ 수
8	100000000일 후의 요일	100000000 ÷ 7 = 14285714, 나머지 2	→ 화
9	1000000000일 후의 요일	1000000000 ÷ 7 = 142857142, 나머지 6	→ 토
10	10000000000일 후의 요일	10000000000 ÷ 7 = 1428571428, 나머지 4	→ 목
11	100000000000일 후의 요일	100000000000 ÷ 7 = 14285714285, 나머지 5	→ 금
12	1000000000000일 후의 요일	1000000000000 ÷ 7 = 142857142857, 나머지 1	→ 월

---

* 10^{100}이란 10000000000 0000000000 0000000000 0000000000 0000000000 0000000000 0000000000 0000000000 0000000000 0000000000이라는 수입니다(0이 100개입니다).

예, 주기성이 보이는군요. 나머지는 1, 3, 2, 6, 4, 5, ... 의 순서로 반복되므로 요일은 월, 수, 화, 토, 목, 금, ... 의 순으로 반복됩니다. 이 주기성은 손으로 직접 나눗셈을 해 보면 어렵지 않게 확인할 수 있습니다.

    1 3 2 6 4 5 (일수를 7로 나눈 나머지)
    월 수 화 토 목 금

0이 6개 늘어날 때마다 같은 요일이 되므로 주기는 6입니다. 0의 개수를 6으로 나누었을 때의 나머지는 0, 1, 2, 3, 4, 5 중 하나가 되므로 각각 월, 수, 화, 토, 목, 금을 대응시킵니다(응? 일요일은 나오지 않네요).

    0 1 2 3 4 5 (일수의 0의 개수를 6으로 나눈 나머지)
    월 수 화 토 목 금

따라서 10^{100}일 후의 요일은 일수의 0 개수 100을 6으로 나눈 나머지를 조사하면 알 수 있습니다. 계산해 봅시다.

    100 ÷ 6 = 16, 나머지 4

나머지가 4이므로 10^{100}일 후의 요일은 목요일이 됩니다.

주기성 알아내기

요일 퀴즈 (1)에서는 수의 주기성을 통하여 요일을 알아낼 수 있었습니다. 요일 퀴즈 (2)에서는 이와 더불어 0 개수의 주기성을 통하여 요일을 알아낼 수 있었습니다. 이러한 방법을 사용하면 $10^{1억}$일 후의 요일이라는 상상조차 할 수 없는 미래의 요일도 바로 구할 수가 있습니다. 한번 해 볼까요?

$10^{1억}$일 후:

    100000000 ÷ 6 = 16666666, 나머지 4

| Chapter 03 | 나머지: 주기성과 그룹 나누기

나머지가 4이므로 목요일이 됩니다. 아마도 그때쯤이라면 우주는 종언을 맞이할지도 모르겠습니다만.

어쨌든 감당할 수 없을 정도의 큰 수를 다룰 때는 그 수와 관련된 주기성을 알아내는 것이 중요하다는 것을 알 수 있습니다. 그리고 이때 나머지는 주기성을 활용하는 데 사용할 수 있는 도구입니다.

주기를 시각적으로 표현하기

앞의 요일 퀴즈 (1)에서는 요일의 주기가 7인 것을 이용하여 100일 후의 요일을 알아낼 수 있었습니다. '주기가 7'이라는 의미는 그림 3-2와 같이 7각형의 시계를 생각하면 쉽게 이해할 수 있습니다. 이 7각형의 꼭짓점에는 0~6까지의 숫자와 일, 월, 화, …라는 요일이 표시되어 있습니다. 시곗바늘 하나로 하루에 한 칸을 움직이며 7일 만에 7번째 눈금으로 이동합니다. 즉, 1주에 한 바퀴 회전하는 시계입니다.

'100을 7로 나누었을 때 나머지 2'는 이 시계가 100칸 이동했을 때 어느 눈금을 가리키는가를 나타내는 것이 됩니다. 덧붙여 이야기하면 100을 7로 나누었을 때의 몫 14는 이 시계가 몇 번 회전하는지를 나타냅니다.

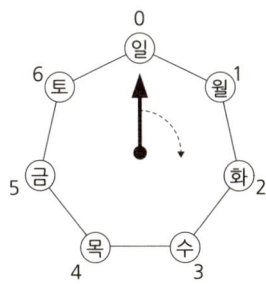

그림 3-2 n일째는 무슨 요일?

이렇게 그림을 그리면 주기를 시각적으로 나타낼 수 있습니다.

앞의 요일 퀴즈 (2)에서는 10^{100}일 후의 요일을 알아보았습니다. 이때 사용했던 것은 10^{100}의 지수, 즉 1 뒤에 붙는 0의 개수입니다. 0의 개수를 하나씩 늘려 가면 주기가 6일마다 같은 요일이 된다는 것을 발견한 다음, 이 성질을 이용하였습니다. 주기가 6이므로 그림 3-3처럼 6각형 시계를 생각하면 됩니다. 이 시계는 첫날부터 10일 후는 1을 가리킵니다. 첫날부터 100일 후에는 2를 가리키고 1000일 후는 3을 가리키고 등, 즉 이 시계의 시곗바늘은 10^n일 후의 n을 6으로 나눈 나머지를 가리키는 것이 됩니다. 시간이 갈수록 점점 더 천천히 가는 신기한 시계입니다.

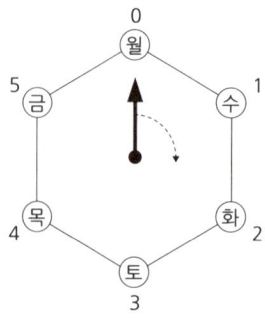

그림 3-3 10^n일째는 무슨 요일?

'0의 개수'에 착안하면 터무니없이 큰 수라도 큰 어려움 없이 다룰 수 있습니다. 이것은 로그라는 개념과 밀접한 관계가 있습니다. 로그에 대해서는 7장에서 자세하게 배워 보도록 하겠습니다.

"주기성에 착안하여 나머지를 사용한다."라는 관점을 배웠으므로 또 다른 퀴즈에 도전해 보도록 하겠습니다.

거듭제곱 퀴즈

$1234567^{987654321}$

$1234567^{987654321}$의 1의 자리는 얼마일까요?*

---

* 이 문제는 "Techniques of Problem Solving" (Steven G. Krantz, ISBN 978-0821806197)에 나온 '3^{4798}의 끝자리는 무엇인가?'라는 문제를 참고하였습니다.

| Chapter 03 | 나머지: 주기성과 그룹 나누기

힌트: 실험을 통한 주기성 발견

$1234567^{987654321}$의 값은 전자계산기로는 계산할 수 없습니다. 또한, 컴퓨터로 프로그래밍하려고 해도 자릿수가 너무 커서 간단하게 구할 수는 없습니다.

그러므로 우선 작은 수를 이용하여 '실험'을 해 보도록 하겠습니다.

$1234567^1 = 1234567$

$1234567^2 = 1524155677489$

$1234567^3 = $ 흠...

곧 숫자가 너무 커져 실험해 보기도 쉬운 일이 아니네요.

그러나 잠깐 기다려 보세요. 지금 구하고자 하는 것은 $1234567^{987654321}$의 거듭제곱 자체가 아니라 '1의 자리의 숫자'뿐이라는 점을 기억하세요. 그렇다면… 주기성을 찾으면 연필과 종이만으로도 답을 구할 수 있습니다.

퀴즈의 답

숫자 두 개의 거듭제곱 결과 1의 자리에 영향을 주는 것은 원래 두 숫자의 1의 자리뿐입니다. 그렇다는 것은 1234567의 1의 자리인 7을 거듭제곱하여 그 결과의 1의 자리를 조사해 보면 해답을 구할 수 있다는 것이 됩니다. 1234567 중 10의 자리 이상인 123456은 이번 퀴즈에서는 무시해도 좋습니다.

실험해 보도록 할까요?

1234567^0의 1의 자리 = 7^0의 1의 자리 = 1

1234567^1의 1의 자리 = 7^1의 1의 자리 = 7

1234567^2의 1의 자리 = 7^2의 1의 자리 = 9

1234567^3의 1의 자리 = 7^3의 1의 자리 = 3

1234567^4의 1의 자리 = 7^4의 1의 자리 = 1

1234567^5의 1의 자리 = 7^5의 1의 자리 = 7

1234567^6의 1의 자리 = 7^6의 1의 자리 = 9

1234567^7의 1의 자리 = 7^7의 1의 자리 = 3
1234567^8의 1의 자리 = 7^8의 1의 자리 = 1
1234567^9의 1의 자리 = 7^9의 1의 자리 = 7

여기까지 계산해 보면 주기성을 찾을 수 있을 것입니다. 1의 자리는 1, 7, 9, 3이라는 4개의 숫자를 반복하고 있음을 알 수 있습니다. 즉, 주기는 4입니다.

주기가 4이므로 $1234567^{987654321}$의 1의 자리를 구하려면 지수 987654321을 4로 나눈 나머지를 구하면 될 것입니다. 987654321을 4로 나눈 나머지는 0, 1, 2, 3 중 하나이며 각각에 1, 7, 9, 3이라는 숫자가 대응합니다.

0	1	2	3
1	7	9	3

987654321을 4로 나눈 나머지는 1이므로 구하는 수는 7입니다.
따라서 $1234567^{987654321}$의 1의 자리는 7이 됩니다.

되돌아보며: 주기성의 발견과 나머지의 관계

이번 퀴즈도 직접 다룰 수 없는 큰 수에 관한 문제였습니다. 직접 다룰 수 없으므로 작은 수로 실험을 했습니다. 이때 중요한 점은 주기성을 발견하는 것입니다. 주기성을 찾을 수 있다면 이후는 나머지를 사용하면 해결됩니다. 나머지를 사용하여 커다란 숫자 문제를 작은 숫자 문제로 바꾸었던 것입니다.

지금까지 커다란 숫자를 이용한 퀴즈가 계속 나왔으므로 이번에는 다른 퀴즈를 생각해 보겠습니다.

오셀로 게임을 이용한 통신

마술사와 조수, 그리고 세 명의 관객이 있습니다. 마술사는 눈을 가리고 있습니다.

| Chapter 03 | **나머지**: 주기성과 그룹 나누기

(1) 테이블 위에는 오셀로 돌이 무작위로 7개 있습니다(**그림 3-4**). 마술사는 눈을 가리고 있으므로 돌을 볼 수 없습니다.

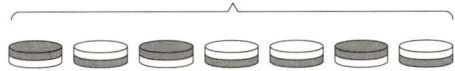

그림 3-4 오셀로 돌이 무작위로 7개 있음

(2) 마술사의 조수는 테이블 위의 돌을 보면서 오른쪽 끝에 돌을 하나 추가합니다. 테이블 위에는 돌이 모두 8개가 되었습니다(**그림 3-5**). 마술사는 눈을 가린 상태입니다.

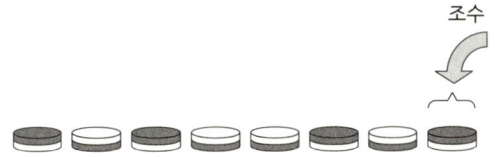

그림 3-5 조수가 돌을 하나 추가함

(3) 관객은 테이블 위 8개의 돌 중에서 하나를 뒤집거나 뒤집지 않고 그대로 둡니다(**그림 3-6**). 지금까지는 조수도 관객도 아무런 말도 하지 않으며 마술사는 여전히 눈을 가린 상태이므로 관객이 돌을 뒤집었는지 그대로 두었는지는 알 수 없습니다.

그림 3-6 관객이 돌 하나를 뒤집음(혹은 그대로 둠)

(4) 마술사는 눈가리개를 풀고 8개의 돌을 봅니다. 그리고 바로 "관객분이 돌을 하나 뒤집었네요." 혹은 "전혀 뒤집지 않았네요."라고 말하여 관객의 행동을 알아맞힙니다.

마술사 "뒤집었군요?"

그림 3-7 마술사가 관객의 행동을 맞힘

어떻게 마술사는 관객의 행동을 알아맞힐 수 있었을까요?

힌트

조수가 한 행동은 돌 하나를 추가로 놓은 것뿐이며 이조차도 관객이 돌을 만지기 전에 일어난 행동입니다. 조수는 어떻게 관객이 돌을 뒤집었는지 그대로 두었는지를 마술사에게 전할 수 있었을까요?

마술사의 조수는 아무런 말도 하지 않았지만, 오셀로 돌 하나를 사용하여 '통신'을 할 수 있었습니다. 과연 어떤 방법으로 통신했을까요? 잠시 생각해 보기 바랍니다.

퀴즈의 답

조수는 관객이 놓은 7개의 돌 중 검은색의 돌 개수가 몇 개인지 확인합니다. 만약 검은색 돌 수가 홀수라면 조수는 검은색의 돌을 추가합니다. 반대로 검은색 돌 수가 짝수라면 조수는 흰색 돌을 추가합니다. 어느 경우이든 결과적으로 8개의 돌 중 검은색 돌은 반드시 짝수가 됩니다.

그렇다면 관객이 취할 수 있는 행동은 다음 ⓐ ~ ⓒ 중 한 가지가 됩니다.

- ⓐ 관객이 흰색 돌을 뒤집습니다. 그러면 검은색이 하나 늘어납니다. 즉, 검은색이 홀수가 됩니다.
- ⓑ 관객이 검은색 돌을 뒤집습니다. 그러면 검은색이 하나 줄어듭니다. 이때에도 검은색은 홀수가 됩니다.
- ⓒ 관객이 돌을 그대로 둡니다. 검은색 돌의 수는 짝수가 됩니다.

마술사는 눈가리개를 벗자마자 검은색 돌의 개수를 셉니다. 그런 다음 검은색이 홀수라면 "관객분이 돌을 뒤집었네요."라고 말하고, 짝수라면 "아무런 돌도 뒤집지 않았네요."라고 말하면 됩니다.

여기서 조수는 검은색 돌의 개수가 짝수가 되도록 돌을 놓았지만, 검은색 돌 개수가 홀수가 되도록 해도 상관없습니다. 홀수일지 짝수일지는 마술사와 조수가 미리 정해 두기만 하면 되니깐 말이죠.

패리티 확인

마술사와 조수가 행한 퍼포먼스는 흰색 돌을 2진법의 0, 검은색 돌을 2진법의 1로 생각한다면 컴퓨터 통신에서 사용하는 **패리티 확인**이라는 방법과 같습니다.

조수가 송신자, 마술사가 수신자입니다. 도중에 오셀로의 돌을 뒤집는 관객은 '통신을 방해하는 잡음(노이즈)'에 해당합니다.

송신자인 조수가 놓은 하나의 돌은 통신에서는 **패리티 비트**라 불립니다. 수신자인 마술사는 놓인 돌의 홀짝(패리티)을 조사하여 노이즈 때문에 통신 에러가 발생했는지를 판단하는 것입니다. 짝수/홀수 중 어느 쪽이 되도록 패리티 비트를 설정할 것인가는 송신자와 수신자가 미리 약속한 내용입니다.

패리티 비트를 이용하여 두 개의 그룹으로 나누기

다음과 같이 생각할 수도 있습니다. 7개의 돌을 놓는 방법에는 모두 $2^7 = 128$가지가 있습니다. 이 중 절반(64가지)은 검은색 돌의 개수가 짝수이며 나머지 반(64가지)은 검은색 돌의 개수가 홀수입니다. 즉, 128가지는 두 개의 그룹으로 나눌 수 있습니다.

마술사의 조수가 추가한 하나의 돌은 현재 놓여 있는 돌 7개의 배열 방법이 두 그룹 중 어디에 속하는지를 나타내는 '표시'의 역할을 합니다. 검은색을 위로할 것인가 흰색을 위로 할 것인가의 두 가지가 있으므로 두 개의 그룹을 구별하여 표시할 수 있습니다.

친구 찾기 퀴즈

어느 작은 왕국에는 8개의 마을(A ~ H)이 있으며 그림 3-8처럼 도로로 연결되어 있습니다(검은 점은 마을을, 선은 도로를 나타냅니다). 여러분은 이 나라를 돌아다니며 오직 한 사람의 친구를 찾고 있습니다.

여러분의 친구는 8개의 마을 중 한 곳에 있습니다. 그 친구는 1개월마다 도로로 연결된 다른 마을로 이동합니다. 친구는 사는 마을을 1개월마다 반드시 바꾸지만 어느 마을로 갈 것인가는 무작위이므로 예측할 수 없습니다. 예를 들어 친구가 이번 달에는 G 마을에 살았다면 다음 달에는 C 마을, F 마을, H 마을 중 한 곳으로 이동한다는 뜻입니다. 지금 여러분에게는 "1년 전(12개월 전)에 친구가 G 마을에 살았다."라는 것 외에는 아무런 정보가 없습니다. 그렇다면 이번 달에 친구가 A 마을에 살고 있을 확률은 얼마나 될까요?

힌트: 작은 수를 이용하여 실험하기

친구는 12개월 전에 G 마을에 있었습니다. 그러므로 현재 친구는 G 마을에서 시작하여 무작위로 12번 이동한 것이 됩니다. 12번 이동한 다음에 A 마을에 있을 확률을 구하는 것이 이번 문제입니다.

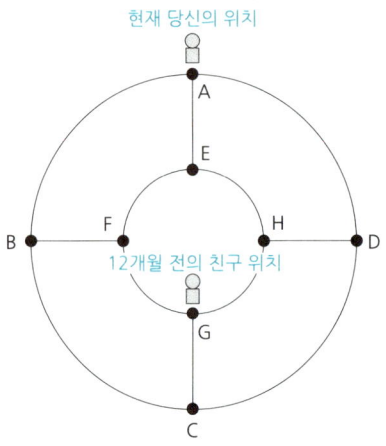

그림 3-8 어떤 작은 왕국의 마을과 도로

처음부터 12번의 이동을 생각하는 것이 아니라 이보다 **작은 수를 이용하여 먼저 실험**해 보도록 합시다.

퀴즈의 답

- 12개월 전(0번의 이동), 친구는 G 마을에 있었다.
- 11개월 전(1번의 이동), 친구는 C 마을, F 마을, H 마을 중 한 곳에 있었다.
- 10개월 전(2번의 이동), 친구는 B 마을, D 마을, E 마을, G 마을 중 한 곳에 있었다.
- 9개월 전(3번의 이동), 친구는 A 마을, C 마을, F 마을, H 마을 중 한 곳에 있었다.
- 8개월 전(4번의 이동), 친구는 B 마을, D 마을, E 마을, G 마을 중 한 곳에 있었다.

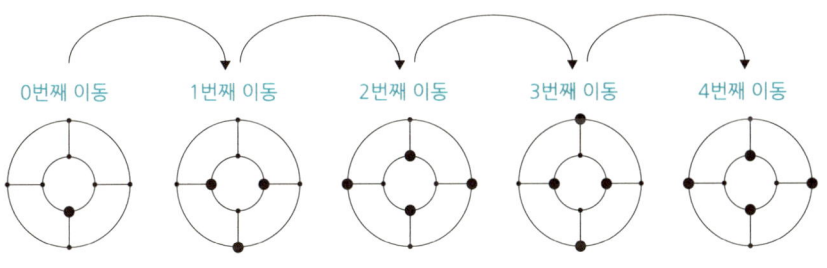

그림 3-9 네 번의 이동으로 갈 수 있는 마을

이후 홀수 번 이동했을 때는 A 마을, C 마을, F 마을, H 마을 중 한 곳이 되며, 짝수 번 이동했을 때는 B 마을, D 마을, E 마을, G 마을 중 한 곳이 됩니다. 따라서 현재(12번 이동 후) 친구는 B 마을, D 마을, E 마을, G 마을 중 한 곳에서 살고 있으므로 A 마을에는 살고 있지 않음을 알 수 있습니다(그림 3-9). 따라서 구하는 확률은 0이 됩니다.

되돌아보며

이 문제에서 흥미로운 점은 어디에 있을까요?

친구는 자유롭게 마을과 마을 사이를 돌아다닙니다. G 마을에서 C 마을로 갈지

도 모르며, G 마을에서 F 마을로 갈지도 모릅니다. 또한, F 마을에 갔다고 한다면 다음은 E 마을로 갈지도 모르고, G 마을로 되돌아올지도 모릅니다. 이처럼 친구가 지나다닌 길을 중심으로 생각한다면 매우 많은 수의 가능성을 검토해야만 합니다.

그러나 앞의 해답에서는 길에 주목한 것이 아니라 도착한 장소에 주목했습니다. 이렇게 하면 문제를 깔끔하게 정리할 수 있습니다. G 마을에서 홀수 번 이동하여 도착한 마을을 '홀수 마을'이라 부르고, 짝수 번 이동하여 도착한 마을을 '짝수 마을'이라고 부르도록 하겠습니다.

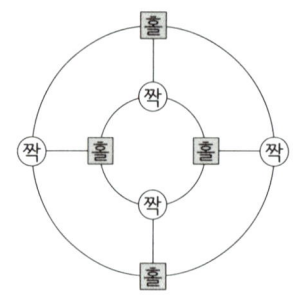

홀 홀수 번의 이동으로 도착할 가능성이 있는 마을
짝 짝수 번의 이동으로 도착할 가능성이 있는 마을

그림 3-10 홀수 마을과 짝수 마을로 나누기

- 홀수 마을은 A, C, F, H
- 짝수 마을은 B, D, E, G

이 문제에서는 8곳의 마을에 대해 생각하는 대신, 8곳의 마을을 홀수 마을과 짝수 마을의 두 가지로 분류하여 생각한다는 점이 포인트입니다. 12번 이동한 다음 8곳의 마을 중 어느 마을에 갈 것인지는 모르더라도 홀수 마을과 짝수 마을 어느 한 곳에는 있다는 것은 알 수 있기 때문입니다.

A ~ H의 8곳의 마을 중 홀수 마을과 짝수 마을 모두에 속하는 곳은 없습니다. 또한, 8곳 마을 모두 홀수 마을이나 짝수 마을 중 어느 한 곳에는 반드시 속합니다.

즉, 홀수 마을과 짝수 마을이라는 분류는 '빠짐없고 겹치지 않는 분류'가 됩니다. 거기에다 홀수 마을에서 한 번 이동하면 짝수 마을로 가게 되고 짝수 마을에서 한

| Chapter 03 | 나머지: 주기성과 그룹 나누기

번 이동하면 홀수 마을로 가게 됩니다. 이러한 성질을 이용하여 이번 문제를 풀 수가 있었습니다. 이번 문제도 패리티를 확인하는 하나의 예입니다.

타일 깔기 퀴즈

그림 3-11과 같은 모양의 욕실이 있습니다. 이 욕실에 그림과 같은 타일을 빈틈없이 깔 수 있을까요? 이때 타일을 반으로 나누어 사용할 수는 없습니다.

만약 깔 수 없다면 그 이유는 무엇일까요?

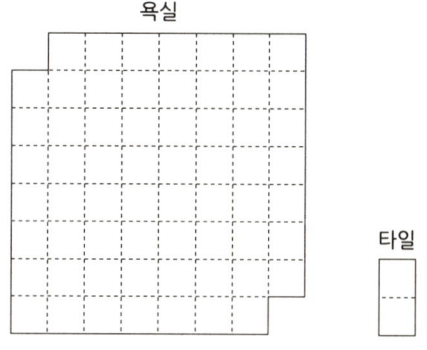

그림 3-11 욕실에 빈틈없이 타일을 깔 수 있는가?

힌트: 타일 수를 세어 보면

욕실의 넓이를 타일 반쪽 단위로 세어 보도록 하겠습니다. 1개의 타일은 반쪽 단위가 2개이므로 만약 욕실의 넓이가 반쪽 단위로 홀수라면 이 욕실에 빈틈없이 타일을 까는 것은 불가능하다고 할 수 있습니다.

세어본 결과 욕실에는 반쪽 타일이 62개 들어갑니다. 62는 짝수이므로 안타깝게도 반쪽 단위의 타일 개수가 짝수라는 사실만으로는 빈틈없이 깔 수 있는지 어떤지를 판단할 수 없습니다.

이보다 더 효율적인 분류 방법을 발견할 수는 없을까요?

퀴즈의 답

그림 3-12처럼 반쪽 단위로 칠해서 나누어 보겠습니다.

그림 3-12 욕실을 타일 반쪽 단위로 칠해서 나누기

이렇게 한 다음 타일 반쪽의 개수를 흰색과 검은색으로 나누어 세어 보겠습니다.

- 검은색 타일 반쪽 … 30개
- 흰색 타일 반쪽   … 32개

그런데 하나의 타일에는 검은색과 흰색의 타일 반쪽이 각각 하나씩입니다. 그렇다는 것은 타일을 몇 개를 사용하여 어떻게 깔고자 하더라도 우선은 검은색과 흰색 타일 반쪽의 개수가 같아야 한다는 뜻입니다.

이러한 사실로부터 욕실에 빈틈없이 타일을 까는 것은 불가능하다는 것을 알 수 있습니다.

되돌아보며

이 문제는 여러 퀴즈 책에 단골로 등장하는 문제입니다. 이 문제에서도 패리티를 확인하여 답을 구할 수 있었습니다.

계산을 이용하여 풀고자 한다면 다음과 같이 생각하면 됩니다.

- 검은색 타일 반쪽에 +1이라는 수를 할당하고
- 흰색 타일 반쪽에 −1이라는 수를 할당한다.

그리고 나서 욕실의 타일 반쪽에 할당한 모든 수를 더하여 그 계산 결과가 0인지 아닌지를 조사합니다. 만약 0이 아니라면 타일을 빈틈없이 깔 수 없습니다. 다만, 계산 결과가 0이라고 해서 반드시 빈틈없이 깔 수 있는 것은 아닙니다. "역이 반드시 참은 아니다."이기 때문입니다.

이렇게 패리티 확인을 사용한 판정법은 매우 강력합니다. 타일을 빈틈없이 까는 방법에는 여러 가지가 있으므로 '불가능'이라는 것을 증명하려면 모든 경우의 수를 확인해 보아야 합니다. 그러나 패리티 확인을 사용하면 직접 확인해 보지 않아도 '불가능'이라고 판단할 수 있습니다.

다만, 패리티 확인을 제대로 사용하려면 '적절한 분류 방법'을 발견해야만 합니다. 친구 찾기 문제라면 홀수 마을과 짝수 마을로 나누고, 타일 빈틈 없이 깔기 문제라면 체스판 모양처럼 나누는 것이 핵심입니다. 하나하나 확인해 보는 방법보다는 '번뜩이는 아이디어'가 필요한 순간입니다.

한붓그리기 퀴즈

쾨니히스베르크의 다리

아주 먼 옛날에 쾨니히스베르크*라는 마을이 있었습니다. 이 마을에는 강으로 나누어진 네 개의 구역이 있으며 각각의 구역을 연결하는 7개의 다리가 놓여 있습니다(**그림 3-13**).

---

* 쾨니히스베르크는 철학자 칸트의 고향입니다. 현재는 러시아 연방에 속해 있으며 지금은 칼리닌그라드로 불립니다.

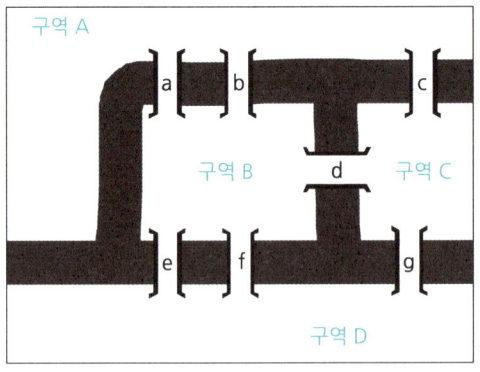

그림 3-13 쾨니히스베르크의 7개의 다리

당신은 지금 이 7개의 다리 모두를 건너는 방법을 찾고 있습니다. 다만, 다음과 같은 조건을 반드시 지켜야 합니다.

- 한 번 건넌 다리는 두 번 다시 건너서는 안 됩니다.
- 각 구역에는 몇 번을 가도 상관없습니다.
- 어느 구역에서 출발해도 상관없습니다.
- 출발한 구역으로 다시 돌아올 필요는 없습니다.

마지막으로 7개의 다리 모두를 건넜다면 그 방법을 표시하고, 건너지 못했다면 왜 그런지를 증명하세요.

힌트: 시험 삼아 해 보기

이것은 한붓그리기 문제입니다. 지도를 보면서 여러 가지를 시도해 보도록 합시다.

- A에서 시작하는 것으로 합니다.
- A에서 a를 건너 B로 이동합니다.
- B에서 b를 건너 A로 돌아옵니다.

- A에서 c를 건너 C로 이동합니다.
- C에서 d를 건너 B로 이동합니다.
- B에서 e를 건너 D로 이동합니다.
- D에서 f를 건너 B로 돌아옵니다.

이처럼 진행해 보았습니다만 B 구역과 연결된 다리는 모두 한 번씩 건넜으므로 더는 앞으로 나갈 수 없습니다. 이러한 방법으로는 다리 g를 건너지 못하게 됩니다(그림 3-14).

독자 여러분도 꼭 여러 가지로 시험해 보기 바랍니다.

실제 시험해 보면 7개 다리 모두를 건너는 것은 불가능해 보입니다. 그러나 '절대로 건너지 못함'이라는 결론을 내리려면 건너지 못함을 증명해야만 합니다. 혹시 문제없이 건너는 방법이 있음에도 그 방법을 발견하지 못했을 수도 있기 때문입니다.

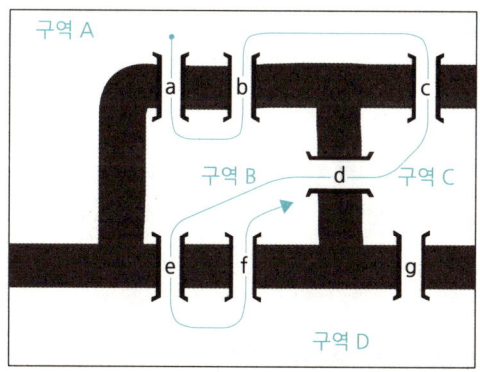

그림 3-14 시험해 보기 (다리 g를 건널 수 없음)

힌트: 단순화하여 생각해 보기

일일이 "A에서 b를 건너 B로 이동한다."라고 생각해 보는 것은 조금 귀찮습니다. 지도를 이용하는 것이 아니라 그림 3-15와 같이 단순화하여 생각해 보도록 합시다. 물론 단순화한다고 해도 원래 지도에서의 구역 연결 방법을 변경해서는 안 됩니다. 이러한 연결 방법을 도식화한 것을 **그래프**라고 부릅니다.

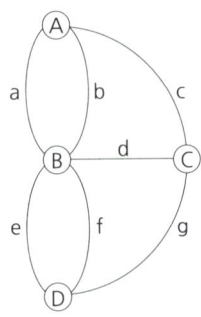

그림 3-15 문제를 그래프로 변경하기

그림 3-15에서는 구역 A, B, C, D를 흰색 원으로 나타내었습니다. 이를 **꼭짓점**(vertex, 정점)이라고 부르도록 하겠습니다. 우선, 다리 a, b, c, d, e, f, g를 꼭짓점끼리 연결하는 선으로 표시합니다. 이를 **변**(edge, 간선)이라고 부르겠습니다.

덧붙여서 수학자 오일러$^{\text{Leonard Euler, 1707~1783}}$는 이 쾨니히스베르크의 다리 건너기 문제를 한붓그리기를 이용하여 풀었습니다. 이것이 **그래프 이론**의 시작입니다.

힌트: 입구와 출구를 생각해 보기

여러 가지로 시행착오를 거치는 동안 다음과 같은 사실을 발견할 수 있습니다. 꼭짓점을 통과하려면 그 꼭짓점의 '입구가 되는 변'과 '출구가 되는 변'이라는 두 개의 변이 필요합니다. 하나의 꼭짓점으로부터는 여러 개의 변이 나옵니다. 하지만 꼭짓점을 한 번 통과하면 그 꼭짓점에서 나오는 두 개의 변이 줄어드는 것이 됩니다. 이것이 힌트입니다.

| Chapter 03 | 나머지: 주기성과 그룹 나누기

퀴즈의 답

꼭짓점에서 변의 개수를 그 꼭짓점의 **차수**^{degree}라고 부르겠습니다.

그림 3-16 차수

또한, 차수가 짝수인 꼭짓점을 '짝수점', 차수가 홀수인 꼭짓점을 '홀수점'이라고 부르도록 하겠습니다.

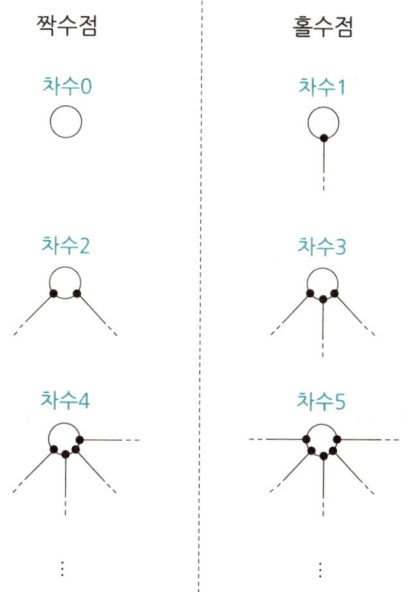

그림 3-17 짝수점과 홀수점

지금부터 그래프의 변을 건너가면서 지나간 변의 끝에 확인 표시를 붙여 꼭짓점의 차수를 줄이도록 하겠습니다. 이것을 '줄여 가며 걷기'라고 부르겠습니다.

구체적으로 어디서부터 시작할 것인가, 어떤 경로를 지날 것인가는 지금은 신경 쓰지 않겠습니다. 아무튼, 그래프의 변을 지날 때 꼭짓점의 차수가 어떻게 변하는가에 주목하기 바랍니다.

출발할 때 시작하는 꼭짓점의 차수를 1만큼 줄입니다.

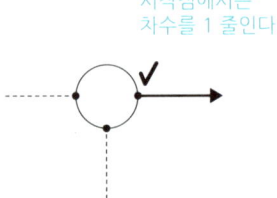

도중에 꼭짓점을 통과할 때 그 꼭짓점의 차수를 2만큼 줄입니다. 2라는 것은 '입구가 되는 변'과 '출구가 되는 변' 두 개에 해당하는 것입니다.

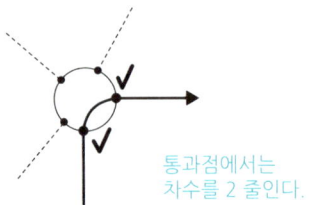

꼭짓점을 통과할 때마다 꼭짓점의 차수를 2씩 줄여가므로 그 꼭짓점을 몇 번 통과해도 통과점이 되는 꼭짓점의 차수는 홀짝이 변하지 않습니다. 즉, 짝수점은 짝수점인 채이고, 홀수점은 홀수점인 채입니다.

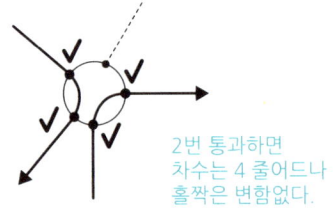

목적지에 도착했을 때 그 꼭짓점의 차수를 1만큼 줄입니다.

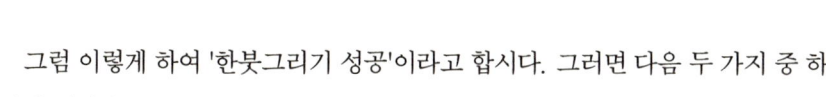

그럼 이렇게 하여 '한붓그리기 성공'이라고 합시다. 그러면 다음 두 가지 중 하나가 됩니다.

[1] 시작점과 목적지가 같을 때

[2] 시작점과 목적지가 다를 때

[1] 시작점과 목적지가 같을 때

　한붓그리기에 성공했다는 것은 '줄여 가며 걷기'의 결과 모든 꼭짓점의 차수가 0(짝수)이 되었다는 것을 뜻합니다. 왜냐하면, 차수가 0이 되지 않는 꼭짓점이 있다면 통과하지 않은 변이 있다는 의미이기 때문입니다.

　'줄여 가며 걷기'에 따라 통과점이 되는 꼭짓점의 홀짝은 변하지 않습니다. 차수가 0(짝수)이 되었다는 것은 원래 그래프의 통과점이 되는 꼭짓점은 처음부터 짝수였다는 것을 알 수 있습니다.

　또한, 시작점에서는 차수를 1 줄이고 목적지에서도 차수를 1 줄여서 0이 되었습니다만, 시작점과 목적지가 일치한다면 결국 같은 꼭짓점의 차수를 2 줄이는 것이 되어 역시 이 꼭짓점도 짝수점이었다는 것이 됩니다.

　결국, 한붓그리기에서 시작점과 목적지가 같을 때 이 그래프의 꼭짓점은 모두 짝수점이 됩니다.

[2] 시작점과 목적지가 다를 때

[1]과 마찬가지로 생각하여 통과점이 되는 꼭짓점은 모두 짝수점이 됩니다. 또한, 시작점과 목적지만 홀수점이 됩니다. 따라서 한붓그리기로 '시작점과 목적지가 일치하지 않을 때'는 이 그래프에는 홀수점이 2개뿐입니다.

지금까지의 내용을 통해 다음과 같은 내용이 성립함을 알 수 있습니다.*

'한붓그리기 성공' ⇒ '모든 꼭짓점은 짝수점 또는 홀수점이 2개'

그렇다면 여기서 쾨니히스베르크의 다리 이야기로 돌아가 보겠습니다. 쾨니히스베르크 다리를 한붓그리기로 지날 수 있다면 '모든 꼭짓점이 짝수점 또는 홀수점이 2개'가 되어야 합니다.

쾨니히스베르크 다리(를 나타내는 그래프)의 꼭짓점을 조사해 보겠습니다. 각 꼭짓점에 연결된 변의 개수를 세면 홀짝을 바로 알 수 있습니다. 그림 3-18과 같이 4개의 꼭짓점 모두가 홀수점이라는 것을 알 수 있습니다.

따라서 쾨니히스베르크의 다리는 주어진 조건에서는 모두 건너지 못한다는 것이 증명되었습니다.

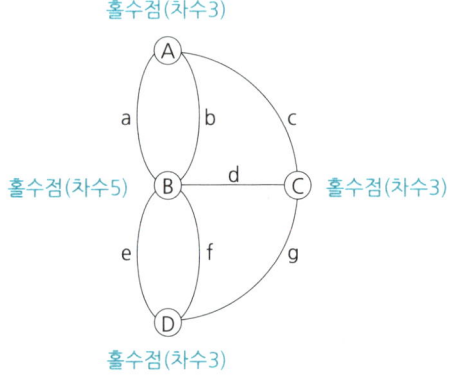

그림 3-18 쾨니히스베르크 다리의 꼭짓점 조사하기

---

* 이 명제의 역인 '모든 꼭짓점이 짝수점 또는 홀수점이 2개' ⇒ '한붓그리기 성공'도 성립합니다만 증명 과정은 생략하겠습니다.

패리티 확인

"한붓그리기가 가능하다면 꼭짓점이 모두 짝수점이거나 홀수점이 두 개뿐이어야만 한다."라는 오일러의 주장을 이해하셨나요? 이 주장에 따라 쾨니히스베르크의 다리 모두를 건너는 것은 불가능하다는 것을 알 수 있었습니다.

오일러의 주장에서 중요한 점은 "한붓그리기가 되는지를 알고자 할 때 시행착오를 거치지 않아도 된다."라는 부분입니다. 건너는 방법을 모두 조사하여 시험해 보지 않아도 각 꼭짓점의 차수만 알면 됩니다.

또한, 오일러가 행한 증명에도 중요한 아이디어가 포함되어 있습니다. 그것은 각 꼭짓점의 변 개수를 조사할 때 '개수 그 자체'가 아니라 '수의 홀짝'에 주목했다는 점입니다. 1개, 3개, 5개 등과 같이 하나하나 수를 조사하는 것이 아니라 통틀어 홀수 개라고 정리했다는 점이지요. 한붓그리기 문제에서는 이 '홀짝'이 결정적인 한방이 됩니다. 이 역시도 패리티 확인의 예입니다.

이 장에서 배운 내용

이 장에서는 다양한 문제를 풀어 보면서 나머지에 대해 생각해 보았습니다. 다루기 어려운 큰 수라고 하더라도 주기성을 찾아낸 다음 나머지를 이용하면 문제를 간단하게 만들 수 있습니다. 또한, 나머지의 결과가 같은가 다른가에 따라 여러 가지 그룹으로 나눌 수가 있습니다. 타일을 빈틈없이 까는 문제나 쾨니히스베르크의 다리 건너기와 같은 문제를 통해 홀짝성(패리티)을 이용하면 시행착오를 거치지 않고도 문제를 풀 수 있음을 배웠습니다.

우리는 사물을 자세하게 조사할 때 세세한 정보까지 정확하게 파악하려고 합니다. 그러나 패리티 확인과 같이 '정확한 파악'보다도 '적확하게 분류'하는 쪽이 도움될 때도 있습니다. 사람은 주기성이나 홀짝성을 발견하면 커다란 문제를 작은 문제로 변환하여 풀 수가 있습니다. 나머지는 이때 사용할 수 있는 중요한 무기 중 하나가 됩니다.

다음 장에서는 겨우 2단계로 수많은 문제에 맞설 수 있는 무기, 즉 수학적 귀납법에 대해 배워 보도록 하겠습니다.

 **끝내는 대화**

학생   "선생님, 저의 인생이 360도 바뀌었습니다."
선생님   "360도라면 결국 변한 것이 없는 것 아닌가요?"

| Chapter 04 |

수학적 귀납법

수많은 도미노를 쓰러뜨리려면

시작하는 대화

선생님 "도미노를 일렬로 세운다고 합시다. 모든 도미노를 확실하게 쓰러뜨리려면 어떻게 해야 할까요?"

학생 "간단합니다. 하나의 도미노를 쓰러뜨리면 다음 도미노도 확실히 쓰러지도록 나열하면 됩니다."

선생님 "그것만으로는 안 됩니다."

학생 "예? 그게 무엇이죠?"

선생님 "맨 처음 도미노를 쓰러뜨릴 필요가 있습니다."

학생 "당연한 것 아닌가요?"

선생님 "예. 이것으로 여러분은 수학적 귀납법의 두 단계를 배웠습니다."

이 장에서 배울 내용

이 장에서는 수학적 귀납법에 대해 배워 보겠습니다. 수학적 귀납법은 어떤 주장이 성립함을 0 이상의 모든 정수(0, 1, 2, 3, …)에 대해 증명하는 방법입니다.* 0, 1, 2, 3, …이라는 정수는 수없이 많으나 수학적 귀납법을 이용하면 '2단계'만으로도 수많은 증명을 대신할 수 있습니다.

이 장에서는 우선 1부터 100까지의 합을 구하는 예를 소개한 다음 수학적 귀납법을 설명하겠습니다. 다음으로, 퀴즈와 함께 수학적 귀납법의 구체적인 예를 들어 보도록 하겠습니다. 그리고 마지막으로 수학적 귀납법과 프로그램과의 관계에 대해 살펴보고 루프 불변에 대해 이야기해 보겠습니다.

---

* 교과 과정에서는 수학적 귀납법을 자연수, 즉 1 이상의 모든 정수에 대해 증명하는 방법으로 설명하기도 합니다. 하지만 0부터 시작한다고 하는 편이 여러모로 편리한 점이 많습니다.

소년 가우스, 덧셈을 구하다

여러분 앞에 텅 빈 저금통이 있습니다.

- 1일째, 이 저금통에 1원을 넣습니다. 저금통 안은 1원이 되었습니다.
- 2일째, 이 저금통에 2원을 넣습니다. 저금통 안은 1 + 2 = 3원이 되었습니다.
- 3일째, 이 저금통에 3원을 넣습니다. 저금통 안은 1 + 2 + 3 = 6원이 되었습니다.
- 4일째, 이 저금통에 4원을 넣습니다. 저금통 안은 1 + 2 + 3 + 4 = 10원이 되었습니다.

이런 식으로 계속 저금한다면 100일째 되는 날 저금통에는 얼마가 있을까요?

생각해 보기

이 퀴즈에서 구하는 것은 100일째 되는 날 저금통에 들어 있는 금액입니다. 100일째의 금액을 구하려면 1 + 2 + 3 + … + 100의 값을 구하면 됩니다. 그렇다면 구체적으로 어떻게 계산하면 좋을까요?

우선 생각할 수 있는 것은 인내를 가지고 처음부터 모두 더해 가는 방법입니다. 1에 2를 더하고 3을 더하고 4를 더하고 … 마지막으로 100을 더합니다. 이렇게 더해 가면 답을 얻을 수 있겠네요. 손으로 직접 계산하는 것이 번거롭다면 전자계산기를 사용하거나 이러한 계산을 프로그래밍해도 좋겠네요.

그런데 가우스라는 소년은 아홉 살 때 이와 같은 문제를 만났을 때 그 자리에서 바로 결과를 구했다고 합니다. 물론 그때의 가우스 소년은 전자계산기도 컴퓨터도 사용할 수 없었습니다. 도대체 어떻게 계산했던 것일까요?

가우스 소년의 정답

가우스 소년은 다음과 같이 생각했습니다.

"순서대로 1 + 2 + 3 + … + 100을 계산한 결과와 거꾸로 100 + 99 + 98 + … + 1을 계산한 결과는 같을 것이다. 그렇다면 이 두 수를 다음과 같이 세로로 더해 보자."

$$\begin{array}{r} 1 + 2 + 3 + \ldots + 99 + 100 \\ +\big)\,100 + 99 + 98 + \ldots + 2 + 1 \\ \hline 101 + 101 + 101 + \ldots + 101 + 101 \end{array}$$

101이 100개

"그러면 101 + 101 + 101 + … + 101처럼 101을 100번 더하는 것이 된다. 이는 간단하게 계산할 수 있다. 101을 100배 하면 될 테니까. 결과는 10,100이 된다. 그런데 10,100은 구하고자 하는 수의 두 배이다. 따라서 답은 그 반인 5,050이 된다."

가우스 소년의 정답 검토하기

가우스 소년의 방법은 매우 세련돼 보이는군요.

아직 뭔가가 이해 안 되는 분들을 위해 가우스 소년의 방법을 그림으로 표현해 보도록 하겠습니다. 1 + 2 + 3 + … + 100을 구한다는 것은 그림 4-1과 같이 계단 상태로 깔린 타일의 개수를 세는 것과 같습니다.

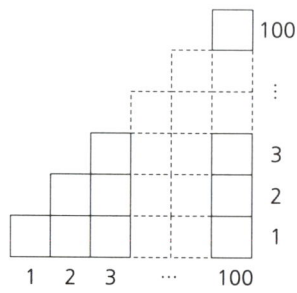

그림 4-1 가우스 소년의 방법을 그림으로 표현

가우스 소년은 이 계단을 하나 더 만들어 거꾸로 뒤집은 다음 두 개의 계단을 겹쳐 사각형을 만들었습니다.

| Chapter 04 | 수학적 귀납법: 수많은 도미노를 쓰러뜨리려면

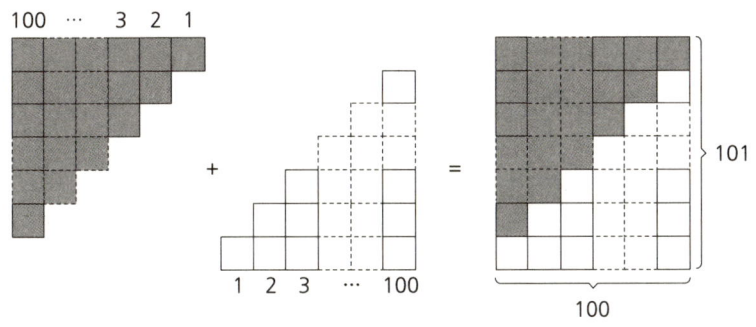

그림 4-2 두 개의 계단을 겹쳐 사각형 만들기

두 개의 계단을 겹쳐 만든 사각형은 타일이 가로 100개, 세로 101개씩 놓여 있습니다. 그러므로 이 사각형에는 100 × 101 = 10,100개의 타일이 깔린 셈이 됩니다. 따라서 구하고자 하는 타일의 개수는 10,100의 반인 5,050개가 됩니다.

가우스 소년의 방법을 계산의 번거로움이라는 시점에서 살펴보겠습니다. 가우스 소년의 방법을 사용하면 하나하나 지루한 덧셈을 할 필요가 없습니다. 양끝인 1과 100을 더한 다음 여기에 100을 곱하고, 다시 이를 2로 나누면 그만입니다.

여기서 1에서 100까지가 아니라 1에서 10,000,000,000(100억)까지 더한다고 합시다. 이번에는 하나하나 끈기 있게 더하는 방법은 절대 사용하지 않는 편이 좋겠네요. 왜냐하면, 가령 전자계산기를 사용하여 1초에 1개씩 더한다고 해도 100억까지 더하려면 300년 이상이 걸리기 때문입니다. 컴퓨터를 사용한다 해도 상당한 시간이 필요할 것입니다.

그러나 가우스 소년의 방법을 사용하면 1부터 100억까지 더하는 것도 덧셈 1번과 곱셈 1번, 나눗셈 1번만으로 끝납니다. 실제로 계산해 보도록 하겠습니다.

$$\frac{(10000000000 + 1) \times 10000000000}{2} = 50000000005000000000$$

가우스 소년은 후에 역사적으로 유명한 위대한 수학자가 되었습니다(Karl Friedrich Gauss, 1777~1855).

일반화하기

가우스 소년의 방법은 다음과 같은 등식이 성립한다는 것을 이용한 것입니다.

$$1 + 2 + 3 + \cdots + 100 = \frac{(100 + 1) \times 100}{2}$$

여기서 '1부터 100까지'를 '0부터 n까지'처럼 변수 n을 사용하여 일반화해 봅시다. 그러면 앞의 등식은 다음과 같이 됩니다.

$$0 + 1 + 2 + 3 + \cdots + n = \frac{(n + 1) \times n}{2}$$

그렇다면 이 등식은 **0 이상의 어떤 정수에도 성립**할까요? 예를 들어, n이 100이든 200이든 혹은 100만이든 100억이든 이 등식은 성립한다고 할 수 있을까요? 그렇다고 한다면 어떻게 이를 증명할 수 있을까요?

이럴 때 사용하는 것이 수학적 귀납법이라는 방법입니다. 수학적 귀납법은 "0 이상의 모든 정수 n에 대해 이 주장이 성립한다."라는 것을 증명하는 방법입니다.

학생	"'모든 정수 n에 대해...'라는 표현을 볼 때면 왠지 불안해져요."
선생님	"불안해진다고요?"
학생	"머릿속에 수많은 정수가 돌아다니는 듯한 느낌이 드는걸요."
선생님	"그렇다면 '어떤 정수 n을 선택하더라도 ...'라고 생각하면 되지 않을까요?"
학생	"오, 괜찮은 듯한데요?"
선생님	"둘 다 같은 것을 다른 말로 표현한 것뿐입니다만..."

수학적 귀납법: 수많은 도미노를 쓰러뜨리려면

그러면, 드디어 수학적 귀납법^{Mathematical Induction}에 대해 살펴보도록 하겠습니다. 우선 '0 이상의 정수에 대한 주장'에 대해 배운 다음, 가우스 소년의 주장을 수학적 귀납법을 이용하여 증명해 보도록 하겠습니다.

0 이상의 정수에 대한 주장

'0 이상의 정수 n에 대한 주장'이라는 것은 0, 1, 2, … 등의 정수마다 '참' 또는 '거짓'으로 판단할 수 있는 주장을 말합니다. 조금 이해하기 어려우므로 예를 들어 설명해 보겠습니다.

예 1

주장 $A(n)$: $n \times 2$는 짝수이다.

$A(n)$은 "$n \times 2$는 짝수이다."라는 주장입니다. n이 0일 때 $0 \times 2 = 0$은 짝수이므로 $A(0)$은 참입니다. $A(1)$은 어떨까요? $1 \times 2 = 2$는 짝수이므로 $A(1)$도 참입니다.

그렇다면 이 주장 $A(n)$은 0 이상의 모든 정수 n에 대해 참이라고 말할 수 있을까요? 예, 말할 수 있습니다. 0 이상 어떤 정수 n을 선택해도 2를 곱한 결과는 짝수가 되므로 0 이상의 모든 정수 n에 대해 주장 $A(n)$은 참이 됩니다.

예 2

주장 $B(n)$: $n \times 3$은 홀수이다.

그렇다면 주장 $B(n)$은 어떨까요? 이 주장은 0 이상의 모든 정수 n에 대해 성립할까요?

예를 들어 n으로 1을 선택해 봅시다. 그러면 주장 $B(1)$은 "1×3은 홀수이다."가 되므로 이는 참입니다. 그러나 0 이상의 모든 정수 n에 대해 주장 $B(n)$이 참이라고

는 말할 수 없습니다. 왜냐하면, n으로 2를 선택했을 때는 $n \times 3$의 값은 $2 \times 3 = 6$이 됩니다. 6은 짝수이므로 주장 $B(2)$는 참이 아닙니다(거짓입니다).

$n = 2$는 "주장 $B(n)$은 0 이상의 모든 정수 n에 대해 성립한다."를 뒤집는 **반례**(반대가 되는 예)입니다.

그 밖의 예

그러면 다음 4개의 주장 중 0 이상의 모든 정수 n에 대해 성립하는 것은 어느 것인지 생각해 보기 바랍니다.

- 주장 $C(n)$: $n + 1$은 0 이상의 정수이다.
- 주장 $D(n)$: $n - 1$은 0 이상의 정수이다.
- 주장 $E(n)$: $n \times 2$는 0 이상의 정수이다.
- 주장 $F(n)$: $n \div 2$는 0 이상의 정수이다.

주장 $C(n)$은 0 이상의 모든 정수 n에 대해 성립합니다. n이 0 이상의 정수라면 $n + 1$도 반드시 0 이상의 정수가 되기 때문입니다.

주장 $D(n)$은 0 이상의 모든 정수 n에 대해 성립한다고 할 수 없습니다. 즉, 주장 $D(0)$은 거짓이 됩니다. 예를 들어 $0 - 1 = -1$이므로 0 이상의 정수가 아니기 때문입니다. $n = 0$이 유일한 반례입니다.

주장 $E(n)$은 0 이상의 모든 정수 n에 대해 성립합니다.

주장 $F(n)$은 0 이상의 모든 정수 n에 대해 성립한다고 할 수 없습니다. n이 홀수일 때 $n \div 2$는 정수가 아니기 때문입니다.

가우스 소년의 주장

그럼 '0 이상의 정수 n에 대한 주장'에 조금은 익숙해졌으므로 가우스 소년의 주장으로 돌아가 보겠습니다. 다음과 같이 하면 그의 아이디어를 n에 대한 주장의 형태로 다시 쓸 수가 있습니다.

주장 $G(n)$: 0부터 n까지 모든 정수의 합은 $\dfrac{n \times (n+1)}{2}$과 같다.

지금부터 증명하고자 하는 것은 "$G(n)$이 0 이상의 모든 정수 n에 대해 성립한다."라는 것입니다. 앞서 본 계단 형태의 그림(그림 4-1)을 그려 증명할 수도 있습니다. 하지만 의심이 많은 분은 이런 의문을 가질지도 모르겠습니다. "0 이상의 정수는 0, 1, 2, 3, …처럼 무수히 많은데, 그림을 그리는 것은 하나의 경우만이네요. 예를 들어 $G(1000000)$도 정말로 성립하나요?"

분명히 0 이상의 정수는 무수히 많습니다. 여기서 등장하는 것이 '수학적 귀납법'에 의한 증명입니다. 수학적 귀납법을 사용하면 0 이상의 모든 정수에 대해 증명할 수 있습니다.

수학적 귀납법이란?

수학적 귀납법은 정수에 관한 주장을 0 이상의 모든 정수(0, 1, 2, 3, …)에 대해 증명할 때 이용하는 방법입니다. 지금부터 "0 이상의 모든 정수 n에 대해 주장 $P(n)$이 성립한다."라는 것을 수학적 귀납법으로 증명해 보겠습니다.

수학적 귀납법에서는 다음의 두 가지 단계를 거쳐 증명을 수행합니다. 준비됐나요? 이곳이 이 장의 핵심입니다. 절대 서둘지 말고 천천히 읽기 바랍니다.

> 단계1   '$P(0)$이 성립함'을 증명한다.

> 단계2   0 이상의 어떤 정수 k를 선택해도 '$P(k)$가 성립한다면 $P(k+1)$도 성립함'을 증명한다.

단계 1에서는 출발점인 0에 대해 주장 $P(0)$을 증명합니다. 단계 1을 **기저**^{Base}라고 부릅니다.

단계 2에서는 0 이상의 어떤 정수 k를 선택하더라도 '$P(k)$가 성립한다면 $P(k + 1)$도 성립함'을 증명합니다. 단계 2는 **귀납**^{Induction}이라 부릅니다. 이것은 0 이상의 어떤 정수에 대해 주장이 성립한다면 그다음의 정수에도 성립한다는 것을 나타내는 단계입니다.

단계 1과 단계 2 둘 모두를 증명할 수 있다면 "0 이상의 모든 정수 n에 대해 주장 $P(n)$이 성립한다."라는 것을 증명할 수 있습니다. 이것이 수학적 귀납법이라는 증명 방법입니다.

도미노의 예

수학적 귀납법은 단계 1(기저)과 단계 2(귀납)라는 두 개의 단계를 증명하는 것으로 0 이상의 모든 정수 n에 대한 주장 $P(n)$이 성립하는 것을 증명하는 방법입니다.

어떻게 단지 2개의 단계를 증명하면 수많은 n에 대해 증명하는 것이 될까요? 다음과 같이 생각해 보기 바랍니다.

- 주장 $P(0)$은 성립합니다.
  왜냐하면, 단계 1에서 증명할 수 있기 때문입니다.

- 주장 $P(1)$은 성립합니다.
  왜냐하면, $P(0)$이 성립하므로 단계 2에서 $k = 0$이라고 하면 $P(1)$도 성립한다고 할 수 있기 때문입니다.

- 주장 $P(2)$는 성립합니다.
  왜냐하면, $P(1)$이 성립하므로 단계 2에서 $k = 1$이라고 하면 $P(2)$도 성립한다고 할 수 있기 때문입니다.

- 주장 $P(3)$은 성립합니다.
  왜냐하면, $P(2)$가 성립하므로 단계 2에서 $k = 2$라고 하면 $P(3)$도 성립한다고 할 수 있기 때문입니다.

이를 반복하면 어떤 n에 대해서도 주장 $P(n)$이 성립한다고 할 수 있습니다. n은 어떤 수라도 상관없습니다. n으로 10000000000000000을 선택한다고 해도 단계 2를 몇 번이고 기계적으로 반복하면 언젠가는 $P(10000000000000000)$이 성립한

다고 할 수 있기 때문입니다.

　이러한 수학적 귀납법의 사고방식은 '도미노 쓰러뜨리기'에 비유할 수 있습니다. 수많은 도미노가 일렬로 나열되어 있다고 합시다. 이때, 다음과 같은 2단계를 보증할 수 있다면 아무리 멀리 서 있는 도미노라도 언젠가는 반드시 쓰러뜨릴 수 있습니다.

> **단계1** 0번째 도미노(최초의 도미노)를 쓰러뜨릴 수 있음을 보증한다.

> **단계2** k번째 도미노가 쓰러진다면 $k+1$번째 도미노도 쓰러뜨릴 수 있음을 보증한다.

　도미노 쓰러뜨리기의 2단계는 그대로 수학적 귀납법의 2단계에 대응합니다.

　수학적 귀납법에서는 도미노가 쓰러질 때까지 걸리는 시간은 고려하지 않습니다. 수학의 증명에서는 프로그래밍과는 달리 시간을 무시하는 기법이 자주 등장합니다. 이것이 수학과 프로그래밍의 커다란 차이점입니다.

가우스 소년의 주장을 수학적 귀납법으로 증명하기

　그러면 수학적 귀납법의 구체적인 예로, 가우스 소년의 주장 $G(n)$을 증명해 보겠습니다. 한 번 더 주장 $G(n)$을 적어 보겠습니다.

　　주장 $G(n)$: 0부터 n까지 모든 정수의 합은 $\dfrac{n \times (n+1)}{2}$과 같다.

　수학적 귀납법을 사용하므로 단계 1(기저)과 단계 2(귀납)를 증명하는 것이 됩니다.

단계 1: 기저의 증명

$G(0)$이 성립함을 증명합니다.

$G(0)$이란 "0부터 0까지 모든 정수의 합은 $\frac{0 \times (0+1)}{2}$과 같다."라는 의미입니다. 이것은 직접 계산하여 증명할 수 있습니다. 0부터 0까지 모든 정수의 합은 0이며, $\frac{0 \times (0+1)}{2}$도 0이 되기 때문입니다.

단계 2: 귀납의 증명

0 이상의 어떤 정수 k를 선택하더라도 "$G(k)$가 성립한다면 $G(k + 1)$도 성립한다."라는 것을 증명해 보겠습니다.

여기서 $G(k)$가 성립한다고 가정했습니다. 즉, "0부터 k까지 모든 정수의 합은 $\frac{k \times (k+1)}{2}$과 같다."라고 가정합니다. 이때 다음 식이 성립합니다.

가정한 식 G(k)

$$0 + 1 + 2 + \cdots + k = \frac{k \times (k+1)}{2}$$

이것은 $G(k)$를 식으로 나타내기만 한 것이네요. 지금부터 $G(k + 1)$, 즉 다음과 같은 식이 성립하는지 증명해 봅시다.

증명하고자 하는 식 G(k + 1)

$$0 + 1 + 2 + \cdots + k + (k+1) = \frac{(k+1) \times ((k+1)+1)}{2}$$

$G(k + 1)$의 좌변은 가정한 식 $G(k)$를 사용하여 다음과 같이 계산할 수 있습니다.

| Chapter 04 | 수학적 귀납법: 수많은 도미노를 쓰러뜨리려면

$$G(k+1)\text{의 좌변} = \underbrace{0+1+2+\cdots+k}_{G(k)\text{의 좌변}} + (k+1)$$

$$= \underbrace{\frac{k \times (k+1)}{2}}_{G(k)\text{의 우변}} + (k+1) \qquad G(k)\text{의 좌변을 } G(k)\text{의 우변으로 치환}$$

$$= \frac{k \times (k+1)}{2} + \frac{2 \times (k+1)}{2} \qquad (k+1)\text{을 분수 형태로 함}$$

$$= \frac{k \times (k+1) + 2 \times (k+1)}{2} \qquad \text{분모가 같으므로 분자를 더함}$$

$$= \frac{(k+1) \times (k+2)}{2} \qquad (k+1)\text{로 묶음}$$

한편 $G(k+1)$의 우변은 다음과 같이 계산할 수 있습니다.

$$G(k+1)\text{의 우변} = \frac{(k+1) \times ((k+1)+1)}{2}$$

$$= \frac{(k+1) \times (k+2)}{2} \qquad ((k+1)+1)\text{을 계산}$$

$G(k+1)$의 좌변과 우변의 계산 결과가 같음을 알 수 있습니다. 따라서 $G(k)$로부터 $G(k+1)$을 유도하였으므로 단계 2를 증명할 수 있습니다.

이상으로 주장 $G(n)$에 대해 수학적 귀납법의 단계 1과 단계 2 모두를 증명하였습니다. 이처럼 수학적 귀납법에 따라 0 이상의 어떤 정수 n에 대해서도 주장 $G(n)$이 성립한다는 것을 증명할 수 있습니다.

홀수의 합 구하기: 수학적 귀납법의 예

그러면 또 다른 주장을 수학적 귀납법으로 증명해 보도록 하겠습니다.

다음과 같은 주장 $Q(n)$이 1 이상의 모든 정수 n에 대해 성립함을 증명해 보세요.

주장 $Q(n)$: $1 + 3 + 5 + 7 + \ldots + (2 \times n - 1) = n^2$

$Q(n)$은 조금 재미있는 주장이군요. 작은 것부터 순서대로 n개의 홀수를 더해 가면 n^2, 즉 $n \times n$이라는 제곱수가 된다는 것입니다.

이것이 정말일까요?

증명하기 전에 작은 수 n = 1, 2, 3, 4, 5를 이용하여 $Q(n)$의 참·거짓을 확인해 보도록 하겠습니다.

- 주장 $Q(1)$: $1 = 1^2$
- 주장 $Q(2)$: $1 + 3 = 2^2$
- 주장 $Q(3)$: $1 + 3 + 5 = 3^2$
- 주장 $Q(4)$: $1 + 3 + 5 + 7 = 4^2$
- 주장 $Q(5)$: $1 + 3 + 5 + 7 + 9 = 5^2$

실제 계산해 보니 분명히 이 주장은 성립하는군요.

수학적 귀납법을 이용하여 증명하기

지금부터 "1 이상의 모든 정수 n에 대하여 주장 $Q(n)$이 성립한다."라는 것을 증명해 보겠습니다. 그러므로 이하는 수학적 귀납법의 2단계를 순서대로 증명하는 것이 됩니다.

증명하는 것이 '0 이상의 ~'가 아닌 '1 이상의 ~'라고 되어 있으나 기저의 증명을 0이 아닌 1로 수행하면 수학적 귀납법을 사용할 수 있습니다.

단계 1: 기저의 증명

$Q(1)$이 성립함을 증명합니다.

$Q(1)$은 1^2이므로 분명히 성립합니다.

단계 2: 귀납의 증명

k 값으로 1 이상의 어떤 정수를 선택해도 "$Q(k)$가 성립하면 $Q(k+1)$도 성립한다."라는 것을 증명해 보겠습니다. 여기서는 $Q(k)$가 성립한다는, 즉 다음과 같은 식이 성립한다고 가정하겠습니다.

가정한 식 Q(k)

$$1 + 3 + 5 + 7 + \cdots + (2 \times k - 1) = k^2$$

지금부터 $Q(k+1)$, 즉 다음 식이 성립함을 증명해 보겠습니다.

증명하고자 하는 식 Q(k + 1)

$$1 + 3 + 5 + 7 + \cdots + (2 \times k - 1) + (2 \times (k+1) - 1) = (k+1)^2$$

$Q(k+1)$의 좌변은 가정한 식 $Q(k)$를 사용하여 다음과 같이 계산할 수 있습니다.

$Q(k+1)$의 좌변 $= \underbrace{1 + 3 + 5 + 7 + \cdots + (2 \times k - 1)}_{Q(k)\text{의 좌변}} + (2 \times (k+1) - 1)$

$= \underbrace{k^2}_{Q(k)\text{의 우변}} + (2 \times (k+1) - 1)$ $Q(k)$의 좌변을 $Q(k)$의 우변으로 치환

$= k^2 + 2 \times k + 2 - 1$ $2 \times (k+1)$을 펼침

$= k^2 + 2 \times k + 1$ $2 - 1$을 계산

한편, $Q(k+1)$의 우변은 다음과 같이 계산할 수 있습니다.

$Q(k+1)$의 우변 $= (k+1)^2$

$= k^2 + 2 \times k + 1$ $(k+1)^2$을 펼침

$Q(k+1)$의 좌변과 우변의 계산 결과가 같음을 알 수 있습니다. 따라서 $Q(k)$로부터 $Q(k+1)$을 유도할 수 있으므로 단계 2를 증명할 수 있습니다.

이상으로 주장 $Q(n)$에 대해 수학적 귀납법의 단계 1과 단계 2 모두를 증명했습니다. 따라서 수학적 귀납법에 따라 1 이상의 모든 정수 n에 대해서 주장 $Q(n)$이 성립한다는 것을 증명할 수 있습니다.

그림을 이용하여 설명하기

주장 $Q(n)$을 그림을 이용하여 설명할 수도 있습니다. 예를 들어 $Q(5)$를 그림으로 표현해 보겠습니다(그림 4-3).

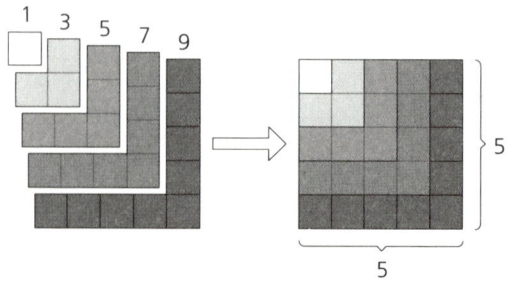

그림 4-3 $Q(5)$를 나타낸 그림

1개의 타일과 3개의 타일, 5개의 타일, 7개의 타일, 9개의 타일을 모두 나열하면 5 × 5 크기의 사각형을 만들 수 있습니다. 이는 주장 $Q(5)$와 딱 맞아떨어진다는 것을 알 수 있습니다.

이렇게 그림을 사용한 설명은 직관적이고 이해하기 쉽습니다. 다만, 그림에 너무 의존하는 것은 좋지 않습니다. 다음 절에서는 그림 때문에 오히려 헷갈리는 예를 살펴보겠습니다.

오셀로 퀴즈: 잘못된 수학적 귀납법

이번에는 수학적 귀납법을 사용할 때 오히려 그림 때문에 헷갈리는 예를 알아보겠습니다. 다음 퀴즈에 나오는 증명에서 잘못된 점을 찾아보기 바랍니다.

| Chapter 04 | 수학적 귀납법: 수많은 도미노를 쓰러뜨리려면

오셀로의 돌은 한 면이 흰색, 다른 한 면이 검은색입니다. 지금 오셀로의 돌 몇 개를 아무렇게나 보드 위에 던졌다고 합시다. 우연히 던진 돌 모두가 흰색이나 검은색이 될 때도 있을 것입니다. 그러나 항상 그렇지는 않습니다. 어떤 돌은 흰색이고 어떤 돌은 검은색이 될지도 모르니까요.

그림 4-4 오셀로의 돌 색깔 (한 면은 흰색, 또 다른 한 면은 검은색)

그런데 수학적 귀납법을 사용하면 오셀로의 돌을 몇 개를 던지더라도 반드시 전부 같은 색이 된다는 것을 '증명'할 수 있습니다. 물론, 현실에서 그런 일은 절대 일어나지 않지만 말이죠.

그러면 다음의 '증명'에서 틀린 점을 찾아보기 바랍니다.

n은 1 이상의 정수라고 할 때, 다음의 주장 $T(n)$이 1 이상의 모든 정수 n에 대하여 성립한다는 것을 수학적 귀납법으로 증명하겠습니다.

주장 $T(n)$: n개의 오셀로 돌을 던졌을 때 모든 돌은 반드시 같은 색이 된다.

단계 1: 기저의 증명

주장 $T(1)$이 성립함을 증명합니다.

주장 $T(1)$은 "1개의 오셀로 돌을 던졌을 때 모든 돌은 반드시 같은 색이 된다."라는 것입니다. 돌이 하나뿐이므로 당연히 한 가지 색만 나오게 되므로 $T(1)$은 성립합니다.

이것으로 단계 1을 증명했습니다.

단계 2: 귀납의 증명

1 이상의 어떤 정수를 선택해도 "$T(k)$가 성립한다면 $T(k+1)$도 성립한다."라는 것을 증명합니다.

우선, 주장 $T(k)$ "k개의 오셀로 돌을 던졌을 때 모든 돌은 반드시 같은 색이 된다."가 성립한다고 가정합니다. 지금 k개의 돌을 던진 다음, 오셀로 돌을 1개 더 던졌다고 합시다. 그러면 던진 돌은 전부 $k+1$개가 됩니다.

여기서 던진 돌 $k+1$개를 k개의 돌로 구성된 두 개의 그룹으로 나눕니다. 2개의 그룹을 각각 A와 B라고 부르겠습니다(그림 4-5).

"k개의 오셀로 돌을 던졌을 때 모든 돌이 반드시 같은 색이 된다."라는 가정이 있으므로 그룹 A의 돌(k개)과 그룹 B의 돌(k개)은 그룹별로 같은 색으로 구성됩니다. 그런데 그림 4-5를 보면 두 그룹 모두에 속한 돌이 $k-1$개 있네요. 각 그룹의 돌은 같은 색이며 양쪽 그룹에 공통으로 속하는 돌이 있으므로 결국 $k+1$개의 돌은 모두 같은 색이 됩니다. 이는 주장 $T(k+1)$과 같습니다.

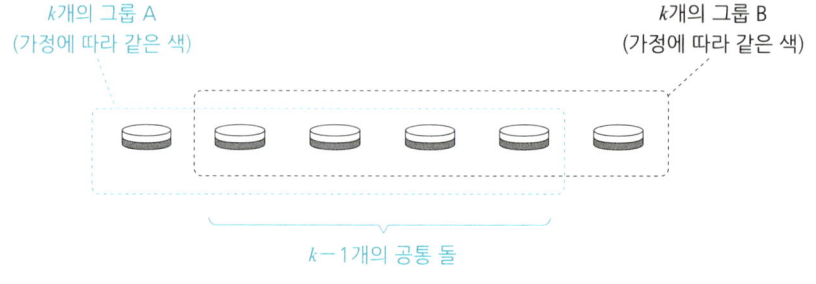

그림 4-5 던진 돌을 k개씩 2개의 그룹으로 나누기

이로써 단계 2를 증명할 수 있습니다.

수학적 귀납법에 따라 주장 $T(n)$은 1 이상의 모든 정수 n에 대해 성립한다는 것을 증명할 수 있습니다. 그렇다면 이 증명은 어디가 잘못된 것일까요?

힌트: 그림 때문에 헷갈리지 않도록

수학적 귀납법은 2개의 과정으로 구성됩니다. 단계 1과 단계 2를 순서대로 읽으면서 어디에 잘못이 있는지 알아보도록 합시다. 그림 때문에 헷갈리지 않도록 주의하기 바랍니다.

퀴즈의 답

단계 1은 이상한 곳이 없습니다. 돌이 1개라면 항상 같은 색입니다.

이상한 점은 단계 2의 그림(그림 4-5)에 있습니다. 실제 이 그림은 $k = 1$일 때에는 성립하지 않습니다. $k = 1$일 때는 2개의 그룹에 돌이 1개씩이 됩니다. 양쪽 모두에 속하는 돌이 $k - 1$개 있다고 하는 것도 $k - 1 = 0$이므로 양쪽 그룹에 모두 속하는 돌 따위는 존재하지 않는 것이 됩니다(그림 4-6).

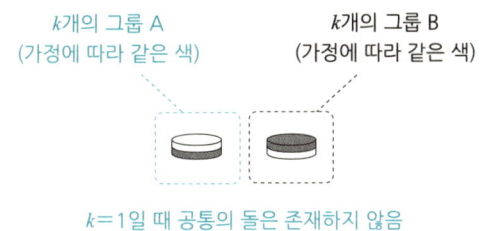

그림 4-6 k = 1일 때

따라서 수학적 귀납법의 단계 중에서 단계 2는 증명되지 않는 것이 됩니다. 그림을 사용하면 편리하기는 합니다만, 이 예를 보면 그림으로만 확인하면 위험할 수 있다는 것을 알 수 있습니다.

프로그램과 수학적 귀납법

프로그래머의 관점에서 수학적 귀납법을 생각해 보도록 합시다.

수학적 귀납법을 반복으로 표현하기

프로그래머가 수학적 귀납법을 배울 때는 증명을 프로그램에 비유하여 생각하면 이해하기 쉽습니다. 예를 들어 예제 4-1에서 볼 수 있는 프로그램은 "주어진 0 이상의 정수 n에 대해 주장 $P(n)$이 성립한다는 것을 증명"이라는 문자열을 출력하는 C 언어의 함수입니다. 단계 1과 단계 2의 증명이 끝나기만 한다면 이 함수를 호출하는 것만으로 어떤 n에 대해서도 $P(n)$의 증명을 출력할 수 있습니다.

$P(n)$이 성립한다는 증명을 출력하는 함수 prove( )

```
void prove(int n)
{
    int k;
    printf("지금부터 P(%d)이(가) 성립함을 증명합니다. \n", n);
    k = 0;
    printf("단계1에 의해 P(%d)이(가) 성립합니다. \n", k);
    while (k < n) {
        printf("단계2에 의해 P(%d)이(가) 성립한다면 P(%d)도 성립한다고 할 수 있습니다. \n", k, k + 1);
        printf("따라서 P(%d)이(가) 성립한다고 할 수 있습니다. \n", k + 1);
        k = k + 1;
    }
    printf("이상으로 증명이 끝났습니다. \n");
}
```

함수 prove(n)에 실제 수를 지정하여 호출해 보면 주장 $P(n)$이 성립한다는 증명을 출력합니다.

예를 들어 prove(0)을 호출하면 다음과 같이 주장 $P(0)$의 증명을 출력합니다.

```
지금부터 P(0)이(가) 성립함을 증명합니다.
단계1에 의해 P(0)이(가) 성립합니다.
이상으로 증명이 끝났습니다.
```

또한, prove(1)을 호출하면 다음과 같이 주장 $P(1)$의 증명을 출력합니다.

> 지금부터 P(0)이(가) 성립함을 증명합니다.
> 단계 1에 의해 P(0)이(가) 성립합니다.
> 단계 2에 의해 P(0)이(가) 성립한다면 P(1)도 성립한다고 할 수 있습니다.
> 따라서 P(1)이(가) 성립한다고 할 수 있습니다.
> 이상으로 증명이 끝났습니다.

prove(2)를 호출하면 다음과 같이 주장 $P(2)$의 증명을 출력합니다.

> 지금부터 P(0)이(가) 성립함을 증명합니다.
> 단계 1에 의해 P(0)이(가) 성립합니다.
> 단계 2에 의해 P(0)이(가) 성립한다면 P(1)도 성립한다고 할 수 있습니다.
> 따라서 P(1)이(가) 성립한다고 할 수 있습니다.
> 단계 2에 의해 P(1)이(가) 성립한다면 P(2)도 성립한다고 할 수 있습니다.
> 따라서 P(2)이(가) 성립한다고 할 수 있습니다.
> 이상으로 증명이 끝났습니다.

함수 prove( )의 동작 결과를 보면 우선 단계 1에 의해 출발점을 증명한 다음, k를 1씩 증가하여 단계 2를 반복하여 적용하고 있음을 알 수 있습니다. C 언어의 int 형에는 크기에 제한이 있으므로 실제로는 아주 큰 수의 증명을 만들 수는 없으나, 단계 2의 증명을 반복하다 보면 $P(0)$부터 $P(n)$까지 증명이 진행된다는 구조는 알 수 있습니다.

이 프로그램을 읽고 이해한다면 "단계 1과 단계 2를 증명하는 것만으로 0 이상의 어떤 정수에 대해서도 증명한 것이 된다."라는 수학적 귀납법의 사고방식을 이해할 수 있습니다.

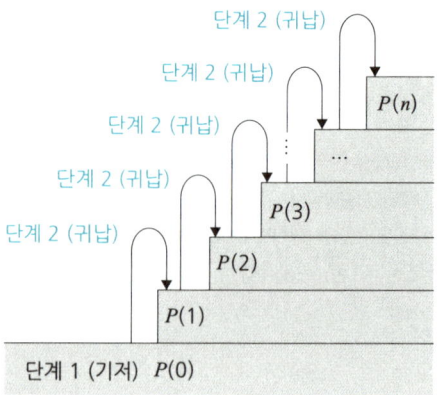

그림 4-7 함수 prove( )의 동작

    학교에서 처음 수학적 귀납법을 배웠을 때 저는 그 구조를 전혀 이해할 수 없었습니다. 식을 계산하는 것은 그리 어렵지 않았지만, 수학적 귀납법이 유효한 증명이라고는 생각하지 못했습니다. 제가 혼란스러웠던 것은 특히 단계 2였습니다. 단계 2에서는 $P(k)$가 성립함을 가정하여 $P(k + 1)$을 유도했습니다. 저는 "$P(k)$는 지금부터 증명하려는 식이 아닌가? 이를 가정해 버린다면 증명이라 할 수 없을 것이다."라고 생각했던 것입니다. 지금 생각해 보면 prove( ) 함수에 전달하는 인수 n(목표 단계)과 prove( ) 함수 안에서 사용하는 지역 변수 k(도중 단계)를 혼동했던 것입니다.

루프 불변

    수학적 귀납법의 사고방식에 익숙해지는 것은 프로그래머에게 무척 중요합니다. 예를 들어 프로그램으로 반복 처리(루프)를 구성하고자 할 때도 수학적 귀납법이 도움이 됩니다.

    반복을 구성할 때는 반복을 돌 때마다 성립하는 논리식을 발견하는 것이 중요합니다. 이러한 논리식을 **루프 불변**Loop Invariant 또는 **순환 불변 조건**이라고 합니다. 루프 불변은 수학적 귀납법에서 증명하는 '주장'에 해당하는 것입니다.

루프 불변을 통해 프로그램이 올바르다는 것을 확인할 수 있습니다. 따라서 반복을 구성할 때에는 "이 반복의 루프 불변은 무엇인가?"를 생각하면 오류가 줄어들게 됩니다. 이야기가 너무 추상적이라 이해하기가 어려우므로 아주 간단한 예를 사용하여 루프 불변을 소개해 보겠습니다.

예제 4-2는 배열의 모든 요소의 합을 구하는 함수 sum( )을 C 언어로 작성한 것입니다. 인수 array[ ]는 합을 구할 배열, size는 이 배열의 요소 수입니다. 함수 sum( )을 호출하면 array[0]부터 array[size-1]까지 size 개의 모든 요소의 합을 구할 수 있습니다.

예제 4-2 배열의 모든 요소의 합을 구하는 함수 sum( )

```c
int sum(int array[], int size)
{
    int k = 0;
    int s = 0;
    while (k < size ) {
        s = s + array[k];
        k = k + 1;
    }
    return s;
}
```

함수 sum( ) 안에서는 간단한 while 반복을 사용합니다. 이 반복을 수학적 귀납법으로 보고 다음과 같이 주장 $M(n)$을 생각해 봅시다. 이때 주장 $M(n)$이 루프 불변이 됩니다.

주장 $M(n)$: 배열 array의 최초 n개 요소의 합은 변수 s의 값과 같다.

프로그램의 각 부분에서 성립하는 주장을 주석으로 써넣어 보겠습니다. 그러면 예제 4-3처럼 됩니다.

예제 4-2의 각 부분에서 성립하는 주장을 주석으로 써넣음

```
int sum(int array[], int size)
{
    int k = 0;
    int s = 0;
    /* M(0) */
    while (k < size ) {
        /* M(k) */
        s = s + array[k];
        /* M(k+1) */
        k = k + 1;
        /* M(k) */
    }
    /* M(size) */
    return s;
}
```

예제 4-3의 4번째 줄에서 s를 0으로 초기화했습니다. 이에 따라 5번째 줄에서는 $M(0)$이 성립하고 있습니다. $M(0)$은 "배열 array의 최초 0개의 요소 합은 변수 s의 값과 같다."라는 주장입니다. 이것은 수학적 귀납법의 단계 1에 해당합니다.

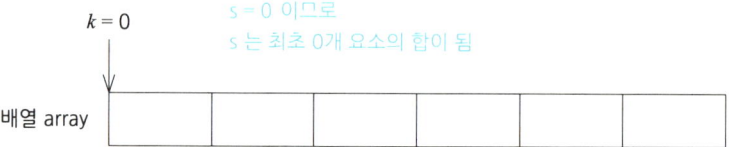

그림 4-8 수학적 귀납법의 단계 1: $M(0)$이 성립

7번째 줄에서는 $M(k)$가 성립합니다. 그리고 8번째 줄의 처리를 수행하면 배열 array[k]의 값을 s에 더해 넣으므로 $M(k+1)$이 성립하는 것이 됩니다. 이는 수학적 귀납법의 단계 2에 해당합니다.

| Chapter 04 | 수학적 귀납법: 수많은 도미노를 쓰러뜨리려면

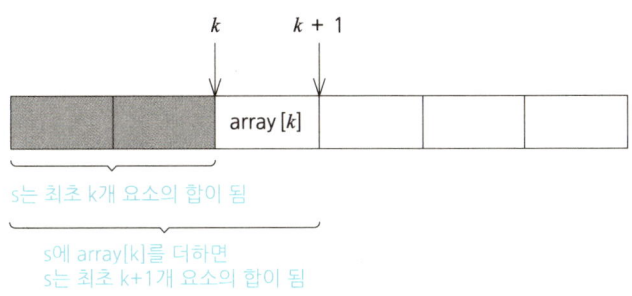

그림 4-9 수학적 귀납법의 단계 2: M(k) ⇒ M(k+1)이 성립

   8번째 줄의 s = s + array[k]; 라는 처리는 "$M(k)$가 성립한다는 것을 전제로 $M(k+1)$이 성립하도록 한다."라는 것을 꼭 이해하기를 바랍니다.

   10번째 줄에서 k를 1 증가하므로 11번째 줄에서는 다음 번 $M(k)$가 성립하는 것이 됩니다. 이것으로 다음의 단계로 연결될 수 있도록 변수 k를 정리한 것이 됩니다.

   마지막으로 13번째 줄에서는 $M(size)$가 성립합니다. 왜냐하면, while 안에서 k가 1씩 증가할 때마다 그 사이 계속 $M(k)$는 만족하며, 13번째 줄에 왔을 때에는 k는 size와 같아지기 때문입니다. 그리고 $M(size)$가 성립하는 것이 함수 sum( )의 목적이었습니다. 그러므로 14번째 줄에서 return으로 값을 반환하는 것입니다.

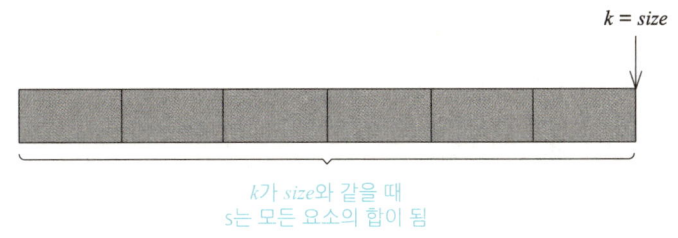

그림 4-10 함수 sum( )의 목적 달성: M(size)가 성립

   이 반복은 요컨대 **루프 불변 M(k)가 계속 성립하게끔 주의하면서 k를 0에서 size까지 값을 증가하는 것**이 되는 것이군요. 반복을 구성할 때는 주의할 요소가 두 가지 있습니다. 첫 번째는 '목적을 달성할 것'이고, 두 번째는 '종료할 것'입니다. 루프 불변

$M(k)$는 '목적을 달성할 것'을 보증하고자 있는 것입니다. 그리고 k가 0에서 $size$까지 값이 증가하는 것이 '종료할 것'을 보장해 주는 것입니다.

예제 4-4에서는 $M(k)$를 성립하게 하면서 k를 증가하는 모습을 명시적으로 표시해 보았습니다(∧는 'and'를 나타냅니다).

● 예제 4-4 M(k)를 성립하게 한 채 k를 증가함

```
int sum(int array[], int size)
{
   int k = 0;
   int s = 0;
   /* M(k) ∧ k == 0 */
   while (k < size ) {
      /* M(k) ∧ k < size */
      s = s + array[k];
      /* M(k+1) ∧ k < size */
      k = k + 1;
      /* M(k) ∧ k <= size */
   }
   /* M(k) ∧ k == size */
   return s;
}
```

루프 불변 $M(k)$가 반복 사이에서 계속 만족하는 모습을 발견할 수 있는지요?

이 장에서 배운 내용

이 장에서는 수학적 귀납법에 대해 배웠습니다. 수학적 귀납법은 0 이상의 모든 정수 n에 대해 어떤 주장이 성립함을 증명하는 방법입니다. 단지 두 가지의 단계를 증명하기만 하면 수없이 많은 주장을 증명할 수 있다는 사실이 무척 흥미롭습니다.

| Chapter 04 | **수학적 귀납법**: 수많은 도미노를 쓰러뜨리려면

수학적 귀납법에서 증명을 수행하는 것은 예를 들면 정수와 관련한 도미노 쓰러뜨리기를 수행하는 것과 마찬가지입니다. 단계 2를 증명하려면 '다음 도미노'가 반드시 쓰러지도록 구성해야만 합니다. 그러려면 '$P(k)$부터 $P(k+1)$로 한 걸음 진행하도록 구성'하였음을 명확히 해야만 합니다. 이러한 수학적 귀납법의 사고방식은 프로그래머가 반복을 구성할 때에도 중요한 역할을 합니다.

다음 장에서는 물건의 수를 세는 방법에 대해 배워 보도록 하겠습니다.

 끝내는 대화

선생님	"우선 한쪽 발을 앞으로 내민다고 합시다."
학생	"예."
선생님	"다음에는 어떤 경우에도 반대쪽 발을 앞으로 내밀도록 합니다."
학생	"그렇게 하면요?"
선생님	"그렇게 하면 끝없는 저곳까지 갈 수 있습니다. 이것이 수학적 귀납법이랍니다."

| Chapter 05 |

순열과 조합

세지 않기 위한 법칙

 **시작하는 대화**

학생　　"경우의 수를 세는 것이 어려워요."
선생님　"빠짐없이, 그리고 중복없이 세는 것이 포인트랍니다."
학생　　"요컨대 주의 깊게 세라는 말씀인가요?"
선생님　"그것뿐만이 아닙니다."
학생　　"그렇다는 말씀은?"
선생님　"세고자 하는 대상의 성질을 먼저 파악하라는 말입니다."

이 장에서 배울 내용

　이 장에서는 수를 세는 방법에 대해 배워 보겠습니다. 많은 것을 틀리지 않고 세는 것은 일상생활에서도 프로그래밍에서도 매우 중요합니다. 어떻게 하면 빠진 것 없이 그리고 겹치지 않게 셀 수 있을까요?

　여기서는 먼저 센다는 것은 정수와 대응하는 것이라는 것을 살펴보겠습니다. 그런 다음, 덧셈 법칙과 곱셈 법칙, 치환, 순열, 조합 등 수를 세는 법칙을 구체적인 예와 함께 살펴보겠습니다. 그러나 나오는 법칙을 단순히 암기하려고는 하지 말기 바랍니다. 그것보다는 법칙이 어떻게 만들어졌는지, 어떻게 빠뜨리지 않고 중복되지 않게 정수에 대응할 것인가에 주목하기 바랍니다.

센다는 것: 정수와의 대응

우리는 매일 여러 가지를 셉니다.

- 장을 볼 때 사과의 개수를 셉니다.
- 지하철을 탈 때 목적지까지 남은 역 수를 셉니다.
- 트럼프로 카드 게임을 할 때 가진 카드의 수를 셉니다.

이처럼 '수를 센다'라는 것은 일상적인 활동입니다. 그런데 도대체 '수를 센다'는 것은 어떤 행위일까요?

예를 들어 눈앞에 있는 카드를 셀 때 우리는 다음과 같은 행위를 합니다.

- 아직 세지 않은 카드 한 장을 고른 다음 '1'이라고 말합니다.
- 아직 세지 않은 카드 한 장을 고른 다음 '2'라고 말합니다.
- 아직 세지 않은 카드 한 장을 고른 다음 '3'이라고 말합니다.
- 아직 세지 않은 카드 한 장을 고른 다음 ……

세는 카드가 없어질 때까지 반복하여 마지막에 자신이 말한 수가 카드의 장수가 됩니다.* 이는 결국 **자신이 세고자 하는 것을 정수에 대응**하는 행위입니다. 당연히 올바르게 대응할 수 있다면 정확히 센 것이 됩니다.

'누락'과 '중복'에 주의

수를 셀 때 주의해야 할 것은 '누락'과 '중복'입니다.

누락이란 모두를 정확히 세지 못하고 몇 개를 빠뜨리는 것입니다. 다른 말로 하면 '아직 세지 않은 것이 있음에도 전부 세었다고 판단하는 실수'입니다.

중복은 '누락'과는 반대로 이미 센 것을 다시 세는 것을 말합니다.

---

* 엄밀하게 말하면 이 방법으로는 0장의 카드를 셀 수는 없지만 말이죠.

'누락'이나 '중복'이 있다면 정확하게 수를 세지 못한 것이 됩니다. 반대로 '누락'과 '중복'이 모두 없다면 정확하게 센 것이 됩니다.

우리는 카드를 셀 때 손가락을 사용하여 이를 정수에 대응하곤 합니다. 그러나 이렇게 손가락을 사용할 수 있는 것은 카드 장수가 적을 때뿐입니다. 카드가 몇천 장, 몇만 장이라면 손가락을 사용하여 세기는 어렵습니다.

세고자 하는 것이 너무 많아 직접 세지 못할 때는 세려는 대상을 정수에 대응할 수 있는 규칙이 필요합니다. 그러려면 세고자 하는 것이 어떤 성질이나 구조를 가졌는지를 이해해야만 합니다. 이런 점을 염두에 두고 구체적인 예를 살펴보도록 하겠습니다.

나무 세기: 0을 잊지 말자

Q 길이가 10미터인 도로 한쪽 끝에서부터 1미터 간격으로 나무를 심고자 합니다. 몇 그루의 나무가 필요할까요?

A 끝에서부터 1미터 간격으로 심는다는 것은 끝에서부터 거리가 0, 1, 2, 3, 4, 5, 6, 7, 8, 9, 10미터의 위치에 심는 것입니다. 따라서 끝에서부터 1미터 간격으로 심으려면 11그루의 나무가 필요합니다.

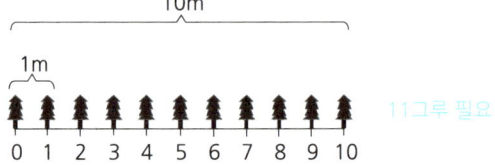

그림 5-1 길이 10미터인 도로에 1미터 간격으로 나무 심기

| Chapter 05 | 순열과 조합: 세지 않기 위한 법칙

이 문제는 **나무 세기(식목산)**라는 유명한 문제입니다. 여기서 바로 10 ÷ 1 = 10이라고 계산하여 10그루면 충분하다고 생각한 분이 있을 것입니다. 이를 통해 **0을 잊지 않는 것**이 중요하다는 것을 알 수 있습니다. 앞의 정답처럼 실제로 종이에 그려 보며 세는 것도 좋은 방법입니다. 덧붙여 10 ÷ 1이라는 나눗셈의 답 10은 나무의 그루 수가 아니라 나무와 나무에 있는 사이의 개수입니다.

프로그램에서 다루는 데이터 100개가 메모리 위에 나열되어 있다고 합시다. 맨 처음부터 0번, 1번, 2번, 3번, ...과 같이 번호를 붙이면 마지막 데이터는 몇 번이 될까요?

다음과 같이 정리해 보면 99번임을 알 수 있습니다.

- 1개째의 데이터는 0번
- 2개째의 데이터는 1번
- 3개째의 데이터는 2번
- 4개째의 데이터는 3번

  ……

- k개째의 데이터는 k-1번

  ……

- 100개째의 데이터는 99번

일반화하기

이 퀴즈는 본질적으로 나무 세기와 같습니다. 일반적으로 n개의 데이터를 0번부터 번호를 붙인다면 마지막 데이터는 $n-1$번이 됩니다.

퀴즈로 출제되면 틀리는 사람이 거의 없으나 실제 프로그래밍에서 이와 비슷한 문제를 만나면 적지 않은 사람들이 틀리곤 하는 문제입니다. 앞서 말한 바와 같이 다음과 같은 일반적인 규칙을 이용하여 이해하면 틀릴 일은 없을 것입니다.

k개째는 k - 1번

여기서부터가 중요합니다. 데이터 개수가 얼마이든 'k개째는 $k-1$번'과 같이 일반적인 대응 관계로 이해하면 세고자 하는 것을 정수로 대응하기가 쉬워집니다. 즉, 올바르게 셀 수 있게 됩니다.

세고자 하는 것이 적을 때는 손을 이용하여 구체적으로 세도록 합시다. 그러나 이것으로 끝이 아닙니다. 더욱더 일반적인 규칙을 발견하여 이 규칙을 이용하여 '세고자 하는 것을 정수에 대응하는 것'이 중요합니다. 이것이 "세고자 하는 것의 성질을 파악한다."라는 것입니다.

앞서 살펴본 것이긴 하지만 사고방식을 한 번 더 확인하고 넘어갑시다. 나무 세기에서 그루 수가 적다면 손가락만으로도 목적을 달성할 수 있습니다(그림 5-2).

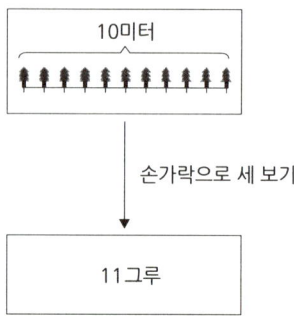

그림 5-2 나무의 그루 수가 적을 때

그러나 이에 못지않게 변수 n을 이용하여 일반화하여 이해하는 것도 중요합니다(그림 5-3).

그렇게 하면 설령 손가락으로 셀 수 없을 정도의 큰 수라도 확실하게 문제를 풀 수가 있기 때문입니다(그림 5-4).

| Chapter 05 | 순열과 조합: 세지 않기 위한 법칙

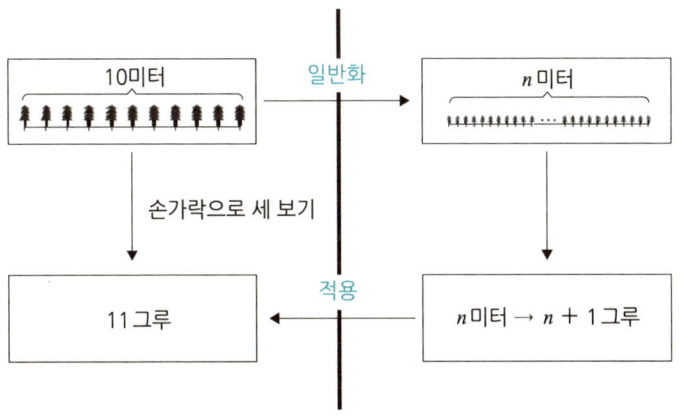

그림 5-3 문제를 일반화하여 생각해 보기

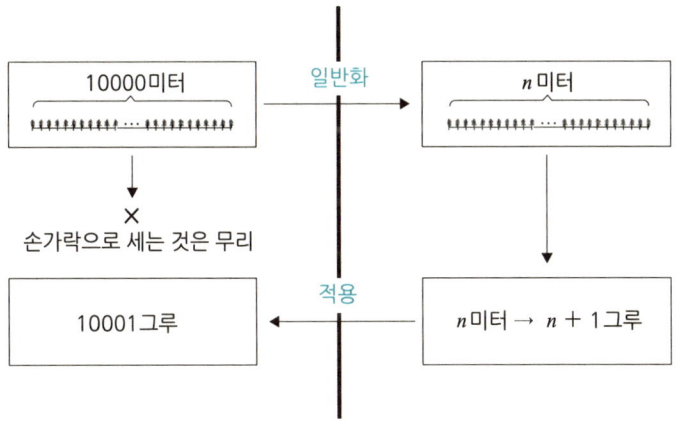

그림 5-4 일반화하면 큰 수도 쉽게 풀 수 있음

덧셈 법칙

두 개의 집합으로 나누어진 것의 수를 셀 때는 덧셈 법칙을 사용할 수 있습니다.

 한 묶음의 트럼프에는 하트 무늬의 숫자 카드 10장(A, 2, 3, 4, 5, 6, 7, 8, 9, 10)과 하트 무늬의 그림 카드 3장(J, Q, K)이 있습니다. 하트 무늬의 카드는 전부 몇 장일까요?

숫자 카드 10장과 그림 카드 3장을 모두 합하면 13장이 됩니다.

덧셈 법칙

앞서 살펴본 퀴즈는 아주 간단한 문제이지만 여기에 사용된 것이 바로 **덧셈 법칙**입니다. 덧셈 법칙이란 요소에 '중복'이 없는 두 개의 집합 A, B를 합친 집합 A ∪ B의 개수를 얻기 위한 법칙입니다.

A∪B의 요소 개수 = A의 요소 개수 + B의 요소 개수

집합 A의 요소 개수를 |A|, 집합 B의 요소 개수를 |B|이라고 한다면 덧셈 법칙은 다음과 같은 식으로 나타낼 수 있습니다.

$$|A \cup B| = |A| + |B|$$

앞의 퀴즈에서 집합 A는 하트 무늬의 숫자 카드, 집합 B는 하트 무늬의 그림 카드에 해당합니다.

**하트 무늬의 카드 장수 =
하트 무늬의 숫자 카드 장수 + 하트 무늬의 그림 카드 장수**

단, **덧셈 법칙이 성립하는 것은 집합의 요소에 중복이 없을 때**뿐입니다. 중복이 있다면 그만큼 빼지 않으면 정확한 수를 구할 수 없습니다. 다음의 퀴즈를 통해 이를 확인해 보도록 합시다.

같은 무늬의 트럼프 카드에는 13종류(A, 2, 3, 4, 5, 6, 7, 8, 9, 10, J, Q, K)가 있습니다. 여기서는 A를 1, J를 11, Q를 12, K를 13이라는 정수로 취급하도록 하겠습니다.

그림 5-5 트럼프 카드의 종류

여러분 앞에 트럼프 카드를 한 장 넣으면 종류에 따라 불빛이 깜빡이는 기계가 있습니다. 놓은 카드의 종류(1부터 13까지의 정수)를 n이라고 하면 다음과 같이 됩니다.

- n이 2의 배수라면 불이 켜짐
- n이 3의 배수일 때도 불이 켜짐
- n이 2의 배수도 아니고 3의 배수도 아니라면 불은 꺼짐

이 기계에 하트 무늬 카드 13장을 순서대로 넣는다면 램프가 켜지는 것은 그중 몇 장일까요?

- 1 이상 13 이하의 2의 배수는 2, 4, 6, 8, 10, 12이므로 모두 6장입니다.
- 1 이상 13 이하의 3의 배수는 3, 6, 9, 12이므로 모두 4장입니다.
- 2의 배수이면서 3의 배수인 수는 6, 12이므로 모두 2장입니다.

따라서 불이 켜지는 카드의 장수는 6 + 4 - 2 = 8장이 됩니다.

포함과 배제의 원리

2의 배수와 3의 배수에는 '중복'이 있다는 것을 알아챘나요? 2의 배수와 3의 배수의 공통 부분(중복된 부분)은 6의 배수입니다(그림 5-6).

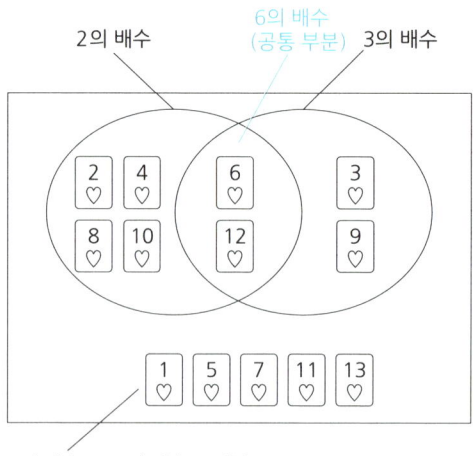

그림 5-6 포함과 배제의 원리 (2의 배수와 3의 배수)

2의 배수의 개수와 3의 배수의 개수를 더한 다음 중복된 경우를 제외한다는 것이 **포함과 배제의 원리**The Principle of Inclusion and Exclusion입니다. 이는 '중복을 고려한 덧셈 법칙'입니다.

**A와 B를 더한 집합의 요소 개수 =
A의 요소 개수 + B의 요소 개수 − A와 B의 공통 요소 개수**

집합의 요소 개수를 |A|이라고 표현한다면 포함과 배제의 원리는 다음과 같이 쓸 수 있습니다.

$$|A \cup B| = |A| + |B| - |A \cap B|$$

요컨대 A의 요소 개수 |A|과 B의 요소 개수 |B|을 더한 다음 중복된 요소 개수 |A ∩ B|을 빼면 됩니다. 포함과 배제의 원리를 사용하려면 '중복된 것의 개수는 몇 개인가?'를 확인해야 한다는 것을 알 수 있습니다. 이것도 '세고자 하는 것의 성질을 파악'하는 하나의 예가 됩니다.

| Chapter 05 | 순열과 조합: 세지 않기 위한 법칙

곱셈 법칙

이번에는 두 개의 집합에서 '요소의 짝'을 만들 때 사용하는 법칙입니다.

트럼프 한 묶음에는 하트, 스페이드, 다이아몬드, 클럽 등 4종류의 카드가 있습니다. 또한, 각 종류에는 A, 2, 3, 4, 5, 6, 7, 8, 9, 10, J, Q, K 등 13개의 카드가 있습니다. 트럼프 한 묶음은 전부 몇 장일까요? (여기서 조커는 고려하지 않습니다.)

트럼프 한 묶음에는 4종류의 무늬 각각에 대해 13개의 카드가 있으므로 구하고자 하는 수는 4 × 13 = 52장이 됩니다.

곱셈 법칙

트럼프를 그림 5-7과 같이 사각형으로 나열해 보면 구하고자 하는 요소의 개수를 곱셈으로 구할 수 있는 이유를 잘 알 수 있습니다.

그림 5-7 실제로 트럼프를 나열해 보기

트럼프에는 4종류의 무늬가 있고 그 각각에 대해 13개의 순위가 있습니다. 이처럼 '각각에 대해'라는 표현이 등장할 때는 곱셈만으로 구하고자 하는 수를 얻을 수 있을 때가 잦습니다. 이것도 역시 세고자 하는 것의 성질을 파악하는 하나의

예가 됩니다.

여기서 사용하는 것이 곱셈 법칙입니다. 두 개의 집합 A와 B가 있고 집합 A의 모든 요소와 집합 B의 모든 요소를 이용하여 각각의 짝으로 만든다고 합시다. 이때 짝의 전체 개수는 양쪽 집합의 요소 개수를 곱한 것이 됩니다. 집합 A의 요소 개수를 |A|, 집합 B의 요소 개수를 |B|이라고 한다면 각 요소를 조합한 전체 개수는 |A| × |B|이 됩니다. 집합 A와 집합 B로부터 요소를 하나씩 선택하여 만들 수 있는 모든 짝의 집합을 A × B라고 한다면 다음과 같이 표현할 수 있습니다.

$$|A \times B| = |A| \times |B|$$

A를 트럼프 무늬의 집합, B를 트럼프 순위의 집합이라고 하여 요소를 열거하면 다음과 같이 됩니다.

- 집합 A = {하트, 스페이드, 다이아몬드, 클럽}
- 집합 B = {A, 2, 3, 4, 5, 6, 7, 8, 9, 10, J, Q, K}

또한, 집합 A × B를 열거하면 다음과 같이 됩니다.

집합 A × B = {
(하트, A),   (하트, 2),   (하트, 3), ...,   (하트, K)
(스페이드, A),   (스페이드, 2),   (스페이드, 3), ...,   (스페이드, K)
(다이아몬드, A),   (다이아몬드, 2),   (다이아몬드, 3), ...,   (다이아몬드, K)
(클럽, A),   (클럽, 2),   (클럽, 3), ...,   (클럽, K)
}

트럼프의 카드는 52장뿐이므로 그림 5-7과 같이 모든 카드를 그림으로 나타내면 이를 확인할 수 있습니다. 하지만 그림으로 나타내지 못할 만큼 큰 수라고 해도 세고자 하는 것의 성질을 제대로만 이해한다면 큰 어려움 없이 계산할 수 있습니다. 퀴즈를 통해 연습해 보도록 하겠습니다.

1부터 6까지 숫자가 쓰인 주사위 3개를 나열하여 세 자리 숫자를 만듭니다. 모두 몇 가지의 수를 만들 수 있을까요? 예를 들어 그림 5-8처럼 나열하면 255라는 수를 만든 것이 됩니다.

그림 5-8 3개의 주사위를 나열하여 세 자리 수 만들기

첫 번째 주사위에는 1, 2, 3, 4, 5, 6의 6가지 숫자가 있습니다. 첫 번째 주사위에는 6가지가 있고 그 각각에 대해 두 번째 주사위도 6가지가 있으므로 두 번째까지는 6 × 6가지의 수가 있습니다(곱셈 법칙).

첫 번째 주사위에는 6가지가 있고 그 각각에 대해 두 번째 주사위도 6가지가 있고 그 각각에 대해 세 번째 주사위도 6가지가 있습니다. 그러므로 세 번째까지는 6 × 6 × 6가지가 있는 것이 됩니다(곱셈 법칙). 이를 계산하면 216가지가 됩니다.

한 개의 램프는 켜지거나 꺼지는 두 가지 상태가 있습니다. 이 램프를 32개 나열하여 설치할 때 램프의 점등, 소등 패턴은 모두 몇 가지일까요?

그림 5-9 32개의 램프

첫 번째의 램프는 켜지거나 꺼지는 두 가지 점멸 상태가 있습니다. 이 두 가지 각각에 대해 두 번째 램프는 켜지거나 꺼지는 두 가지 점멸 패턴이 있습니다. 따라서 곱셈 법칙에 의해 두 개째까지의 점멸 패턴은 2 × 2 = 4이므로 네 가지가 됩니다.

이 네 가지 각각에 대해 세 번째 램프도 켜지거나 꺼지거나 두 가지의 점멸 패턴이 있습니다. 따라서 곱셈 법칙에 의해 세 개째까지의 점멸 패턴은 2 × 2 × 2 = 8이므로 8가지가 됩니다. 같은 방법으로 32개까지 계산해 가면 점멸 패턴은 모두 다음과 같습니다.

$$\underbrace{2 \times 2 \times \cdots \times 2}_{32개} = 2^{32} = 4294967296$$

램프 32개의 점멸 패턴 수라는 것은 32비트로 표현할 수 있는 숫자의 전체 개수와 같습니다. 각 비트가 0 또는 1 중 하나의 값(2가지)을 가지므로 32비트로 나타낼 수 있는 숫자의 가짓수는 2^{32} = 4,294,967,296입니다.

일반적으로 2진수 n 비트로 나타낼 수 있는 숫자의 가짓수는 2^n이 됩니다. 이는 프로그래머라면 누구나 아는 사실입니다.

치환

그러면 좀 더 복잡한 것을 세어 보도록 합시다.

Q 세 장의 카드 A, B, C를 ABC, ACB, BAC, ...처럼 순서를 생각하며 나열한다고 합시다. 나열 방법은 모두 몇 가지일까요?

A 세 장의 카드를 나열하는 방법을 조사하면 그림 5-10처럼 6가지가 됩니다.

| A B C | A C B | B A C | B C A | C A B | C B A |

그림 5-10 세 장의 카드를 나열하는 방법

이 퀴즈처럼 n개의 무언가를 순서를 생각하며 나열하는 것을 **치환**Substitution이라고 합니다(뒤에서 설명하겠지만 사실 치환은 순열의 특수한 경우로 볼 수 있습니다).

세 장의 카드 A, B, C를 치환한 전체 수는 다음과 같이 하면 계산할 수 있습니다.

첫 번째 카드(가장 왼쪽에 놓을 카드)는 A, B, C의 '3장 중 1장'을 선택할 수 있습니다. 즉, 첫 번째로 고를 수 있는 것은 세 가지입니다.

두 번째 카드로는 첫 번째로 선택한 카드 이외의 '2장 중 1장'을 선택할 수 있습니다. 즉, 두 번째로 선택할 수 있는 것은 첫 번째 선택한 카드 각각에 대해 두 가지씩이 됩니다.

세 번째의 카드는 첫 번째와 두 번째에 고른 카드 외의 '1장 중 1장'을 선택할 수 있습니다. 즉, 세 번째 고를 수 있는 것은 첫 번째와 두 번째 선택 각각에 대해 한 가지가 됩니다.

따라서 카드 세 장의 모든 나열 방법(치환의 전체 수)은 다음과 같이 계산할 수 있습니다.

$$1\text{장째의 선택 가짓수} \times 2\text{장째의 선택 가짓수} \times 3\text{장째의 선택 가짓수} = 3 \times 2 \times 1 = 6$$

일반화하기

이번에는 카드를 5장으로 늘려 보겠습니다. 5장의 카드(A, B, C, D, E)를 치환하는 전체 가짓수는 어떻게 될까요? 3장일 때와 마찬가지로 생각할 수 있습니다.

- 1번째의 선택 가짓수는 5가지
- 그 각각에 대해 2번째의 선택 가짓수는 4가지
- 그 각각에 대해 3번째의 선택 가짓수는 3가지
- 그 각각에 대해 4번째의 선택 가짓수는 2가지
- 그 각각에 대해 5번째의 선택 가짓수는 1가지

따라서 카드 5장을 치환하는 전체 가짓수는 다음과 같이 계산하여 120가지가 됩니다.

$$5 \times 4 \times 3 \times 2 \times 1 = 120$$

계승

앞의 식을 자세히 살펴보면 5, 4, 3, 2, 1처럼 1씩 줄어드는 정수를 곱했다는 것을 알 수 있습니다. 이런 형식의 곱셈은 경우의 수를 생각할 때 자주 등장하므로 5!이라는 특별한 표기 방법을 이용하여 표현합니다.

$$5! = 5 \times 4 \times 3 \times 2 \times 1$$

5!을 5의 **계승**^{Factorial}이라고 합니다. 계단과 같이 점점 줄어드는 수를 곱하기 때문에 이런 이름을 붙인 것입니다. 5장의 카드를 치환하는 전체 가짓수는 5!이 됩니다. 계승의 값을 실제로 계산해 봅시다.

$$5! = 5 \times 4 \times 3 \times 2 \times 1 = 120$$
$$4! = 4 \times 3 \times 2 \times 1 = 24$$
$$3! = 3 \times 2 \times 1 = 6$$
$$2! = 2 \times 1 = 2$$
$$1! = 1 = 1$$
$$0! = 0$$

0의 계승은 0이 아닌 1로 정의하고 있습니다. 이는 약속입니다.

일반적으로 n장의 카드를 순서를 고려하여 나열하는 전체 가짓수는 다음과 같이 됩니다.

$$n! = \underbrace{n \times (n-1) \times (n-2) \times \cdots \times 2 \times 1}_{n \text{ 개}}$$

학생	"왜 0!은 1이죠?"
선생님	"그것이 정의랍니다."
학생	"이해할 수가 없네요. 왠지 모르게 0!은 0일 듯한 느낌이 듭니다만..."
선생님	"그렇게 되면 맨 처음의 도미노가 쓰러지지 않는답니다."
학생	"도미노?"
선생님	"조금 있다가 계승의 재귀적 정의를 설명하는 부분에서 다루어 보도록 하겠습니다."

| Chapter 05 | 순열과 조합: 세지 않기 위한 법칙

트럼프 나열 방법

조커를 제외한 트럼프 카드 52장을 일렬로 나열하는 방법은 모두 몇 가지일까요?

52장의 카드를 치환하는 경우의 수이므로 다음과 같이 계산할 수 있습니다.

$$52! = 52 \times 51 \times 50 \times \ldots \times 1$$
$$= 80658175170943878571660636856403766975289505440883277824000000000000$$

이렇게 큰 수가 되다니 조금은 놀랍습니다. 1!~52!까지의 계승을 표로 만들어 보았습니다(표 5-1). n이 늘어남에 따라 계승 $n!$이 폭발적으로 커짐을 알 수 있습니다.

순열

앞서 배운 치환에서는 n개의 무언가를 모두 나열했습니다. 이번에는 n개의 무언가 중 일부만을 선택하여 나열하는 **순열**에 대해 살펴보도록 하겠습니다.

여러분은 지금 5장의 카드를 갖고 있습니다. 이 5장의 카드 중 3장을 **선택하여 순서를 생각하며 나열**한다고 합시다. 이때 나열 방법은 모두 몇 가지일까요?

표 5-1 1!~52!까지의 계승

```
 0! = 1
 1! = 1
 2! = 2
 3! = 6
 4! = 24
 5! = 120
 6! = 720
 7! = 5040
 8! = 40320
 9! = 362880
10! = 3628800
11! = 39916800
12! = 479001600
13! = 6227020800
14! = 87178291200
15! = 1307674368000
16! = 20922789888000
17! = 355687428096000
18! = 6402373705728000
19! = 121645100408832000
20! = 2432902008176640000
21! = 51090942171709440000
22! = 1124000727777607680000
23! = 25852016738884976640000
24! = 620448401733239439360000
25! = 15511210043330985984000000
26! = 403291461126605635584000000
27! = 10888869450418352160768000000
28! = 304888344611713860501504000000
29! = 8841761993739701954543616000000
30! = 265252859812191058636308480000000
31! = 8222838654177922817725562880000000
32! = 263130836933693530167218012160000000
33! = 8683317618811886495518194401280000000
34! = 295232799604140847618609643520000000
35! = 10333147966386144929666651337523200000000
36! = 371993326789901217467999448150835200000000
37! = 13763753091226345046315979581580902400000000
38! = 523022617466601111760007224100074291200000000
39! = 20397882081197443358640281739902897356800000000
40! = 815915283247897734345611269596115894272000000000
41! = 33452526613163807108170062053440751665152000000000
42! = 1405006117752879898543142606244511569936384000000000
43! = 60415263063373835637355132068513997507264512000000000
44! = 2658271574788448768043625811014615890319638528000000000
45! = 119622220865480194561963161495657715064383737360000000000
46! = 5502622159812088949850305428800254892961651752960000000000
47! = 258623241511168180642964355153611979969197632389120000000000
48! = 12413915592536072670862289047373375038521486354677760000000000
49! = 608281864034267560872252163321295376887552831379210240000000000
50! = 30414093201713378043612608166064768844377641568960512000000000000
51! = 1551118753287382280224243016469303211063259720016986112000000000000
52! = 80658175170943878571660636856403766975289054408832778240000000000000
```

| Chapter 05 | 순열과 조합: 세지 않기 위한 법칙

 직접 나열하면서 조사해 보면 모든 나열 방법은 그림 5-11과 같으며, 모두 60가지입니다.

```
A B C   A C B   B A C   B C A   C A B   C B A
A B D   A D B   B A D   B D A   D A B   D B A
A B E   A E B   B A E   B E A   E A B   E B A
A C D   A D C   C A D   C D A   D A C   D C A
A C E   A E C   C A E   C E A   E A C   E C A
A D E   A E D   D A E   D E A   E A D   E D A
B C D   B D C   C B D   C D B   D B C   D C B
B C E   B E C   C B E   C E B   E B C   E C B
B D E   B E D   D B E   D E B   E B D   E D B
C D E   C E D   D C E   D E C   E C D   E D C
```

그림 5-11 5장의 카드로부터 3장을 선택한 순열

앞서 살펴본 퀴즈처럼 나열하는 것을 5장에서 3장을 선택하는 **순열**Permutation이라고 부릅니다. 치환과 마찬가지로 순열에서는 순서를 생각하며 나열하는 한다는 것에 주의하기 바랍니다. 예를 들어 ABD와 ADB에서는 둘 다 모두 A, B, D라는 같은 3장의 카드를 선택한 것이지만 나열하는 순서가 다르므로 서로 다른 나열 방법으로 다루어 수를 셉니다.

5장에서 3장을 선택하는 순열의 모든 가짓수를 구할 때는 한 장씩 나열하면서 필요한 장수까지 도달하면 중지합니다. 즉, 다음과 같은 방법으로 구하게 됩니다.

- 1번째의 카드를 선택하는 방법에는 5가지가 있습니다.
- 그 각각에 대해 2번째 카드를 선택하는 방법에는 4가지가 있습니다.
- 그 각각에 대해 3번째 카드를 선택하는 방법에는 3가지가 있습니다.

따라서 $5 \times 4 \times 3 = 60$이 됩니다.

일반화하기

순열을 일반화하는 방법을 벌써 눈치챈 분도 있을 것입니다. n장의 카드에서 k장을 선택하여 나열한다고 합시다.

- 1장째를 선택하는 방법은 'n장에서 1장'을 고르는 것이므로 n 가지가 됩니다.
- 2장째를 선택하는 방법은 그 각각에 대해 $n-1$ 가지가 됩니다.
- 3장째를 선택하는 방법은 그 각각에 대해 $n-2$ 가지가 됩니다.
- ……
- k장째를 선택하는 방법은 그 각각에 대해 $n - k + 1$ 가지가 됩니다.

따라서 n장에서 k장을 선택하여 나열하는 순열의 모든 가짓수는 다음과 같습니다.

$$n \times (n-1) \times (n-2) \times \cdots \times (n-k+1)$$

이 공식은 아주 중요하므로 반드시 꼼꼼히 살펴보기 바랍니다. 특히 마지막 항이 $(n - k + 1)$이 된다는 것을 이해할 때까지 천천히 생각해 보기 바랍니다.

항을 몇 번 곱하는지를 확실하게 나타내고자 맨 처음 항을 $(n - 0)$이라고 쓰고, 마지막 항 $(n - k + 1)$을 $(n - (k - 1))$로 바꾸어 써 봅시다. 그러면 다음과 같이 됩니다.

$$\underbrace{(n-0) \times (n-1) \times (n-2) \times \cdots \times (n-(k-1))}_{k\text{개}}$$

즉, $(n - 0), (n - 1), (n - 2), \ldots, (n - (k - 1))$을 모두 곱합니다. n부터 빼는 수가 '0부터 $k - 1$까지' 변하고 있네요. '0부터 $k - 1$까지'이므로 모두 k개의 항을 곱한다는 것을 알 수 있습니다. 여기서 이 장의 처음에 소개한 '나무 세기' 사고방식을 사용했네요.

이상과 같이 n장의 카드에서 k장의 카드를 순서를 생각하며 나열하는 방법을 순열이라고 합니다. 순열의 모든 가짓수를 $_n\mathrm{P}_k$라고 표기한다면 다음과 같은 식이 성립합니다.

$$_n\mathrm{P}_k = \underbrace{n \times (n-1) \times (n-2) \times \cdots \times (n-k+1)}_{k\text{개}}$$

순열의 모든 가짓수는 n과 k라는 두 가짓수가 주어지면 알아낼 수 있으므로 $_n\mathrm{P}_k$처럼 n과 k를 아래 첨자로 표시합니다. P는 Permutation의 약자입니다.

예를 들어 5장의 카드에서 3장을 선택하여 나열하는 순열의 모든 가짓수는 $n = 5$, $k = 3$이므로 다음과 같이 계산할 수 있습니다.

$$\text{5장에서 3장을 선택한 순열의 모든 가짓수} = {_5}\mathrm{P}_3$$
$$= \underbrace{5 \times 4 \times 3}_{3\text{개}}$$

몇 가지 예를 들어 보겠습니다.

$$_5\mathrm{P}_5 = \underbrace{5 \times 4 \times 3 \times 2 \times 1}_{5\text{개}} = 120$$

$$_5\mathrm{P}_4 = \underbrace{5 \times 4 \times 3 \times 2}_{4\text{개}} = 120$$

$$_5\mathrm{P}_3 = \underbrace{5 \times 4 \times 3}_{3\text{개}} = 60$$

$$_5\mathrm{P}_2 = \underbrace{5 \times 4}_{2\text{개}} = 20$$

$$_5\mathrm{P}_1 = \underbrace{5}_{1\text{개}} = 5$$

'5장에서 0장을 선택한 순열의 모든 가짓수'는 $_5\mathrm{P}_0$이지만 이것은 0이 아닌 1이라 정의합니다. 즉, $_5\mathrm{P}_0 = 1$이 됩니다.

앞 절에서 살펴본 '치환'의 모든 가짓수도 이 표기법을 이용하여 나타낼 수 있습니다. n개를 치환하는 모든 가짓수는 $_nP_n$이라고 표현할 수 있습니다. 따라서 치환은 사실 n개 중에 n개 모두를 선택하여 나열한 순열과 같습니다.

계승을 사용한 표현

순열은 계승 표기 방법을 사용하여 다음과 같이 나타내기도 합니다.

$$_nP_k = \frac{n!}{(n-k)!}$$

조금은 번거로운 표기이지만 분모의 $(n - k)!$을 이용하여 분자 $n!$의 **마지막 $n - k$개를 약분**하고 있네요. 다음 예를 보면 이러한 내용을 쉽게 알 수 있습니다.

$$\begin{aligned} _5P_3 &= \frac{5!}{(5-3)!} \\ &= \frac{5 \times 4 \times 3 \times \cancel{2} \times \cancel{1}}{\cancel{2} \times \cancel{1}} \\ &= 5 \times 4 \times 3 \end{aligned}$$

계승을 사용하여 표기하면 수식 중간에 ... 이라는 생략 표시를 사용하지 않아도 되므로 수식의 내용을 더 명확하게 표현할 수 있게 됩니다.

수형도: 성질을 파악할 수 있는가?

3장의 카드에서 3장을 선택한 순열은 같은 카드를 두 번 선택할 수 없으므로 2장째, 3장째에서 선택할 수 있는 카드는 점점 줄어들게 됩니다. 이러한 내용을 쉽게 이해할 수 있도록 **수형도**Tree Diagram를 그려 보도록 하겠습니다(그림 5-12).

| Chapter 05 | 순열과 조합: 세지 않기 위한 법칙

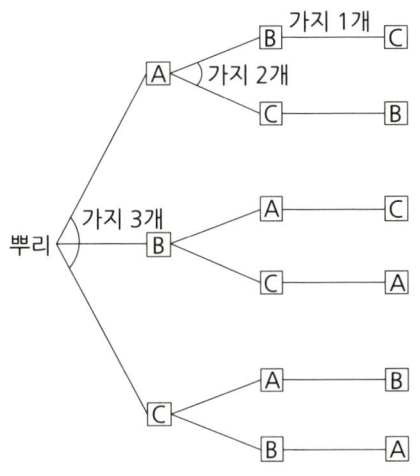

그림 5-12 3장의 카드에서 3장을 선택한 순열의 수형도

그림 5-12는 왼쪽 끝이 '뿌리'이고 오른쪽으로 '가지'가 뻗어나가는 나무라고 생각하기 바랍니다. 뿌리에서는 3개의 가지가 뻗어 있습니다. 이는 1장째 카드를 놓는 방법이 3가지임을 나타냅니다. 그 각각의 가지에 대해 가지가 2개씩 뻗어 있습니다. 이는 2장째 카드를 놓는 방법이 2가지임을 나타냅니다. 마지막 가지는 1개입니다. 이 그림으로부터 분리되는 가지의 수가 3 → 2 → 1로 점점 줄어듦을 알 수 있습니다.

그림 5-12의 수형도를 '3종류의 카드에서 중복을 허용하여 3장을 나열하는 방법'을 나타내는 수형도(그림 5-13)와 비교해 봅시다.

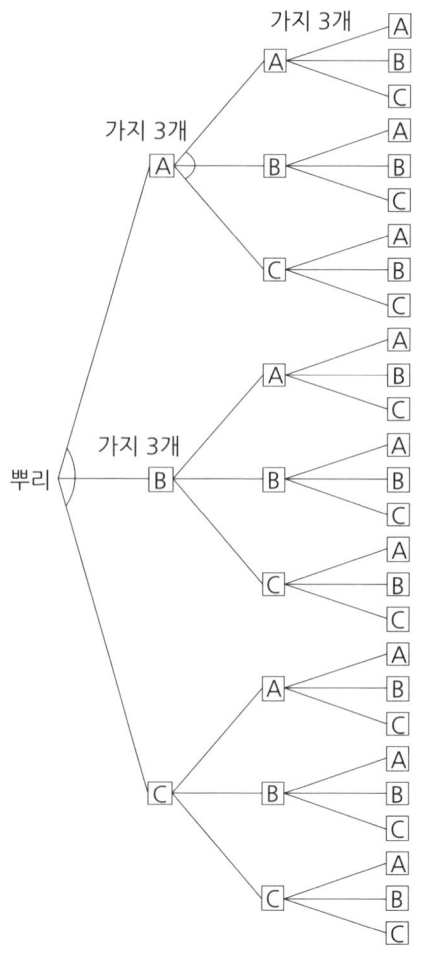

그림 5-13 3종류의 카드에서 중복을 허용하여 3장을 나열할 때의 수형도

이번에는 가지가 매번 3개씩 뻗어 있다는 것을 알 수 있습니다. 3장을 선택하는 점에서는 같아도 '3장에서 3장을 나열'할 때(그림 5-12)와 '3종류에서 중복을 허용하여 3장을 나열'할 때(그림 5-13)에는 성질의 차이 때문에 수형도가 달라지며 경우의 수도 달라집니다.

수형도는 '세고자 하는 물건의 성질을 파악하는 데' 많은 도움을 주는 도구라고 할 수 있습니다.

| Chapter 05 | 순열과 조합: 세지 않기 위한 법칙

조합

치환과 순열은 '순서를 생각하여 선택'하는 방법입니다. 이번에는 '순서를 생각하지 않고 선택'하는 방법인 조합에 대해 알아보도록 하겠습니다.

여러분은 지금 5장의 카드 A, B, C, D, E를 갖고 있습니다. 이 5장의 카드에서 순서를 생각하지 않고 3장을 선택한다고 합시다. 즉, 3장을 하나의 그룹으로 선택한다는 것입니다. 예를 들어, ABE라는 선택 방법과 BAE라는 선택 방법은 모두 같은 것으로 간주합니다. 이때 3장의 카드를 선택하는 방법에는 다음과 같이 모두 10가지가 있습니다.

$$
\boxed{A|B|C} \\
\boxed{A|B|D} \\
\boxed{A|B|E} \\
\boxed{A|C|D} \\
\boxed{A|C|E} \\
\boxed{A|D|E} \\
\boxed{B|C|D} \\
\boxed{B|C|E} \\
\boxed{B|D|E} \\
\boxed{C|D|E}
$$

그림 5-14 5장에서 3장의 카드를 선택하는 조합

이렇게 선택하는 것을 **조합**^{Combination}이라고 합니다. 치환이나 순열에서는 순서를 생각했지만, 조합에서는 순서를 생각하지 않습니다.

5장에서 3장을 선택한 조합의 모든 가짓수는 다음과 같이 생각하면 좋습니다.

- 먼저 순열과 마찬가지로 순서를 생각하며 셉니다.
- 중복해서 센 부분(중복도)으로 나눗셈을 합니다.

우선 순열일 때와 마찬가지로 순서를 생각하여 가짓수를 셉니다. 그러나 이는 조합으로서 올바르지는 않습니다. 예를 들어 순열에서는 ABC, ACB, BAC, BCA, CAB, CBA라는 6가지는 모두 다른 것으로 취급하지만, 조합에서는 이 6가지를 하나의 그룹으로서 취급합니다. 즉, 순열에서처럼 순서를 생각하여 선택하면 6배 중복해서 가짓수를 세는 것이 됩니다.

여기서 나온 6이라는 수(중복도)는 3장의 카드를 순서를 생각하여 나열한 모든 가짓수, 즉 3장을 치환할 때의 모든 가짓수($3 \times 2 \times 1$)입니다. 순서를 생각하는 바람에 중복된 부분이므로 순열의 모든 가짓수를 중복도 6으로 나누면 조합의 모든 가짓수를 얻을 수가 있습니다.

5장에서 3장을 선택한 조합의 모든 가짓수를 $_5C_3$이라고 표기합니다. C는 Combination의 약자입니다. 이를 실제로 계산하면 다음과 같이 됩니다.

$$
\begin{aligned}
&\text{5장에서 3장을 선택하는 모든 조합의 수} \\
&= {}_5C_3 \\
&= \frac{\text{5장에서 3장을 선택하는 모든 순열의 수}}{\text{3장을 치환하는 모든 가짓수}} \quad \begin{array}{l}\cdots\cdots \text{순서를 생각한 수} \\ \cdots\cdots \text{중복도}\end{array} \\
&= \frac{{}_5P_3}{{}_3P_3} \\
&= \frac{5 \times 4 \times 3}{3 \times 2 \times 1} \\
&= 10
\end{aligned}
$$

여기서 사용한 "먼저 순서를 생각하여 세고, 나중에 중복도로 나눈다."라는 방법은 조합의 모든 가짓수를 계산할 때 자주 사용하는 기법입니다.

일반화하기

카드의 장수를 일반화하여 n장의 카드에서 k장을 선택한다고 했을 때, 만들 수 있는 모든 조합의 수를 구해 보겠습니다.

우선, n장의 카드에서 순서를 생각하며 선택합니다. 그러나 이렇게 하면 k장을 치환한 모든 가짓수만큼 중복된 것이 되므로 이 중복도로 나눕니다.

$$\begin{aligned}
_nC_k &= \frac{n\text{장에서 } k\text{장을 선택하는 모든 순열의 수}}{k\text{장을 치환하는 모든 가짓수}} \\
&= \frac{_nP_k}{_kP_k} \\
&= \frac{\frac{n!}{(n-k)!}}{k!} \\
&= \frac{n!}{(n-k)!} \cdot \frac{1}{k!} \\
&= \frac{n!}{(n-k)!\,k!}
\end{aligned}$$

이렇게 n장에서 k장을 선택한 조합의 모든 가짓수는 다음과 같이 나타낼 수 있습니다.

$$_nC_k = \frac{n!}{(n-k)!\,k!}$$

그러나 구체적인 값을 구할 때는 다음과 같은 형태가 계산하기에는 더 편리합니다.

$$_nC_k = \frac{_nP_k}{_kP_k} = \frac{\overbrace{(n-0)\times(n-1)\times(n-2)\times\ldots\times(n-(k-1))}^{k\text{개}}}{\underbrace{(k-0)\times(k-1)\times(k-2)\times\ldots\times(k-(k-1))}_{k\text{개}}}$$

몇 가지 예를 들어 보겠습니다.

$$_5C_5 = \frac{5 \times 4 \times 3 \times 2 \times 1}{5 \times 4 \times 3 \times 2 \times 1} = 1$$

$$_5C_4 = \frac{5 \times 4 \times 3 \times 2}{4 \times 3 \times 2 \times 1} = 5$$

$$_5C_3 = \frac{5 \times 4 \times 3}{3 \times 2 \times 1} = 10$$

$$_5C_2 = \frac{5 \times 4}{2 \times 1} = 10$$

$$_5C_1 = \frac{5}{1} = 5$$

치환·순열·조합 사이의 관계

치환·순열·조합에 대해서는 설명했으므로 이제는 이들의 관계에 대해 정리해 보도록 하겠습니다. 3장의 카드 A, B, C의 치환은 그림 5-15와 같습니다. 이는 순서를 생각하며 3장의 카드를 나열한 것입니다.

$$_3P_3 = 6$$

| A B C | A C B | B A C | B C A | C A B | C B A |

그림 5-15 3장의 카드(A, B, C)의 치환

한편, 5장의 카드 A, B, C, D, E에서 3장을 고르는 조합은 그림 5-16과 같이 됩니다. 조합은 순서를 생각하지 않습니다. '순서를 고정하여 생각한다'고 말할 수도 있습니다. 그림 5-16에 나타낸 나열 방법에서는 반드시 A, B, C, D, E의 순서로 되어 있음을 알 수 있습니다.

| Chapter 05 | **순열과 조합**: 세지 않기 위한 법칙

$$_5C_3 = 10 \begin{cases} \boxed{A\,B\,C} \\ \boxed{A\,B\,D} \\ \boxed{A\,B\,E} \\ \boxed{A\,C\,D} \\ \boxed{A\,C\,E} \\ \boxed{A\,D\,E} \\ \boxed{B\,C\,D} \\ \boxed{B\,C\,E} \\ \boxed{B\,D\,E} \\ \boxed{C\,D\,E} \end{cases}$$

그림 5-16 5장의 카드(A, B, C, D, E)에서 3장을 선택하는 조합

그러면 여기서 앞서 살펴본 두 개의 그림을 합쳐 봅시다. 그러면 5장의 카드 A, B, C, D, E에서 3장을 선택한 순열이 만들어집니다(그림 5-17).

$$_5C_3 \times {_3P_3} = {_5P_3}$$

$$\overbrace{}^{_3P_3 = 6}$$

$$_5C_3 = 10 \begin{cases} \boxed{A\,B\,C}\ \boxed{A\,C\,B}\ \boxed{B\,A\,C}\ \boxed{B\,C\,A}\ \boxed{C\,A\,B}\ \boxed{C\,B\,A} \\ \boxed{A\,B\,D}\ \boxed{A\,D\,B}\ \boxed{B\,A\,D}\ \boxed{B\,D\,A}\ \boxed{D\,A\,B}\ \boxed{D\,B\,A} \\ \boxed{A\,B\,E}\ \boxed{A\,E\,B}\ \boxed{B\,A\,E}\ \boxed{B\,E\,A}\ \boxed{E\,A\,B}\ \boxed{E\,B\,A} \\ \boxed{A\,C\,D}\ \boxed{A\,D\,C}\ \boxed{C\,A\,D}\ \boxed{C\,D\,A}\ \boxed{D\,A\,C}\ \boxed{D\,C\,A} \\ \boxed{A\,C\,E}\ \boxed{A\,E\,C}\ \boxed{C\,A\,E}\ \boxed{C\,E\,A}\ \boxed{E\,A\,C}\ \boxed{E\,C\,A} \\ \boxed{A\,D\,E}\ \boxed{A\,E\,D}\ \boxed{D\,A\,E}\ \boxed{D\,E\,A}\ \boxed{E\,A\,D}\ \boxed{E\,D\,A} \\ \boxed{B\,C\,D}\ \boxed{B\,D\,C}\ \boxed{C\,B\,D}\ \boxed{C\,D\,B}\ \boxed{D\,B\,C}\ \boxed{D\,C\,B} \\ \boxed{B\,C\,E}\ \boxed{B\,E\,C}\ \boxed{C\,B\,E}\ \boxed{C\,E\,B}\ \boxed{E\,B\,C}\ \boxed{E\,C\,B} \\ \boxed{B\,D\,E}\ \boxed{B\,D\,E}\ \boxed{D\,B\,E}\ \boxed{D\,E\,B}\ \boxed{E\,B\,D}\ \boxed{E\,D\,B} \\ \boxed{C\,D\,E}\ \boxed{C\,E\,D}\ \boxed{D\,C\,E}\ \boxed{D\,E\,C}\ \boxed{E\,C\,D}\ \boxed{E\,D\,C} \end{cases}$$

그림 5-17 5장의 카드(A, B, C, D, E)에서 3장을 선택한 순열

치환과 조합으로부터 순열이 만들어지는 이유를 이해하겠나요? 치환은 '3장의 카드를 순서를 바꿔가며 나열하는 방법'을 나타냅니다. 이에 비해 조합은 '3장의 카드를 선택하는 방법'을 나타냅니다. 이 두 방법을 합치면 '3장의 카드를 선택하여 각각의 순서를 바꿔가며 나열하는 방법', 즉 순열을 나타내는 것이 됩니다. 그림 5-17을 보면 다음과 같은 관계를 분명히 확인할 수 있습니다.

[5장에서 3장을 선택한 조합] × [3장의 치환] = [5장에서 3장을 선택한 순열]

즉, 다음과 같습니다.

$$_5C_3 \times {}_3P_3 = {}_5P_3$$

이 관계는 앞서 $_5C_3$을 구할 때 사용한 $_5C_3 = \frac{_5P_3}{_3P_3}$과 같다는 것을 알 수 있습니다.

퀴즈로 연습하기

이 절에서는 수 세기 퀴즈를 몇 가지 풀어 보도록 하겠습니다. 어떤 퀴즈라도 그리 간단하지는 않습니다. 법칙을 기계적으로 적용하는 것이 아니라 세고자 하는 것의 성질을 파악하는 것이 무엇보다 중요합니다.

중복 조합

알약 형태의 약품을 조합하여 새로운 약을 만든다고 합시다. 약품에는 A, B, C의 세 종류가 있으며 새로운 약의 조제 규칙은 다음과 같습니다.

- A, B, C 세 종류 중에서 합쳐서 100알을 조합합니다.
- 반드시 A, B, C 약품을 각각 한 알 이상 조합해야만 합니다.
- 약품의 조합 순서는 생각하지 않습니다.
- 같은 약품이라면 각 알끼리의 구분은 없습니다.

이때 새로운 약을 만드는 조합은 몇 가지가 있을까요?

Hint 1 이것은 중복 조합이라 불리는 문제입니다.

같은 약품을 여러 알 섞어도 상관없습니다(중복을 허용). 그러나 같은 약품끼리는 구분이 없으며 섞는 순서도 생각하지 않습니다(조합).

100알을 섞어야만 하므로 어떤 약품을 많이 넣으면 어떤 약품은 그만큼 적은 수를 넣게 됩니다. 세 종류의 숫자 관계를 어떻게 표현하고 어떻게 셀 것인가가 포인트입니다. 약품 세 종류의 순서를 묻지 않으므로 순서를 고정해 버리면 쉬워집니다.

Hint 2 문제의 크기를 줄인 다음 힌트를 생각해 보겠습니다. 약품 A, B, C의 세 종류로 조합하는 것이 100알이 아니라 5알이라고 해 봅시다.

그림 5-18과 같이 약을 놓은 접시를 5매 준비하고, 접시 사이에 칸 나누기를 두 개 놓도록 하겠습니다.

그리고 왼쪽 끝 접시부터 첫 번째 칸 나누기까지에는 약품 A를 놓고, 두 번째의 칸 나누기까지의 접시에는 약품 B를 놓은 다음, 나머지 접시에 약품 C를 놓는다고 정하도록 합시다(여기서 A, B, C의 순서는 고정되어 있습니다). 이 약속은 문제에 표시된 규칙과 일치하므로 칸 나누기 방법과 약품의 조제법은 1 대 1로 대응합니다.

두 개의 칸 나누기를 놓을 수 있는 곳은 접시 사이인 4곳입니다. 즉, 4곳 중 2곳에 칸 나누기를 놓을 곳을 정하는 조합을 구하면 됩니다. 따라서 5알을 조합하는 중복 조합의 모든 가짓수는 $_4C_2$가 됩니다.

자, 그럼 100알일 때는 어떻게 될까요?

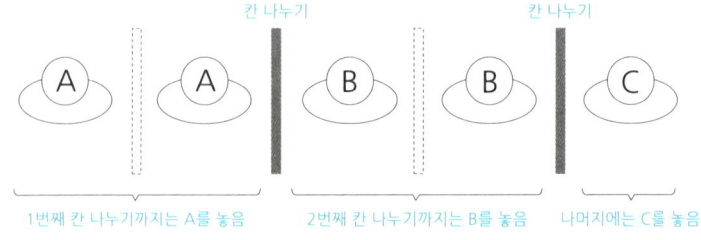

그림 5-18 세 종류의 약품 5알을 조합하기

퀴즈를 'n알을 k종류의 약품에서 선택함'이라고 일반화하고 힌트 2에 설명한 사고방식과 같이 '칸 나누기'를 사용합니다. 그러면 접시의 수는 n매, 칸 나누기할 곳은 n-1곳, 칸 나누기의 수는 k-1개가 되므로 구하고자 하는 조제법의 모든 가짓수는 $_{n-1}C_{k-1}$이 됩니다.

따라서 100알을 세 종류의 약품으로부터 선택하는 방법의 모든 가짓수는 n = 100, k = 3으로 하여 다음과 같습니다.

$$\begin{aligned} _{n-1}C_{k-1} &= {}_{100-1}C_{3-1} \\ &= {}_{99}C_2 \\ &= \frac{99 \times 98}{2 \times 1} \\ &= 4851 \end{aligned}$$

구하고자 하는 가짓수는 모두 4,851가지입니다.

논리도 사용하자

트럼프 카드가 5장 있는데, 조커 2장과 J, Q, K 각각 1장씩으로 구성되어 있습니다. 이 5장의 카드를 가로로 나열했을 때 왼쪽 끝이나 오른쪽 끝 중 **적어도 한쪽이 조커가 되는** 나열 방법은 몇 가지일까요? 단, 조커 2장은 서로 구별하지 않습니다.

그림 5-19 트럼프 카드 구성

Hint '적어도 한쪽이 조커'라는 조건과 '조커 2장은 서로 구별하지 않는다'라는 조건을 어떻게 다룰 것인가가 관건입니다.

'적어도 한쪽이 조커'라는 조건에는 양쪽이 모두 조커일 때도 포함되므로 이를 잊지 말기 바랍니다. 또한, '조커 2장은 서로 구별하지 않음'이라는 조건은 $_nC_k$를 구할 때 사용했던 '우선 구별한 다음 중복도로 나눔'이라는 사고방식을 적용하면 될 것이라는 것을 의미합니다.

우선 조커를 구별하여 센 다음 나중에 조커의 중복도로 나누는 방법을 적용해 보겠습니다.

2장의 조커를 X_1, X_2라고 하겠습니다. X_1, X_2, J, Q, K의 5장을 나열하여 왼쪽 끝과 오른쪽 끝 중 적어도 한 곳이 조커일 때를 셉니다.

[1] 왼쪽 끝이 조커일 때

왼쪽 끝에 조커를 놓는다면 왼쪽 끝의 선택 방법은 X_1, X_2의 두 가지가 됩니다. 그 각각에 대해 남은 4장은 자유롭게 놓을 수 있습니다. 따라서, 왼쪽 끝이 조커일 때의 가짓수는 곱셈 법칙을 사용하여 다음과 같이 구할 수 있습니다.

$$\text{왼쪽 끝의 조커 선택 방법} \times \text{남은 4장의 치환} = 2 \times {_4P_4}$$
$$= 2 \times 4!$$
$$= 48$$

따라서 모두 48가지입니다. 단, 이 경우의 수에는 '양끝이 모두 조커일 때'도 포함되어 있습니다.

[2] 오른쪽 끝이 조커일 때

오른쪽과 왼쪽이 바뀐 것뿐이므로 [1]과 마찬가지로 48가지가 됩니다.

[3] 양끝이 모두 조커일 때

양끝에 모두 조커를 놓으면 양끝의 선택 방법은 조커 2장의 치환이므로 $_2P_2$가지가 됩니다. 그 각각에 대해 남은 3장을 자유롭게 놓을 수 있습니다. 그러므로 양끝이 조커일 때의 경우의 수는 다음과 같습니다.

$$\text{양끝의 조커 선택 방법} \times \text{남은 3장의 치환} = {_2P_2} \times {_3P_3}$$
$$= 2! \times 3!$$
$$= 12$$

그러므로 12가지가 됩니다.

이렇게 하여 [1] + [2] − [3]을 계산하면 '적어도 한쪽 끝이 조커가 되는 순열'을 구할 수 있습니다(포함과 배제의 원리). 이것을 조커의 중복도로 나누면 '적어도 한쪽 끝이 조커가 되는 조합'을 구할 수 있습니다.

조커는 2장이므로 중복도는 2입니다($_2P_2 = 2$). 따라서 계산해 보면 다음과 같이 42가지가 됩니다.

$$\frac{[1]\text{왼쪽 끝이 조커} + [2]\text{오른쪽 끝이 조커} - [3]\text{양끝이 조커}}{\text{조커의 중복도}} = \frac{48 + 48 - 12}{2} = 42$$

논리를 사용한 풀이

그런데 논리를 사용하면 훨씬 더 간단하게 계산할 수 있습니다.

'적어도 한쪽이 조커가 된다'라는 것은 '양끝 모두 조커가 아니다'라는 것의 부정입니다. 그렇다는 것은 '모든 나열 방법의 가짓수'에서 '양끝 모두 조커가 아닌 나열 방법의 가짓수'를 빼면 구하고자 하는 답을 얻을 수 있습니다. 이는 벤 다이어그램을 그려 보면 쉽게 알 수 있습니다.

| Chapter 05 | **순열과 조합**: 세지 않기 위한 법칙

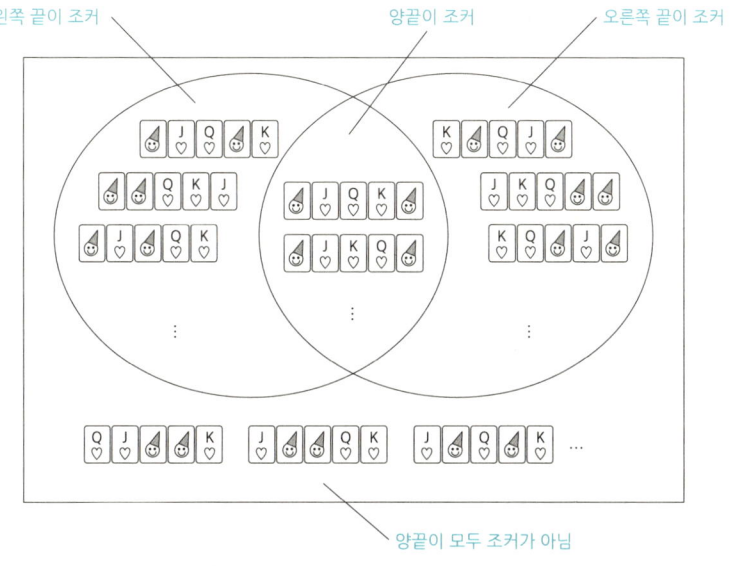

그림 5-20 벤 다이어그램을 그려 답 구하기 (1)

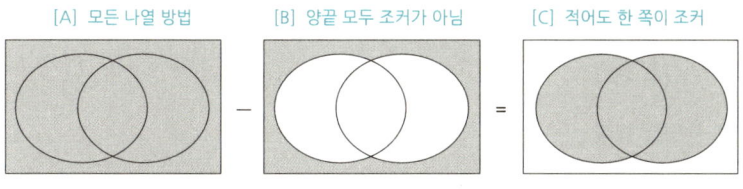

그림 5-21 벤 다이어그램을 그려 답 구하기 (2)

[A] 모든 나열 방법

일단 5장을 모두 구별하여 치환을 구하고 조커의 중복도 2로 나누면 모든 나열 방법의 수를 얻을 수 있습니다.

$$\frac{_5P_5}{2} = \frac{5!}{2} = 5 \times 4 \times 3 = 60$$

[B] 양끝 모두 조커가 아닌 나열 방법

먼저, 양끝을 선택하는 가짓수는 J, Q, K 3장에서 2장을 선택한 순열 $_3P_2$입니다. 그 각각에 대해 남은 3장에는 $_3P_3$ 가지 나열 방법이 있습니다. 그리고 마지막으로 이를 조커의 중복도 2로 나눕니다.

$$\frac{_3P_2 \times _3P_3}{2} = \frac{(3 \times 2) \times (3 \times 2 \times 1)}{2} = 18$$

따라서 적어도 한쪽이 조커가 되는 나열 방법의 가짓수는 다음과 같은 식으로 구하여 42가지가 됩니다.

[A] 모든 나열 방법 - [B] 양끝 모두 조커가 아닌 나열 방법 = 60 - 18 = 42

이 장에서 배운 내용

이 장에서는 다음과 같은 수를 세는 법칙을 배웠습니다.

- 나무 세기
- 치환
- 덧셈 법칙
- 순열
- 곱셈 법칙
- 조합

이들은 기본적인 법칙이지만 통째로 외우는 것은 그다지 의미가 없습니다. 중요한 점은 이들 법칙의 의미를 스스로 머리로 이해하는 것입니다. '누락'이나 '중복'을 없애려면 단순히 주의 깊게 세기만 하는 것이 아니라, 세고자 하는 것의 성질을 파악하는 것이 가장 중요합니다.

아무리 주의 깊게 세려고 해도 수가 커지면 사람은 실수하기 쉽습니다. 틀리지 않고 세려면 수를 세는 법칙을 적절히 이용할 필요가 있습니다. 말하자면 수를 세는 법칙은 **세지 않고 답을 구하는 법칙**입니다.

다음 장에서는 파악한 성질을 어떻게 표현하는지에 주목하여 '자신을 사용하여 자기 자신을 표현'하는 신기한 '재귀'에 대해 살펴보겠습니다.

| Chapter 05 | 순열과 조합: 세지 않기 위한 법칙

 ## 끝내는 대화

학생	"n이나 k 등이 나오면 왠지 어려워 보여요."
선생님	"우선은 5나 3 등 작은 수로 연습하는 것이 좋습니다."
학생	"그렇게 하면 수가 커졌을 때 올바른 결과인지가 불안해서..."
선생님	"그러니까 n이나 k를 이용하여 일반화하는 것이랍니다."

| Chapter 06 |

재귀

자신으로 자신을 정의

시작하는 대화

학생   "GNU는 무엇의 약자입니까?"

선생님   "GNU는 'GNU is Not UNIX'의 약자랍니다."

학생   "예? 그렇다면 처음 GNU는 무엇의 약자죠?"

선생님   "그것도 역시 'GNU is Not UNIX'의 약자입니다. 즉, ''GNU is Not UNIX' is Not UNIX'라는 것이죠."

학생   "그러니까 그 맨 처음의 GNU는 무엇의 약자인지…"

선생님   "그것도 역시 'GNU is Not UNIX'의 약자입니다. '''GNU is Not UNIX' is Not UNIX' is Not UNIX'"

학생   "아무리 해도 끝나지 않을 것 같네요…"

선생님   "GNU에 모든 것이 포함되어 있답니다."

이 장에서 배울 내용

    이 장에서는 재귀에 대해 생각해 보겠습니다. 재귀는 "자기 자신을 사용하여 자신을 정의한다."라는 신기한 사고방식입니다. 수학에서도 프로그래밍에서도 재귀는 자주 등장하는 주제 중 하나입니다.

    우선 하노이의 탑이라는 퍼즐을 통해 재귀란 무엇인지를 이해해 보도록 합시다. 그런 다음, 계승과 피보나치 수열, 파스칼의 삼각형을 예로 들어 재귀와 점화식을 배워 보겠습니다. 마지막으로 재귀적인 그림을 재귀적으로 표현하는 프랙털 도형을 소개하도록 하겠습니다. 이 장에서 복잡한 문제 안에서 재귀적인 구조를 발견하는 연습을 해 보도록 합시다.

하노이의 탑

'하노이의 탑'은 1883년 뤼카$^{Edouard\ Lucas,\ 1842-1891}$가 만든 퍼즐입니다. 무척 유명한 퍼즐이므로 아마 들어본 적이 있을 것입니다.

3개의 가는 기둥(A, B, C)이 서 있습니다. 기둥 A에는 구멍이 뚫린 원반 6장이 쌓여 있습니다. 6장의 원반은 크기가 모두 다르고 아래에서부터 점점 작아집니다.

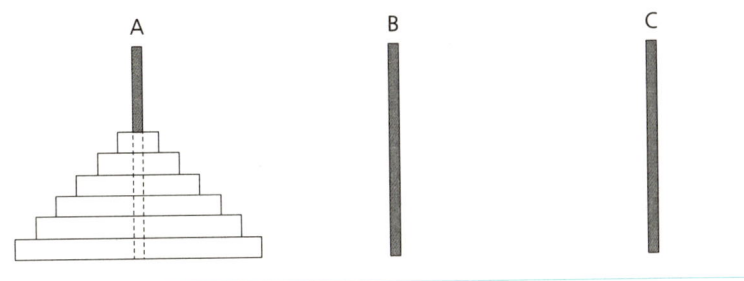

그림 6-1 하노이의 탑

지금부터 기둥 A에 쌓여 있는 6장의 원반을 모두 기둥 B로 옮깁니다. 단, 원반을 옮길 때에는 반드시 다음과 같은 규칙을 지켜야만 합니다.

- 한 번에 움직일 수 있는 원반은 기둥 가장 위에 놓인 원반 하나뿐이다.
- 어떤 원반 위에 그보다 더 큰 원반을 쌓을 수는 없다.

1장의 원반을 어떤 기둥에서 다른 기둥으로 옮기는 이동 횟수 1번을 '1수'라고 센다고 하면 6장의 원반을 모두 A에서 B로 옮기려면 최소 몇 수가 필요할까요?

힌트: 작은 하노이의 탑을 풀면서 생각해 보자

처음부터 6장의 원반을 모두 풀려고 하면 머리가 좀 아플 것이므로 우선 문제의 크기를 줄여서 3장의 원반을 대상으로 생각해 보도록 합시다. 즉, 6장의 원반을 이동하는 '6 하노이' 대신 '3 하노이'를 살펴보는 것입니다(그림 6-2).

프로그래머, 수학으로 생각하라

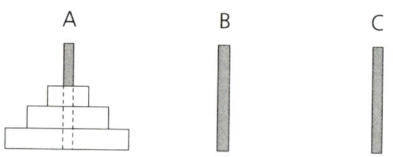

그림 6-2 3 하노이 (원반이 3개인 하노이의 탑)

실제 여러 가지로 시험해 보면 **그림 6-3**과 같은 순서로 풀 수 있음을 알 수 있습니다. 이 순서에는 7수가 필요합니다.

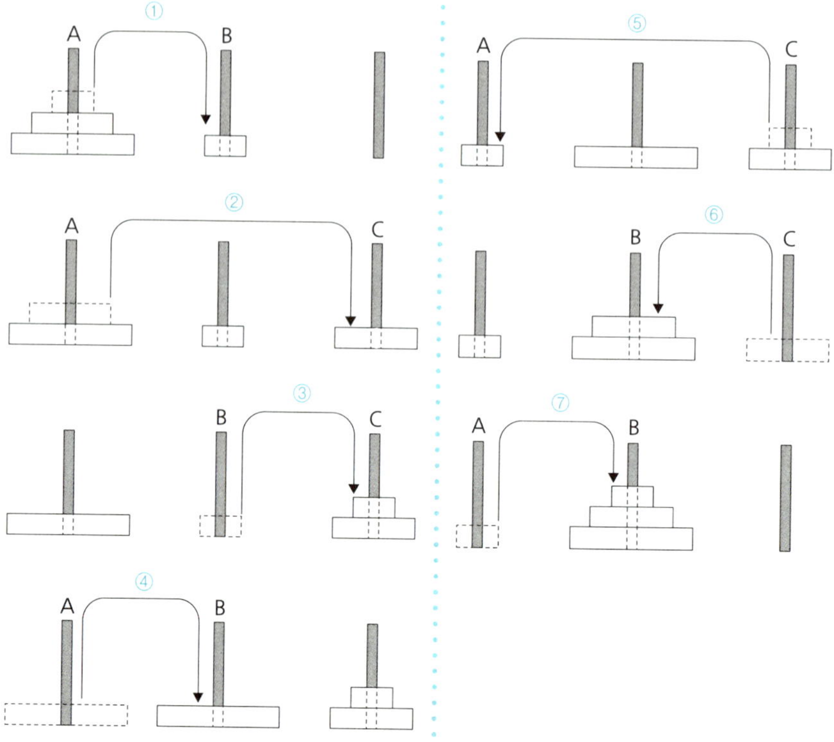

그림 6-3 3 하노이를 푸는 방법 (7수)

'3 하노이'를 푸는 방법을 잘 살펴보면 '6 하노이'를 푸는 방법을 알 수 있을까요? 아직 잘 모르겠다면 '4 하노이'나 '5 하노이'도 함께 생각해 보기 바랍니다.

| Chapter 06 | 재귀: 자신으로 자신을 정의

원반을 이곳저곳으로 이동하며 시험해 보면 여러분은 분명히 '비슷한 동작을 반복하는 것 같은데?'라고 느끼게 될 겁니다. 이는 우리가 가진 아주 중요한 감각으로, **패턴을 발견하는 능력**을 이용하는 것입니다.

예를 들어 **그림 6-4**의 ①, ②, ③과 ⑤, ⑥, ⑦을 비교해 보기 바랍니다.

- ①, ②, ③에서는 3수 동안 2장의 원반을 기둥 A에서 기둥 C로 옮깁니다.
- ⑤, ⑥, ⑦에서는 3수 동안 2장의 원반을 기둥 C에서 기둥 B로 옮깁니다.

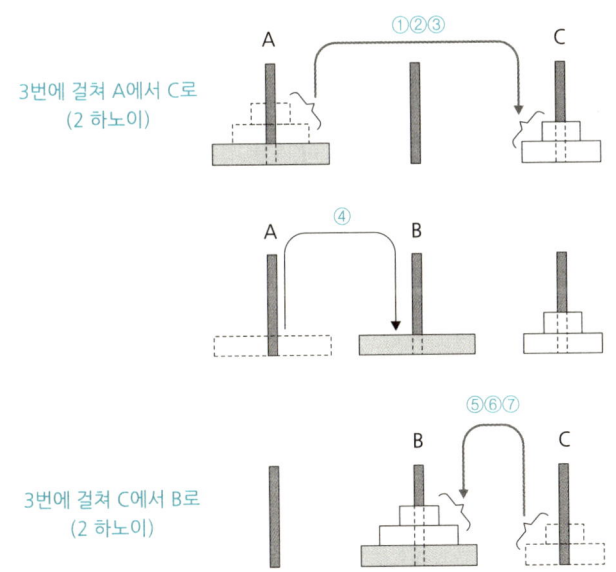

그림 6-4 2장의 원반을 이동한다는 패턴을 발견

기둥은 달라도 이 두 가지의 조작은 아주 닮았습니다. 게다가 여기서 수행한 '두 장의 원반 옮기기'라는 것이 '2 하노이'라는 것을 알 수 있습니다. 여기까지가 힌트입니다. 이를 이용하여 '6 하노이'를 몇 수만에 풀 수 있는지를 구할 수 있나요?

퀴즈의 답

'6 하노이'는 다음과 같은 순서로 풀 수 있습니다.

(1) 우선, 5장의 원반을 기둥 A에서 기둥 C로 옮긴다(5 하노이 풀기).

(2) 다음으로 (6장 중) 가장 큰 원반을 기둥 A에서 B로 옮긴다.

(3) 마지막으로 5장의 원반을 C에서 B로 옮긴다(5 하노이 풀기).

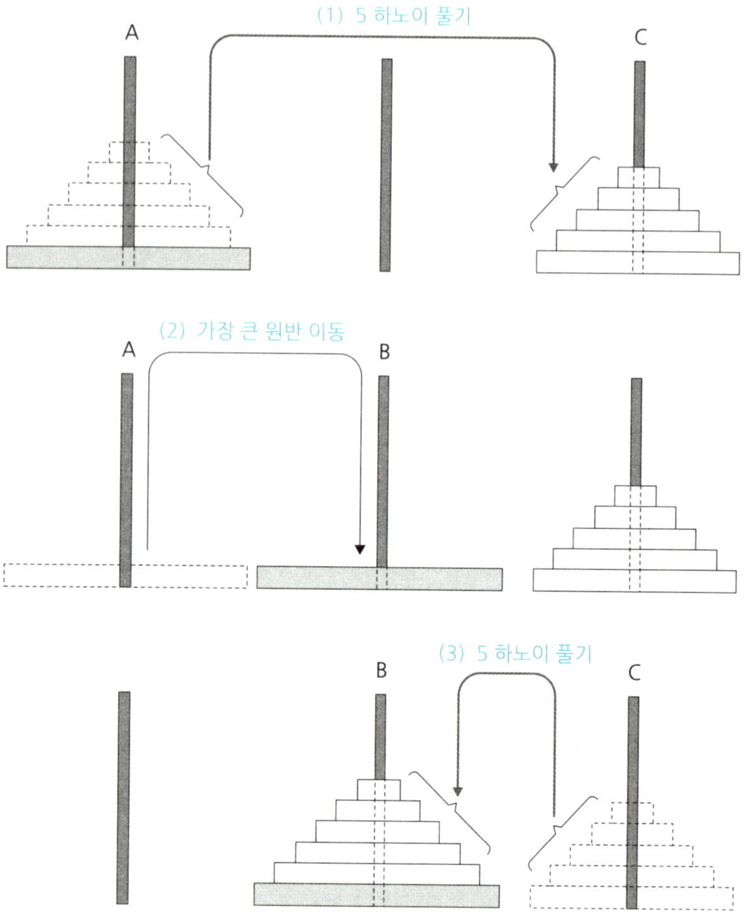

그림 6-5 하노이의 탑을 푸는 방법

(1)과 (3)에서 수행한 것은 '5 하노이'를 푸는 것과 마찬가지입니다. '6 하노이'를 풀고자 '5 하노이'를 이용했으므로 '5 하노이'를 풀 수 있다면 '6 하노이'를 풀 수 있다는 것을 알 수 있습니다. 또한, 이 순서가 가장 수가 적은 방법이기도 합니다. 왜냐하면, 가장 큰 원반을 기둥 A에서 B로 옮기려면 위의 5장의 원반을 일단 모두 기둥 C로 옮겨야만 하기 때문입니다.

'5 하노이'도 마찬가지 방식으로 풀 수 있습니다. 예를 들어 5장의 원반을 기둥 A에서 기둥 B로 옮기려면 다음과 같은 순서를 따르면 됩니다.

(1) 우선, 4장의 원반을 기둥 A에서 기둥 C로 옮긴다(4 하노이 풀기).

(2) 다음으로 (5장 중) 가장 큰 원반을 기둥 A에서 B로 옮긴다.

(3) 마지막으로 4장의 원반을 C에서 B로 옮긴다(4 하노이 풀기).

'4 하노이', '3 하노이' 등도 마찬가지로 풀 수 있습니다. '1 하노이'는 원반을 옮기기만 하면 됩니다.

지금까지 살펴본 내용을 일반화하여 'n 하노이'를 푸는 방법을 표현해 보도록 하겠습니다.

다음에서는 기둥을 A, B, C가 아닌 x, y, z라는 가상의 이름을 붙여 생각해 보도록 합니다. x, y, z가 각각 구체적으로 A, B, C 어느 기둥에 해당하는가는 상황에 따라 달라지기 때문입니다. x가 출발점 기둥, y가 목적지 기둥, z가 경유 지점이 되는 기둥입니다.

'n 하노이 풀기'의 순서, 즉 'n장의 원반을 기둥 x에서 기둥 y로 기둥 z를 이용하여 옮기는' 순서는 다음과 같이 표현할 수 있습니다.

n장의 원반을 기둥 x에서 기둥 y로 기둥 z를 이용하여 옮기려면(n 하노이 풀기)

n = 0일 때
- 아무것도 하지 않아도 됨

$n > 0$일 때
- 우선, $n - 1$장의 원반을 기둥 x에서 기둥 z로 기둥 y를 이용하여 옮긴다($n - 1$ 하노이 풀기).

- 다음으로, 1장의 원반을 기둥 x에서 y로 옮긴다.
- 마지막으로 $n - 1$장의 원반을 기둥 z에서 기둥 y로 기둥 x를 이용하여 옮긴다($n - 1$ 하노이 풀기).

이 순서에서는 n 하노이를 풀고자 '$n - 1$ 하노이'를 이용하고 있음을 알 수 있습니다. 그렇다면 다음에서는 'n 하노이'를 푸는 데 필요한 최소 수를 다음과 같이 나타낸다고 합시다.

$$H(n)$$

예를 들어 0장의 원반을 옮기는 수는 0이므로 다음과 같습니다.

$$H(0) = 0$$

또한, 1장의 원반을 옮기는 수는 1이므로 다음과 같습니다.

$$H(1) = 1$$

n 하노이를 푸는 순서를 이용하여 옮기는 수 $H(n)$에 대해 다음과 같은 식을 세울 수 있습니다.

$$H(n) = \begin{cases} 0 & (n=0 \text{일 때}) \\ H(n-1) + 1 + H(n-1) & (n=1, 2, 3, \ldots \text{일 때}) \end{cases}$$

$n = 1, 2, 3, \ldots$ 일 때의 식은 다음과 같이 생각하면 이해하기 쉽습니다.

$$\underbrace{H(n)}_{n \text{ 하노이를 푸는 횟수}} = \underbrace{H(n-1)}_{n-1 \text{ 하노이를 푸는 횟수}} + \underbrace{1}_{\text{가장 큰 원반을 움직인 횟수}} + \underbrace{H(n-1)}_{n-1 \text{ 하노이를 푸는 횟수}}$$

이렇게 $H(n)$과 $H(n-1)$의 관계식을 **점화식**Recursive Relation, Recurrence이라고 합니다.

$H(0)$은 알고 있고 $H(n-1)$에서 $H(n)$을 만드는 방법도 알고 있으므로, 순서대로 계산하면 '6 하노이에 필요한 옮기는 수' 즉, $H(6) = 63$을 구할 수 있습니다.

$$
\begin{aligned}
H(0) &= 0 & &= 0 \\
H(1) &= H(0) + 1 + H(0) = 0 + 1 + 0 & &= 1 \\
H(2) &= H(1) + 1 + H(1) = 1 + 1 + 1 & &= 3 \\
H(3) &= H(2) + 1 + H(2) = 3 + 1 + 3 & &= 7 \\
H(4) &= H(3) + 1 + H(3) = 7 + 1 + 7 & &= 15 \\
H(5) &= H(4) + 1 + H(4) = 15 + 1 + 15 & &= 31 \\
H(6) &= H(5) + 1 + H(5) = 31 + 1 + 31 & &= 63
\end{aligned}
$$

닫힌 식 구하기

그런데 앞의 $H(0), H(1), \ldots, H(6)$의 결과로부터 일반화한 $H(n)$을 예상할 수 있을까요? 즉, n만을 사용하여 $H(n)$을 표현할 수 있을까요?

요컨대 다음과 같은 수열의 패턴을 생성하는 식을 발견할 수 있어야 합니다.

0, 1, 3, 7, 15, 31, 63, …

감이 좋은 분이라면 이 수열이 다음과 같은 형태를 띠고 있음을 눈치챌 수 있을 것입니다.

$$
\begin{aligned}
0 &= 1 - 1, \\
1 &= 2 - 1, \\
3 &= 4 - 1, \\
7 &= 8 - 1, \\
15 &= 16 - 1, \\
31 &= 32 - 1, \\
63 &= 64 - 1,
\end{aligned}
$$

이러한 예상으로부터 다음과 같은 식으로 이를 표현할 수 있습니다.

$$H(n) = 2^n - 1$$

이렇게 $H(n)$을 n만으로 표현하는 것을 $H(n)$의 **닫힌 식**Closed-form Expression 또는 일반항이라고 합니다. 이 닫힌 식이 옳다는 것은 수학적 귀납법을 이용해서 증명할 수도 있습니다.

하노이의 탑을 푸는 프로그램

앞서 살펴본 'n 하노이 풀기' 순서는 대부분 프로그램과 같은 형태로 되어 있습니다. 지금까지 잘 정리해 왔다면 하노이의 탑을 푸는 순서를 C 언어로 프로그래밍하는 것도 그리 어렵지 않을 것입니다.

● 예제 6-1 하노이의 탑을 푸는 순서를 나타내는 프로그램

```c
#include <stdio.h>
#include <stdlib.h>

void hanoi(int n, char x, char y, char z);

void hanoi(int n, char x, char y, char z)
{
   if ( n == 0 )
   {
      /* 아무것도 하지않음 */
   } else {
      hanoi( n - 1, x, z, y );
      printf("%c->%c, ", x, y );
      hanoi( n - 1, z, y, x );
   }
}

int main(void)
{
   hanoi(6, 'A', 'B', 'C');
   return EXIT_SUCCESS;
}
```

이 프로그램은 '6 하노이'를 푸는 순서를 다음과 같이 표시합니다.

```
A->C, A->B, C->B, A->C, B->A, B->C, A->C, A->B,
C->B, C->A, B->A, C->B, A->C, A->B, C->B, A->C,
B->A, B->C, A->C, B->A, C->B, C->A, B->A, B->C,
A->C, A->B, C->B, A->C, B->A, B->C, A->C, A->B,
C->B, C->A, B->A, C->B, A->C, A->B, C->B, C->A,
B->A, B->C, A->C, B->A, C->B, C->A, B->A, C->B,
A->C, A->B, C->B, A->C, B->A, B->C, A->C, A->B,
C->B, C->A, B->A, C->B, A->C, A->B, C->B,
```

세어 보면 분명히 63수임을 알 수 있습니다.

재귀적인 구조를 발견하자

여기서 하노이 탑과 관련하여 지금까지 살펴본 내용을 다시 한번 되돌아봅시다. 우리가 '6 하노이'를 풀 때, 우선 원반이 3장일 때라는 작은 크기로 실험하여 '3 하노이'를 풀었습니다. 그리고 더 일반적인 해결법을 발견하고자 다음과 같은 기법을 사용했습니다.

재귀를 사용한 표현   'n 하노이'를 '$n-1$ 하노이'를 이용하여 푸는 순서를 발견해낸다.
점화식   'n 하노이'의 횟수를 '$n-1$ 하노이'의 횟수를 이용하여 표현한다.

요컨대 다음과 같은 관점에서 생각했던 것입니다.

n 하노이를 $n-1$ 하노이를 이용하여 표현

자, 다음은 매우 중요한 부분이므로 확실하게 읽고 이해하기 바랍니다.

어려운 문제를 만났다고 합시다. 작은 규모라면 풀 수 있지만, 규모가 너무 커지면 풀 수 없던 때가 자주 있었을 것입니다. 이럴 때는 하노이의 탑을 떠올리며 다음과 같이 생각해 보기 바랍니다.

"한 단계 작은 문제를 이용하여 큰 문제를 표현할 수는 없을까?"

이것이 바로 재귀의 사고방식입니다. 하노이의 탑이라고 하면 n 하노이를 $n-1$ 하노이를 사용하여 표현한다는 것입니다. 즉, **문제 안에서 재귀적인 구조를 발견하자는 것**입니다. 주어진 문제는 아직 해결되지 않았지만, 한 단계 작은 문제를 발견하여 이것을 '이미 푼 문제'로써 사용하는 것입니다.

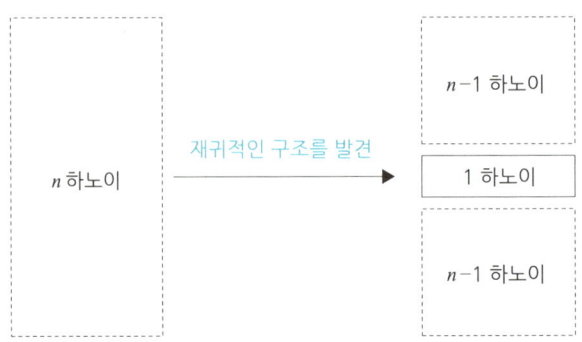

만약 이러한 재귀적인 구조를 발견한다면 이번에는 **재귀적인 구조를 기준으로 하여 점화식을 세워 봅시다**.

재귀적인 구조를 발견해내 이를 점화식으로까지 만들 수 있다면 이는 커다란 진전입니다. 닫힌 식을 얻을 수 있다면 편리하지만, 점화식을 만들 수 있다는 것만으로도 커다란 수확입니다. 이는 구체적인 수에 관한 답을 얻을 수 있는 단서가 되며, 또한 문제의 성질을 깊게 파악하는 데에도 연결되기 때문입니다.

하노이의 탑은 이 정도로 하고 '재귀적인 구조를 발견하기'라는 것을 염두에 두면서 다음 주제로 나가 보도록 하겠습니다.

두 번째 계승

5장에서 경우의 수를 배울 때 계승을 주제로 설명했습니다. 여기서는 계승의 재귀적 정의에 대해 생각해 보고자 합니다.

계승의 재귀적 정의

앞에서는 n의 계승 $n!$을 다음과 같은 식으로 나타냈습니다.

$$n! = n \times (n-1) \times (n-2) \times \cdots \times 2 \times 1$$

그러나 이와 같은 표현으로는 '0의 계승'의 의미를 명확하게 나타낼 수 없습니다. 그래서 별도로 $0! = 1$이라 정의했던 것입니다.

이 장에서는 다음과 같이 계승을 재귀적으로 정의해 보도록 하겠습니다. 이를 계승의 점화식이라고 불러도 좋을 것입니다. 이렇게 정의하면 $0!$의 값도 명확하게 나타낼 수 있고, 앞선 식에서 중간 생략을 의미하는 …라는 부호도 없앨 수 있습니다.

$$n! = \begin{cases} 1 & (n=0 \text{일 때}) \\ n \times (n-1)! & (n=1, 2, 3, \ldots \text{일 때}) \end{cases}$$

이를 재귀적인 정의라고 부르는 이유는 '계승 $n!$을 계승 $(n-1)!$을 사용하여 정의'하기 때문입니다. 정의 안에 표현된 다음과 같은 재귀적인 구조가 보이나요?

$$\boxed{n!} \xrightarrow{\text{재귀적인 구조를 발견}} \boxed{n} \times \boxed{(n-1)!}$$

계승 자체를 사용하여 정의한다고 해도 끝없는 순환에 빠지는 것은 아닙니다. 0 이상의 어떤 정수 n에 대해서도 $n!$을 정의할 수 있다는 것은 확실합니다. 왜냐하면, $n!$을 정의하는 데 1단계 낮은 $(n-1)!$을 이용하고 있기 때문입니다.

예를 들어 계승의 재귀적 정의를 사용하여 3!을 생각해 보도록 합시다. 정의를 이용하면 다음과 같이 됨을 알 수 있습니다.

$$3! = 3 \times 2!$$

우변의 2!을 재귀적 정의에 따라 전개하면 다음과 같습니다.

$$2! = 2 \times 1!$$

이에 더해 1!을 재귀적 정의로 전개하면 다음과 같습니다.

$$1! = 1 \times 0!$$

그리고 마지막 '$n = 0$일 때'에 따라 다음과 같습니다.

$$0! = 1$$

이상과 같은 결과를 전부 합치면 다음과 같습니다.

$$3! = 3 \times 2 \times 1 \times \underbrace{\underbrace{\underbrace{1}_{0!을\ 펼친\ 결과}}_{1!을\ 펼친\ 결과}}_{2!을\ 펼친\ 결과}$$

지금까지 살펴본 바에 따라 $0! = 1$이라는 정의가 타당한 것을 알 수 있을 것입니다. 왜냐하면, 0!이 1이 아니라면 앞서 살펴본 재귀적 정의가 제대로 만들어지지 않기 때문입니다.

그런데 계승의 재귀적 정의가 4장에서 배운 수학적 귀납법과 닮지 않았나요? $n = 0$일 때가 수학적 귀납법의 단계 1(기저)에 해당하고 $n \geq 1$일 때가 단계 2(귀납)에 해당합니다. 도미노 쓰러뜨리기로 말하자면 '0!을 제대로 정의할 것'은 '맨 처음

| Chapter 06 | 재귀: 자신으로 자신을 정의

의 도미노를 반드시 쓰러뜨릴 것'에 해당한다고 할 수 있습니다.

덧셈의 정의

n을 0 이상의 정수라고 할 때, 0에서 n까지 정수의 합을 재귀적으로 정의해 보세요.

0에서 n까지 정수의 합을 $S(n)$이라고 한다면 $S(n)$은 다음과 같이 귀납적으로 정의할 수 있습니다.

$$S(n) = \begin{cases} 0 & (n=0 \text{일 때}) \\ n + S(n-1) & (n=1, 2, 3, \ldots \text{일 때}) \end{cases}$$

$S(n)$의 닫힌 식은 앞서 가우스 소년의 아이디어와 함께 다루어 보았습니다.

$$S(n) = \frac{n \times (n+1)}{2}$$

재귀와 귀납*

앞 절에서는 계승의 재귀적 정의가 수학적 귀납법과 닮았다고 했습니다. 실제로 재귀^{Recursion}와 귀납^{Induction}은 모두 **"큰 문제를 같은 형태의 작은 문제로 만든다."**라는 점에서 본질적으로 같습니다. 예를 들어 앞에서 수학적 귀납법의 증명을 C 프로그램(예제 4-1)으로 표현했지만, 함수 prove( )를 재귀적으로 사용하여 예제 6-2처럼 표현할 수도 있습니다.

---

* 이 절의 표현은 Paul Hudak의 "The Haskell School of Expression" (11.1 Induction and Recursion)을 참고했습니다.

예제 6-2 함수 prove( )를 재귀적으로 사용한 수학적 귀납법의 증명

```
void prove(int n)
{
   if ( n == 0 ) {
      printf("단계 1에 의해 P(%d)이(가) 성립합니다. \n", n);
   } else {
      prove(n-1);
      printf("단계 2에 의해 P(%d)이(가) 성립한다면 P(%d)도 성립한다고 할 수 있습니다. \n",
         n - 1, n);
      printf("따라서 P(%d)이(가) 성립한다고 할 수 있습니다. \n", n);
   }
}
```

재귀와 귀납은 방향만 다를 뿐입니다. '큰 문제로부터 점점 작은 문제로'라는 방향으로 진행하는 것이 재귀적^{Recursive} 사고방식입니다. 한편, '작은 문제에서 점점 큰 문제로'라는 방향으로 진행하는 것이 귀납적^{Inductive} 사고방식입니다.

피보나치 수열

계승의 재귀적 정의에서는 $n!$을 $(n - 1)!$을 사용하여 정의하였습니다. 하노이의 탑 문제에서는 'n 하노이'를 '$n - 1$ 하노이'를 이용하여 문제를 풀었습니다. 재귀라는 개념을 이해할 수 있겠는지요? 이번에는 좀 더 복합한 재귀를 살펴보도록 하겠습니다.

| Chapter 06 | 재귀: 자신으로 자신을 정의

늘어나는 생물

태어난 지 2일 지나면 새끼를 한 마리 낳고 그 이후는 매일 새끼 한 마리씩을 낳는 생물이 있습니다. 1일째에 막 태어난 생물을 한 마리 받았다고 합시다(이 생물이 처음으로 새끼는 낳는 것은 3일째입니다).

11일째에는 전부 몇 마리가 될까요?

Hint 순서를 생각하며 규칙을 찾아내도록 합시다.

　1일째 받은 생물만 있습니다. 총 1마리입니다.

　2일째 생물은 한 마리 있고, 아직 새끼는 태어나지 않았습니다. 총 1마리입니다.

　3일째 1일째 받은 생물이 새끼를 낳습니다. 총 2마리가 됩니다.

　4일째 1일째 받은 생물은 또 새끼를 낳습니다. 3일째 태어난 생물은 아직 새끼를 낳지 않습니다. 총 3마리입니다.

　5일째 1일째 받은 생물과 3일째 태어난 생물은 새끼를 낳습니다. 4일째 태어난 생물은 아직 새끼를 낳을 수 없습니다. 총 5마리입니다.

여기까지 조사한 결과를 그림으로 정리해 봅시다(그림 6-6).

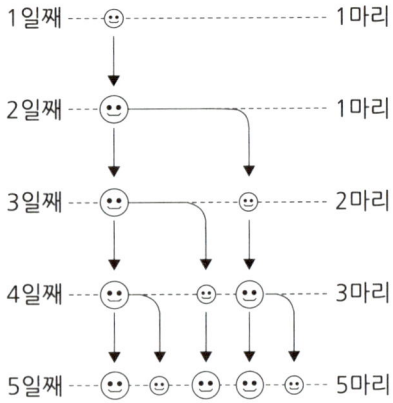

그림 6-6 1일째부터 5일째까지 생물의 수

일반화하고자 할 때 'n일째에 몇 마리 있는가?'를 한 번에 생각하는 것이 아니라 다음과 같이 생각하도록 합시다.

- $n - 1$일째까지 태어난 생물은 n일째에도 살아 있다.
- 이에 더해 $n - 2$일째까지 태어난 생물은 n일째에 새로운 새끼를 한 마리씩 낳는다.

이렇게 생각하면 점화식을 만들 수 있습니다.

 n일째에는 '어제, 즉 $n - 1$일째까지 태어난 생물'은 모두 살아남습니다. 게다가 '그저께, 즉 $n - 2$일째까지 태어난 생물'이 한 마리씩 새끼를 낳습니다. 따라서 n일째에 있는 생물의 수를 $F(n)$마리라고 한다면 다음과 같이 나타낼 수 있습니다 (단, n은 3 이상).

$$\underbrace{F(n)}_{n\text{일째의 생물}} = \underbrace{F(n-1)}_{n-1\text{일째까지의 생물}} + \underbrace{F(n-2)}_{n-2\text{일째까지의 생물이 낳은 새끼}}$$

여기서 $F(2) = F(1) + F(0)$이 되도록(즉, $n = 2$일 때도 앞선 점화식이 성립하도록) $F(0) = 0$이라 정의합니다. 또한, 1일째에 갓 태어난 생물을 한 마리 받은 것을 $F(1) = 1$이라 나타냅니다. 지금까지 설명한 내용을 정리하면 다음과 같은 점화식을 만들 수 있습니다.

$$F(n) = \begin{cases} 0 & (n=0 \text{일 때}) \\ 1 & (n=1 \text{일 때}) \\ F(n-1) + F(n-2) & (n=2, 3, 4, \ldots \text{일 때}) \end{cases}$$

점화식을 만들었으므로 $F(n)$의 값을 $n = 0$부터 순서대로 계산해 보겠습니다. 다음과 같이 11일째에는 총 89마리가 됩니다.

$$
\begin{aligned}
F(0) &&&= 0 \\
F(1) &&&= 1 \\
F(2) &= F(1) + F(0) = 1 + 0 &&= 1 \\
F(3) &= F(2) + F(1) = 1 + 1 &&= 2 \\
F(4) &= F(3) + F(2) = 2 + 1 &&= 3 \\
F(5) &= F(4) + F(3) = 3 + 2 &&= 5 \\
F(6) &= F(5) + F(4) = 5 + 3 &&= 8 \\
F(7) &= F(6) + F(5) = 8 + 5 &&= 13 \\
F(8) &= F(7) + F(6) = 13 + 8 &&= 21 \\
F(9) &= F(8) + F(7) = 21 + 13 &&= 34 \\
F(10) &= F(9) + F(8) = 34 + 21 &&= 55 \\
F(11) &= F(10) + F(9) = 55 + 34 &&= 89
\end{aligned}
$$

생물을 ●(새끼는 작은 ●)로 표현하면 11일째까지 증가한 모습은 그림 6-7과 같이 됩니다. 이 그림에는 신비한 아름다움이 있는 듯하네요. 또한, 생물의 수가 폭발적으로 증가한다는 것도 알 수 있습니다.

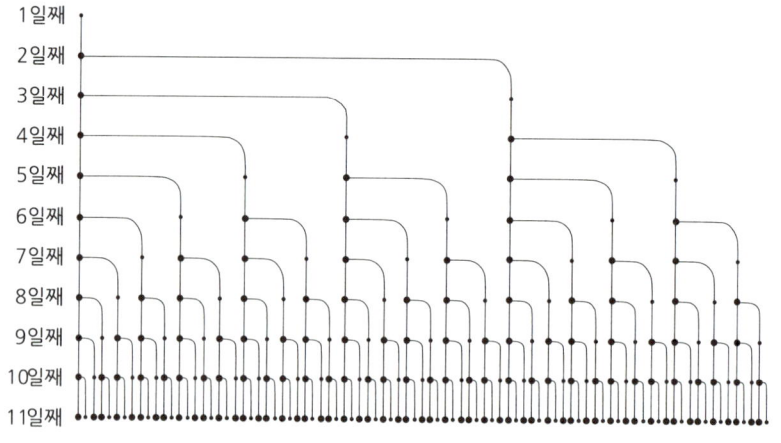

그림 6-7 11일째까지 생물의 상태

그림 6-7 안에 있는 '재귀적 구조'를 발견할 수 있나요?

다음 그림과 같이 자기 자신 안에 작은 자신이 포함되어 있습니다. 단, 하노이의 탑과는 달리 단계 $n-1$과 단계 $n-2$ 두 개가 포함된다는 점에 주의하기 바랍니다.

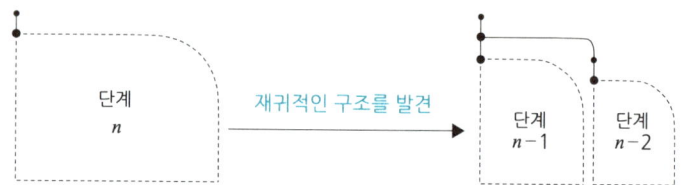

피보나치 수열

앞선 퀴즈에서 만들어진 다음과 같은 수열은 수학자 피보나치^{Leonardo Fibonacci, 1170~1250}가 13세기에 발견한 것으로, 그의 이름을 따 **피보나치 수열**이라 부릅니다.[*]

0, 1, 1, 2, 3, 5, 8, 13, 21, 34, 55, 89, ...

피보나치 수열은 다양한 문제에서 등장합니다. 몇 가지 예를 보겠습니다.

---

[*] 1, 1, 2, 3, 5, ...처럼 1부터 시작할 때도 흔합니다.

벽돌 나열하기

1 × 2 크기의 벽돌을 꼭 맞게 나열하여 사각형을 만듭니다. 단, 사각형의 세로 길이는 2여야만 한다고 합시다. 사각형의 가로 길이를 n이라고 하면 벽돌의 나열 방법은 피보나치 수열을 사용하여 $F(n + 1)$ 가지가 됩니다.

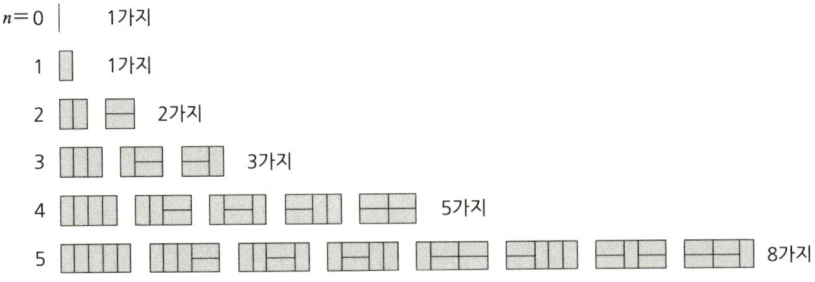

그림 6-8 1 × 2 크기의 벽돌을 세로 2, 가로 n 크기로 나열하기

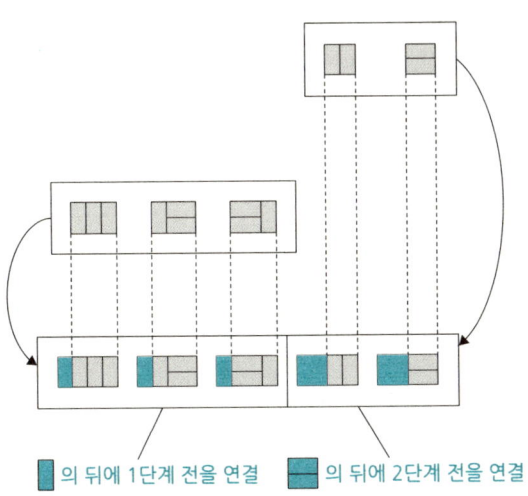

그림 6-9 벽돌 나열 방법의 규칙성 발견

이유는 간단합니다. 그림 6-9에 나타난 것처럼 가로가 n인 틈을 메우는 경우의 수라는 것은 n - 1 간격 왼쪽에 1개의 벽돌을 세로로 놓는 때의 경우의 수와 n - 2

간격 왼쪽에 2개의 벽돌을 가로로 쌓는 경우의 수를 더한 것입니다. 이 덧셈 방법은 정확히 피보나치 수열의 점화식이 됩니다.

점화식이 잘 성립하도록 벽돌을 1개도 놓지 않는 나열 방법($n = 0$)도 한 가지 경우의 수로 센다는 점에도 주의하기 바랍니다.

리듬 만들기

4분 음표와 2분 음표를 조합하여 박자 리듬을 만든다고 합시다. 4분 음표가 2박 올 시간에 2분 음표는 1박만 옵니다. 4분 음표가 박자를 n번 칠 시간을 4분 음표와 2분 음표로 채운다고 할 때 리듬 패턴은 $F(n + 1)$ 가지가 생깁니다.

이유는 앞서 벽돌을 나열할 때와 마찬가지입니다. n의 패턴 수는 다음 2가지 경우의 수를 더한 것이 되기 때문입니다(그림 6-10).

- 먼저 4분 음표가 오고, 뒤이어 남은 것을 $n - 1$의 패턴으로 채웠을 때의 경우의 수
- 먼저 2분 음표가 오고, 뒤이어 남은 것을 $n - 2$의 패턴으로 채웠을 때의 경우의 수

그림 6-10 4분 음표 ♩와 2분 음표 ♩를 조합하여 리듬 만들기

이 외에도 앵무조개 안쪽에 있는 격벽의 간격, 해바라기 씨의 나열 방법, 식물의 가지가 뻗는 방법, 게다가 '2단 뛰기와 1단 뛰기를 섞어 n단의 계단을 오르는 경우의 수' 등에서도 피보나치 수열을 발견할 수 있습니다.

| Chapter 06 | 재귀: 자신으로 자신을 정의

파스칼의 삼각형

그림 6-11을 한번 살펴보세요. 이 그림을 **파스칼의 삼각형**이라고 부릅니다.

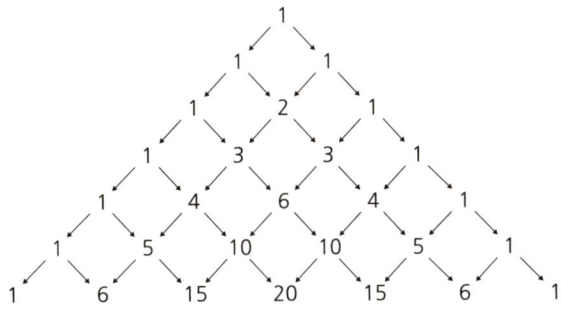

그림 6-11 파스칼의 삼각형

파스칼의 삼각형은 '이웃한 2개의 수를 더하여 그 결과를 아래 줄에 적는다'라는 과정을 반복하여 만듭니다. 그림 6-12에서는 수를 더해 가는 방향을 화살표로 표현했습니다.

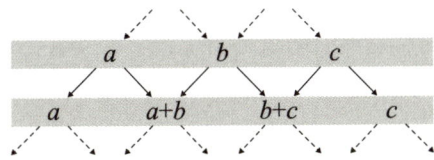

그림 6-12 파스칼의 삼각형 (수를 더해 가는 방향을 화살표로 표시)

여러분도 꼭 파스칼의 삼각형을 직접 그려 보기 바랍니다. 자신의 손을 움직여 그려 보면 "이웃한 2개의 수를 더한다."라는 말의 뜻을 금방 알 수 있을 것입니다. 삼각형의 양끝은 더할 수가 하나뿐입니다(그러므로 삼각형의 좌우 변은 모두 1로 채워져 있습니다).

파스칼의 삼각형은 단순한 덧셈 연습처럼 보일지도 모르지만, 실은 여기에 등장하는 수는 모두 5장에서 설명한 '조합의 수'로 이루어져 있습니다. 그림 6-13을

살펴보기 바랍니다. 이것은 파스칼의 삼각형을 $_nC_k$(n개의 무언가로부터 순서를 생각하지 않고 k개를 고르는 조합의 모든 가짓수)로 나타낸 것입니다.

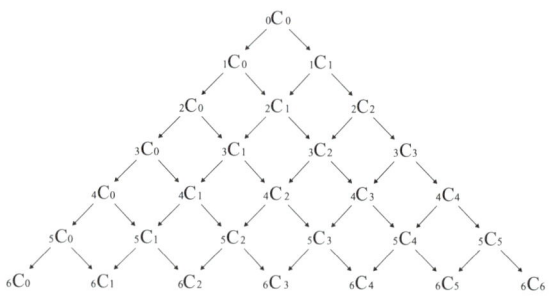

그림 6-13 파스칼의 삼각형을 조합의 모든 가짓수 $_nC_k$로 표현

$_nC_k$를 식으로 쓰면 $\frac{n!}{(n-k)!k!}$처럼 수많은 계승이 생기는데도 '이웃한 2개의 수를 더한다'라는 계산을 반복하기만 해도 이를 구할 수 있다는 것에 놀라지 않을 수 없습니다.

파스칼의 삼각형에 조합의 수가 등장하는 이유

그러면 파스칼의 삼각형에 조합의 수가 등장하는 이유는 무엇인지 생각해 봅시다.

우선 파스칼의 삼각형을 일단 잊고 다음과 같은 격자 모양의 길이 있다고 할 때 출발부터 도착까지 다다르는 데는 몇 가지 길이 있는지 세어 보겠습니다.

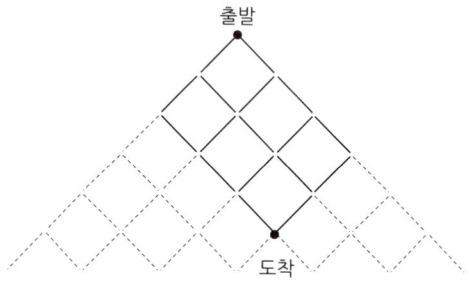

| Chapter 06 | 재귀: 자신으로 자신을 정의

출발점에서 이어지는 각 분기점에 '출발점으로부터 현재 분기점까지 오는 길'이 몇 가지인지를 적어 가도록 합니다.

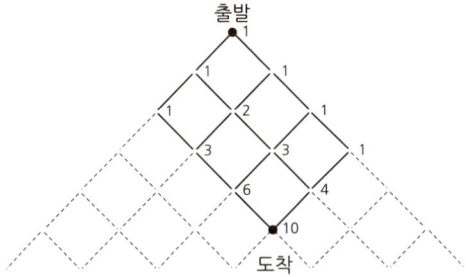

이때의 계산은 파스칼의 삼각형을 만들 때 '앞의 두 숫자를 더함'이라는 계산과 같습니다. 왜냐하면, 어떤 분기점에 오는 경우의 수라는 것은 그 위에 있는 2개의 분기점까지 오는 경우의 수를 더한 것이 되기 때문입니다(이는 덧셈 법칙이 됩니다).

그러면 이번에는 다음 그림을 살펴보기 바랍니다.

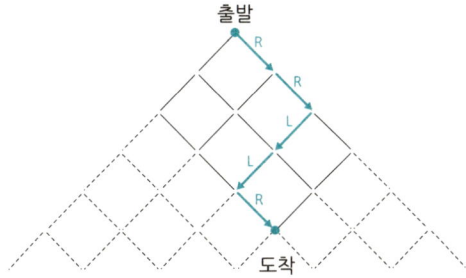

출발에서 도착까지 오른쪽이나 왼쪽으로 내려오는 길을 선택하는 방법은 몇 가지가 될까요? 도착점에 다다르기까지는 오른쪽(R)으로 갈 것인가 왼쪽(L)으로 갈 것인가의 판단을 5번 수행합니다만, 5번의 판단 중 오른쪽을 선택한 것은 딱 3번이어야만 합니다. 즉, 길의 선택 방법은 5개 중 3개를 선택하는 조합의 수와 같습니다.

$$_5C_3 = \frac{5!}{(5-3)!3!} = 10$$

이상으로 출발점으로부터 도착점까지 가는 길이 몇 가지인가를 두 가지 방법으로 세어 보았습니다. 첫 번째는 파스칼의 삼각형을 만드는 방법과 마찬가지로 '이웃한 두 개의 수를 더한다'라는 방법이며 두 번째는 'n개에서 k개를 선택하는 조합의 수'라는 방법입니다. 같은 것을 두 가지 방법으로 세었으므로 결과는 같을 것입니다. 이 사실로부터 이웃한 2개의 수를 더하여 만드는 파스칼의 삼각형이 조합의 수로서도 표현할 수 있다는 것을 알 수 있습니다.

조합의 수를 재귀적으로 정의

그러면 다음의 식을 살펴보기 바랍니다. 이것은 무엇일까요?

$$_nC_k = {_{n-1}C_{k-1}} + {_{n-1}C_k}$$

이것은 파스칼의 삼각형(그림 6-13)을 만드는 방법을 $_nC_k$라는 표기로 나타낸 것입니다. 다음과 같이 도식화하면 쉽게 알 수 있을 것입니다. 이웃한 2개의 숫자를 더하여 다음 행의 수를 만든 것입니다.

$$\begin{array}{ccc} _{n-1}C_{k-1} & & _{n-1}C_k \\ & \searrow \swarrow & \\ & _nC_k & \end{array}$$

이 식은 n과 k라는 2개의 변수가 등장하여 조금은 복잡하게 보입니다. 그러나 이 장의 주제인 '재귀'의 관점에서 한 번 더 이 식을 읽어 보기 바랍니다. 무언가 생각나는 점이 없나요?

좌변에 있는 변수는 n, k이지만 우변에는 이 변수가 $n - 1$, $k - 1$처럼 1이 줄어듭니다. 하노이의 탑이나 계승에 나오는 것과 마찬가지로 재귀적 정의의 패턴과 무척 닮았습니다. 여기에 기저에 해당하는 정의를 더하면 '조합 수의 재귀적 정의'가 만들어질 듯합니다. 한번 만들어 보도록 합시다.

n과 k는 정수이며 동시에 $0 \leq k \leq n$이라고 합시다. 그리고 $_nC_k$를 다음과 같이 정의합니다. 이것이 **조합 수의 재귀적 정의**가 됩니다.

$$_nC_k = \begin{cases} 1 & (n=0 \text{ 혹은 } n=k \text{일 때}) \\ _{n-1}C_{k-1} + {_{n-1}C_k} & (0<k<n \text{일 때}) \end{cases}$$

조합론적 해석

여기서 한 번 더 관점을 바꾸어 봅시다. 다시 한번 다음의 식을 천천히 살펴보기 바랍니다.

$$_nC_k = {_{n-1}C_{k-1}} + {_{n-1}C_k}$$

이를 통해 이 식의 '의미'를 생각해 봅시다.

$_nC_k$는 n개에서 k개를 선택하는 조합의 모든 가짓수입니다. 그러므로 앞선 식은 우리말로 다음과 같이 표현할 수 있습니다.

> 'n개에서 k개를 선택하는 조합의 가짓수'는 'n - 1개에서 k - 1개를 선택하는 조합'에 'n - 1개에서 k개를 선택하는 조합'을 더한 수와 같습니다.

그러나 이 말을 봐도 "그래서, 그게 어떻다는 거지?"라고 생각하는 분이 많을 것입니다. 전혀 "아, 그렇군!"이라고 무릎을 치거나 하지는 않을 것입니다. 그러면 n = 5, k = 3이라는 구체적인 수로 다시 써 보도록 하겠습니다.

> '5개에서 3개를 선택하는 조합의 가짓수'는 '4개에서 2개를 선택하는 조합'에 '4개에서 3개를 선택하는 조합'을 더한 수와 같습니다.

아직도 무언가 부족한 느낌이네요. 다음과 같은 문장은 어떨까요?

> 'A, B, C, D, E 5장의 카드에서 3장의 카드를 선택하는 조합의 가짓수'는 'A를 포함하는 조합'에 'A를 포함하지 않는 조합'을 더한 수와 같습니다.

이 문장은 어느 정도 이해가 가네요. 5장의 카드에서 3장의 카드를 선택할 때 선택한 3장은 'A를 포함한 3장'이거나 'A를 포함하지 않는 3장'일 것입니다. A를 포함하는가에 따라 '빠짐없고 겹치지 않는 분할'이 되며 중복이 없으므로 덧셈 법칙을 사용합니다.

'A를 포함한 조합'의 가짓수는 어떻게 하면 구할 수 있을까요? A는 이미 확정되었으므로 A를 뺀 그다음 4장에서 남은 2장을 고르면 될 것입니다. 즉, 4장에서 2장을 선택하는 조합의 가짓수가 됩니다.

'A를 포함하지 않는 조합'의 가짓수는 어떨까요? A를 뺀 4장에서 3장을 선택해야 합니다. 즉, 4장에서 3장을 선택하는 조합의 가짓수가 됩니다.

그렇다면 지금까지의 내용에 따라 다음과 같은 식을 읽을 준비가 끝났습니다.

$$_nC_k = {_{n-1}}C_{k-1} + {_{n-1}}C_k$$

이 식에서는 n장에서 k장을 선택할 때에 '어떤 특정 카드를 포함할 것인가 포함하지 않을 것인가로 경우를 나눈다'는 것을 알 수 있습니다.

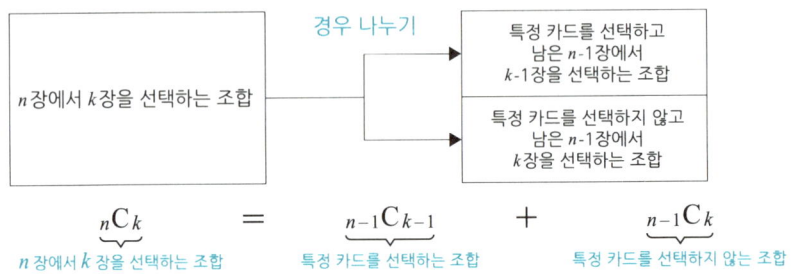

이상과 같이 조합에 대한 식을 단순히 수식으로 다루는 것이 아니라 거기에서 조합론적인 의미를 발견하는 것을 **조합론적 해석**이라고 부릅니다.

앞에서 많은 지면을 통해 설명한 것은 이야기를 복잡하게 하려는 의도가 아닙니다. 여기서 설명한 것은 커다란 문제를 더 작은 문제를 사용하여 귀납적으로 푸는 기법의 하나입니다. 큰 문제에 포함된 재귀적인 구조를 발견하려면 일반적으로 다음과 같이 합니다.

- 문제 일부를 떼어 낸다(특정 카드를 염두에 두는 것에 해당).
- 남은 부분이 문제 전체와 같은 형태인지 아닌지를 조사한다.

| Chapter 06 | 재귀: 자신으로 자신을 정의

이는 매우 중요하므로 표현을 바꾸어 한 번 써 보겠습니다. 문제 안에서 재귀적인 구조를 발견해 내고자 한다고 합시다. 이럴 때는 다음과 같이 합니다.

- 단계 n의 문제 일부분을 떼어 낸다.
- 남은 부분이 단계 $n - 1$의 문제인지 아닌지를 조사한다.

이것이 재귀적 구조를 발견해 내는 요령입니다.

수학적 귀납법도, 하노이의 탑도, 계승도, 조합의 수도, 여기서 설명한 문제 모두가 재귀적인 구조로 되어 있으므로, 특정 일부분에 주목하면 남은 부분이 자기 자신과 같은 구조임을 알 수 있습니다. 재귀적인 구조를 발견해 내는 감각을 반드시 익히기 바랍니다.

재귀적인 도형

이번에는 '재귀적인 도형'에 대해 살펴보겠습니다. 재귀적인 구조로 되어 있는 도형은 재귀적인 방법으로 그리는 것이 자연스럽습니다. 그림 6-14를 한번 살펴보기 바랍니다.

자, 여러분은 이 그림에서 재귀적인 구조를 발견해낼 수 있나요?

그림 6-14 재귀적으로 그린 나무

뿌리부터 진행해 가면 점점 분기가 늘어나는 모양을 알 수 있습니다. 재귀를 발견하려면 나무 안에 있는 '한 단계 작은 자기 자신'을 찾아보도록 합시다. 원하는 가지를 떼어 내면 그 자체가 한 단계 작은 나무가 됩니다. 여기에 재귀적인 구조가 있습니다.

'한 단계 작은 나무'라는 것 대신 n이라는 변수(파라미터)를 준비하고 이 n의 크고 작음으로 크기를 나타낸다고 합시다. 그렇게 하면 '단계 n의 나무'는 '오른쪽과 왼쪽으로 단계 n의 가지가 뻗어 그 앞에 단계 $n-1$의 나무가 붙어 있다'라고 표현할 수 있습니다. 재귀적 구조를 그려 보면 다음과 같습니다.

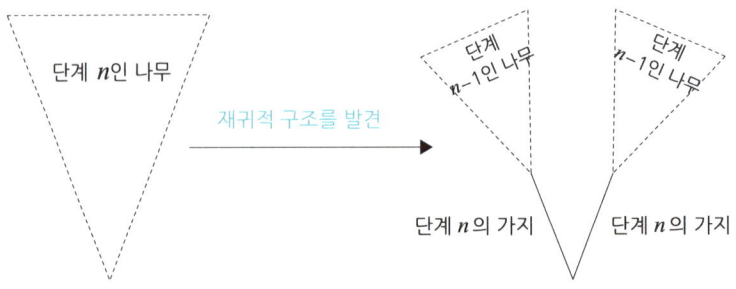

이때 단계 0의 나무는 '아무것도 그려지지 않음'이 됩니다.

실제로 그려 보기

앞서 그린 그림을 기본으로 터틀 그래픽스를 사용하여 실제로 그려 보도록 합시다. 터틀 그래픽스라는 것은 평면 위에 터틀(거북)을 두고 터틀을 컨트롤하여 그림을 그리는 방법을 말합니다. 여기서는 그림 6-15처럼 네 개의 동작이 준비되었다고 가정합니다.

forward(n)   선을 그리면서 앞으로 n보 진행함(단계 n의 가지를 그림)
back(n)   선을 그리지 않고 뒤로 n보 돌아옴
left( )   일정 각도 왼쪽을 향함
right( )   일정 각도 오른쪽을 향함

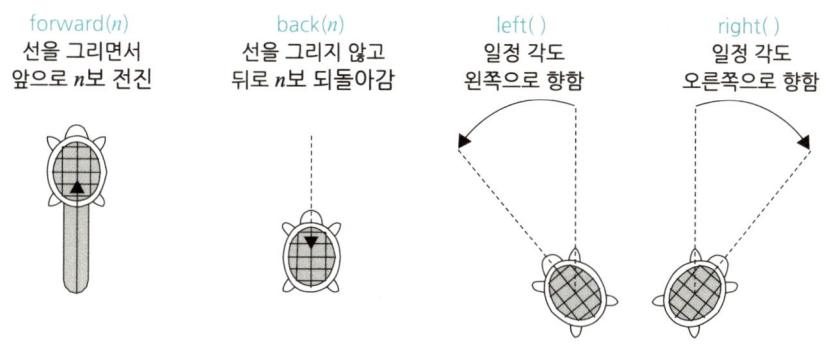

그림 6-15 터틀 그래픽스의 동작

단계 n의 나무를 그리는 동작 drawtree( )를 예제 6-3에 나타냈습니다.

예제 6-3 단계 n의 나무를 그리는 동작 drawtree( )

```c
void drawtree(int n)
{
    if ( n == 0 ) {
        /* 아무것도 하지않음 */
    } else {
        left();                 /* 왼쪽으로 향함 */
        forward();              /* 단계 n의 가지를 그림 */
        drawtree(n-1);          /* 단계 n-1의 가지를 그림 */
        back(n);                /* 돌아감 */
        right();                /* 오른쪽으로 향함 */

        right();                /* 오른쪽으로 향함 */
        forward();              /* 단계 n의 가지를 그림 */
        drawtree(n-1);          /* 단계 n-1의 가지를 그림 */
        back(n);                /* 돌아감 */
        left();                 /* 왼쪽으로 향함 */
    }
}
```

시어핀스키 개스킷

재귀적인 그림의 또 다른 예로서, **시어핀스키 개스킷**Sierpinski Gasket, Sierpinski Triangle을 소개하고자 합니다.

그림 6-16 시어핀스키 개스킷

이 그림의 재귀적인 구조를 조사해 보면 다음과 같이 되어 있음을 알 수 있습니다.

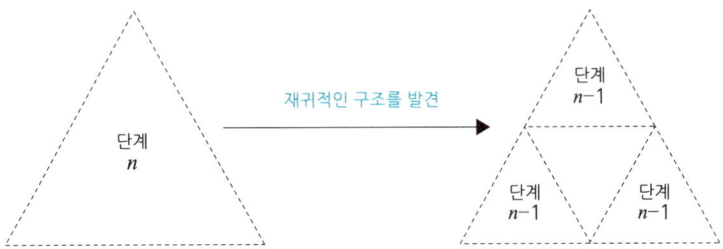

파스칼의 삼각형 숫자를 홀수와 짝수로 색을 달리하여 구분하면 시어핀스키 개스킷 모양을 확인할 수 있답니다. 재미있네요.

이러한 재귀적 구조를 포함한 도형은 **프랙털 도형**이라 불립니다.

| Chapter 06 | **재귀**: 자신으로 자신을 정의

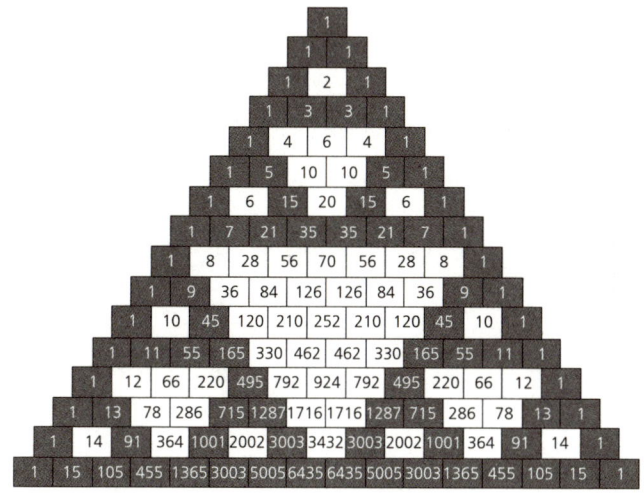

그림 6-17 파스칼의 삼각형을 홀수와 짝수로 색을 달리하여 구분

이 장에서 배운 내용

이 장에서는 '재귀'라는 시점에서 문제를 파악하는 방법에 대해 배웠습니다. 문제 안에 숨어 있는 '재귀적 구조'를 발견해 그로부터 재귀적인 정의나 점화식을 유도했습니다. 재귀적인 구조로 되어 있는 것을 재귀적으로 기술한다는 것은 자연스러우며, 간단한 기술로도 복잡한 구조를 표현할 수 있습니다.

프로그래밍에서도 재귀적인 구조를 다양한 곳에서 볼 수 있습니다. 예를 들어 프로그램의 들여쓰기와 트리 구조 등의 데이터 구조, XML 문법, 퀵 정렬 알고리즘 등에서 재귀적인 구조를 볼 수 있습니다.

피보나치 수열의 증가 방식이나 재귀적으로 뻗어가는 나무를 보면서도 상상할 수 있듯이 재귀적인 구조는 아주 크게 확장될 때도 있습니다. 다음 장에서는 이러한 예를 살펴보도록 하겠습니다.

끝내는 대화

학생   "구조를 발견하는 것이 대단히 중요한 것이군요."
선생님   "그렇습니다. 아주 중요하죠."
학생   "왜 그렇죠?"
선생님   "구조를 발견한다는 것은 커다란 문제를 '분해'하는 단서가 되기 때문이랍니다."

| Chapter 07 |

지수적 폭발

곤란한 문제와의 싸움

시작하는 대화

선생님   "두께가 1mm인 아주 부드러운 종이가 있다고 합시다. 반으로 몇 번을 접으면 그 두께가 달까지 다다르게 될까요?"
학생   "100만 번 정도 아닐까요?"
선생님   "아닙니다."
학생   "더 접어야 하나요?"

이 장에서 배울 내용

이 장에서는 '지수적 폭발 Exponential Explosion'을 배워 보도록 하겠습니다. 폭발이라고 해도 무언가가 실제 폭발하는 것은 아닙니다. 지수적 폭발이란 마치 폭발이 일어나는 것처럼 급격하게 수가 증가하는 것을 말합니다. 자신이 마주친 문제 안에 지수적 폭발이 포함되어 있을 때는 주의가 필요합니다. 그렇지 않으면 그 문제는 해결할 수 없을 정도로 큰 규모로 커져 버릴 위험이 있기 때문입니다. 그러나 반대로 이러한 지수적 폭발을 자신의 편으로 만들 수 있다면 어려운 문제를 만나더라도 맞설 수 있는 강력한 무기가 될 것입니다.

지금부터 지수적 폭발의 의미를 알아본 다음, 검색에 응용하고, 지수적 폭발을 다루는 도구인 로그를 살펴보고, 지수적 폭발로 비밀을 지키는 암호 등을 이야기해 보도록 하겠습니다.

| Chapter 07 | **지수적 폭발:** 곤란한 문제와의 싸움

지수적 폭발이란 무엇인가?

우선 지수적 폭발의 크기를 실감해 볼 수 있는 것부터 시작해 보도록 합시다.

달에 닿는 종이 접기

> 두께 1mm인 종이가 있습니다. 이 종이는 아무리 접어도 또 접을 수 있을 만큼 부드러워서 접을 때마다 그 두께가 두 배씩 늘어난다고 합시다.
>
> 지구에서 달까지의 거리를 약 39만km라고 할 때 반으로 접기를 몇 번 반복하면 달까지 다다를 수 있는 두께가 될까요?

Hint   종이를 접어 달까지 다다른다는 것은 현실적인 이야기는 아닙니다. 요컨대 1mm부터 시작하여 두께를 두 배씩 늘려가는 '두 배 게임'을 반복하여 39만km를 넘으려면 몇 번을 반복해야 하는가의 문제입니다.

두께 1mm인 종이를 한 번 접으면 두께는 2mm가 됩니다. 두 번 접으면 두께는 4mm가 됩니다.

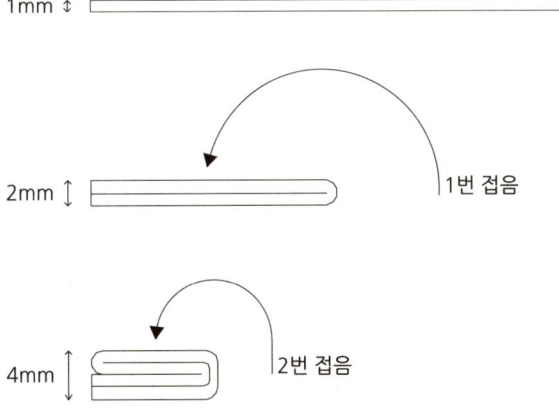

실제로 계산하기 전에 몇 번을 접으면 달까지 다다를 수 있을지를 직감으로 예상해 보기 바랍니다. 100만 번은 너무 많은 듯하고 아마 1만 번 정도일까요? 여러분은 몇 번을 접어야 한다고 생각하나요?

접은 횟수와 두께는 다음과 같습니다.

1	→	2mm	6	→	64mm
2	→	4mm	7	→	128mm
3	→	8mm	8	→	256mm
4	→	16mm	9	→	512mm
5	→	32mm	10	→	1,024mm

10번 접으면 두께는 1,024mm, 즉 겨우 1.024m가 됩니다. 지금부터는 단위를 m로 바꾸어 표시하도록 하겠습니다.

11	→	2.048m	16	→	65.536m
12	→	4.096m	17	→	131.072m
13	→	8.192m	18	→	262.144m
14	→	16.384m	19	→	524.288m
15	→	32.768m	20	→	1,048.576m

저런, 20번을 접었더니 1048.576m, 즉 1km를 넘었네요. 그럼 지금부터는 단위를 km로 바꾸도록 하겠습니다.

21	→	2.097152km	26	→	67.108864km
22	→	4.194304km	27	→	134.217728km
23	→	8.388608km	28	→	268.435456km
24	→	16.777216km	29	→	536.870912km
25	→	33.554432km	30	→	1,073.741824km

놀라운데요? 30번 접었더니 1,000km를 넘어버렸네요. 참고로 서울과 부산 사이의 직선거리는 약 400km입니다.

31	→	2,147.483648km	36	→	68,719.476736km
32	→	4,294.967296km	37	→	137,438.953472km
33	→	8,589.934592km	38	→	274,877.906944km
34	→	17,179.869184km	39	→	549,755.813888km
35	→	34,359.738368km			

39번 접었더니 두께가 549,755.813888km가 되므로 달까지의 거리(약 39만km)를 넘었습니다.

지수적 폭발

겨우 39번을 접는 것만으로 1mm 두께의 종이가 달까지 다다르게 된다니 놀랍네요. 이는 정말로 놀라운 일입니다. 무엇보다 종이 접기라는 조건, 즉 수를 두 배씩 늘려 간다는 조작을 반복하는 것만으로 엄청난 크기의 수까지 금방 다다를 수 있기 때문입니다. 이렇게 수가 급격하게 증가하는 것을 **지수적 폭발**Exponential Explosion이라고 부릅니다. 지수적 폭발이라고 부르는 이유는 종이를 접었을 때의 두께(2^n)의 지수 n이 접은 횟수가 되기 때문입니다.*. 문맥에 따라서는 '지수적 증가', '지수함수적 증가', '조합론적 폭발' 등으로 부를 때도 있습니다.

지수적 폭발을 감각적으로 이해하고자 그래프를 그려 보겠습니다. 가로축은 접은 횟수, 세로축은 두께를 나타냅니다(그림 7-1).

---

* 2^n은 지수적 폭발을 일으키지만 n^2은 지수적 폭발을 일으키지 않습니다.

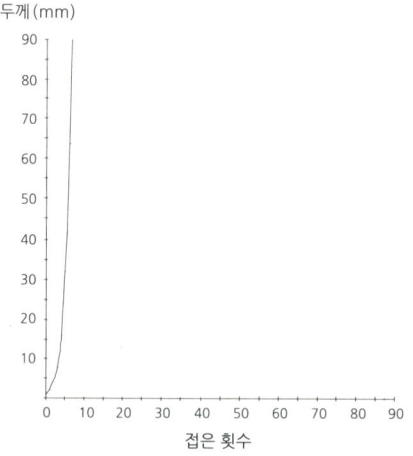

그림 7-1 접은 횟수와 두께의 관계를 표현한 그래프

이처럼 그래프는 금방 위로 치솟아 버리게 됩니다. 거의 수직선이라 해도 좋을 정도입니다. 6장에서 소개한 하노이의 탑도 원 반의 수가 늘어날수록 방법의 수는 지수적으로 증가합니다. 또한, 피보나치 수열도 지수적으로 증가합니다.

두 배 게임: 지수적 폭발이 일으키는 문제

앞서 살펴본 퀴즈는 종이를 몇 번 접어야 달까지 다다를 수 있을까 하는 문제였습니다. 겨우 39번만 접으면 달까지 다다르는 두께가 된다는 것은 직감했던 것과는 다른 결과였습니다. 이러한 사실을 잘 기억해 두기 바랍니다.

여러분이 풀고자 하는 문제에 두 배 게임(지수적 폭발)이 포함되었는지 충분히 주주의해야 합니다. 왜냐하면, 지수적 증가가 포함된 문제는 겉으로는 쉬워 보이지만 규모가 조금만 커지면 눈 깜짝할 새에 해결할 수 없을 정도가 되기 때문입니다. 몇 발자국 앞에 도착점이 있다고 생각하여 걸었더니 실제 도착할 곳이 달의 저편이라면 난감하겠지요.

그러면 이러한 지수적 폭발이 숨어 있을 듯한 문제를 생각해 보도록 하겠습니다.

| Chapter 07 | 지수적 폭발: 곤란한 문제와의 싸움

어디에 지수적 폭발이 있을까요?

프로그램의 설정 옵션

프로그램에는 동작을 제어하는 데 필요한 '설정 옵션'이 준비되어 있을 때가 있습니다. 그림 7-2와 같은 화면을 본 적이 있을 것입니다.

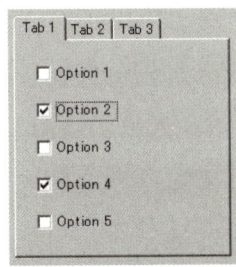

그림 7-2 설정 옵션

여기서는 Option 1부터 Option 5까지 5개의 확인란이 있으며 각각 따로따로 선택과 해제(On/Off)를 설정할 수 있습니다. 어떤 확인란을 선택하느냐에 따라 프로그램의 동작이 조금씩 달라집니다.

이후 프로그래머는 이렇게 개발한 프로그램이 정상으로 동작하는지를 테스트해야 합니다. 빠짐없이 테스트하지 않으면 프로그램이 이상 종료^{crash}하거나 동작 정지^{freeze}하거나 심할 때는 어렵게 만든 파일을 모두 날려버릴 위험이 있습니다.

그런데 프로그램의 설정 옵션을 변경하면 프로그램의 동작도 바뀌게 됩니다. 예를 들어 "Option 1을 선택하고 Option 2를 해제하면 프로그램이 정상으로 동작하나, Option 1과 Option 2 모두 선택하면 프로그램이 이상 종료한다."라는 문제가 발생할 수 있습니다. 그렇다는 것은 설정 옵션을 여러 가지로 바꾸어 가며 몇 번이든 테스트를 반복해야만 한다는 의미가 됩니다.

지금까지의 이야기를 염두에 두고 다음의 퀴즈를 풀어 보기 바랍니다.

설정 옵션으로 5개의 확인란이 있으며 각각 선택과 해제(On/Off)의 두 가지 상태를 설정할 수 있다고 합시다. 모든 설정 옵션의 가능성을 테스트하려면 테스트는 몇 번 필요할까요? 이와 함께 설정 옵션으로 30개의 확인란이 있을 때는 또 어떻게 될까요?

확인란 1개는 2개의 상태를 설정할 수 있으므로 확인란이 n개 있다면 테스트는 다음과 같이 2^n번 수행해야 합니다.

$$\underbrace{2 \times 2 \times \cdots \times 2}_{n \text{ 개}} = 2^n$$

이는 앞서 본 곱셈 법칙을 이용하고 있습니다. 확인란이 5개 있다면 다음과 같이 모두 32번 테스트해야 합니다.

$$\underbrace{2 \times 2 \times 2 \times 2 \times 2}_{5 \text{ 개}} = 2^5 = 32$$

확인란이 30개라면 다음과 같이 10억 7,374만 1,824번 테스트해야 합니다.

$$\underbrace{2 \times 2 \times \cdots \times 2}_{30 \text{ 개}} = 2^{30} = 1073741824$$

되돌아보기

30개의 설정 옵션이라는 것은 그리 많은 수는 아닙니다. 제법 큰 응용 프로그램의 [옵션] 메뉴를 열어 보면 이해할 수 있으리라 생각합니다. 그럼에도, 30개 설정 옵션의 모든 가능성을 시험해 보는 것만으로도 10억 7,374만 1,824번의 테스트를 해야 합니다.

1번의 테스트에 1분 정도 걸린다고 합시다. 1일에 수행할 수 있는 테스트는 60 × 24 = 1,440번뿐입니다. 1년이 366일일 때도 있으므로 1년 동안 수행할 수 있

는 테스트는 최대 60 × 24 × 366 = 527,040번입니다. 10억 7,374만 1,824번의 테스트를 모두 수행하려면 1,073,741,824 ÷ 527,040 = 2,037.3, 약 2,037년 이상 걸립니다.

요컨대 설정 옵션의 모든 가능성을 빠짐없이 테스트하는 것은 현실적이지 않다는 것을 알 수 있습니다.

따라서 보통 소프트웨어를 개발할 때는 이러한 모든 가능성을 빠짐없이 테스트하는 방법을 고르지는 않습니다. 기능에 영향을 준다고 생각되는 설정 옵션만을 신중하게 고른 다음 테스트를 수행합니다. 테스트할 설정 옵션을 적절히 고르는 것은 중요합니다. 너무 적게 고르면 테스트하는 의미가 없어질 것이며, 너무 많으면 금방 지수적 폭발을 일으키기 때문입니다.

'정해져 있다'는 통하지 않음

두 배 게임이 있는 곳에는 지수적 폭발이 있습니다. 지수적 폭발이 일어나면 "이 정도의 수고가 필요하겠지."라는 예상이 보기 좋게 빗나가게 될 것입니다. 그러므로 문제를 풀기 전에 그곳에 두 배 게임이 숨어 있는지를 잘 조사해야 합니다.

혹시 독자 여러분 중에 '지수적 폭발이라고 해도 수가 정해져 있는 것 아닌가? 컴퓨터를 충분히 활용하면 언젠가는 해결될 테니 신경 안 써도 되지, 뭐'라고 생각하는 분이 있을지도 모르겠습니다. 그러나 이는 올바른 생각이 아닙니다.

물론 문제가 한정되어 있고 모두 빠짐없이 조사할 가능성이 있다면 컴퓨터를 이용하면 언젠가는 풀 수 있을 것입니다. 그러나 해결하는 데에 몇 천 년이 걸리는 문제라면 그러한 해결 방법은 인류에게 의미가 없습니다. 보통의 문제는 정해진 시간에 풀어야 할 뿐 아니라 사람이 기대할 수 있는 짧은 시간 안에 푸는 것이 중요합니다.

그러므로 문제 안에 지수적 폭발이 포함되었다면, 고민하지 않고 모든 가능성을 빠짐없이 조사하는 방법을 선택해서는 안 됩니다.

이진 검색: 지수적 폭발을 이용한 검색

지수적 폭발의 크기를 실감했으므로 이번에는 지수적 폭발의 힘을 이용하는 것에 대해 생각해 보겠습니다.

범인 찾기 퀴즈

15명의 용의자가 한 줄로 서 있으며 이 중에 한 명이 범인입니다. 여러분은 이 사람들에게 "범인은 누구입니까?"라고 물어 보면서 범인을 찾아야만 합니다.

그림 7-3 15명 중에서 범인 찾기

한 사람을 선택하여 "범인은 누구입니까?"라고 물었을 때 다음 세 가지 응답 중 한 가지를 대답한다고 가정하겠습니다.

(1) "범인은 저입니다." (질문한 상대가 범인일 때)

(2) "범인은 저보다도 왼쪽에 있습니다."

(3) "범인은 저보다도 오른쪽에 있습니다."

그림 7-4 질문했을 때의 응답은 세 가지

| Chapter 07 | **지수적 폭발**: 곤란한 문제와의 싸움

이때 세 번의 질문으로 15명 중에서 확실히 범인을 찾을 수 있습니다. 어떻게 질문하면 될까요?

힌트: 더 적은 수로 생각하기

15명 중에 범인이 있으므로 끝에서부터 차례대로 15번 질문하면 반드시 범인을 찾을 수 있습니다. 그렇다면 어떻게 단 세 번의 질문으로 범인을 확실히 찾을 수 있을까요?

15명은 너무 많으므로 문제의 크기를 줄여서 생각해 보겠습니다. 예를 들어 세 명 중 범인이 있다고 생각해 봅시다.

그림 7-5 세 명 중 범인이 있다면

세 명일 때는 가운데 한 명에게 질문하면 범인이 누구인가를 확정할 수 있습니다. 이때 가운데 있는 사람이 꼭 범인일 필요는 없습니다. 범인에게 직접 질문하지 않아도 가운데 사람의 대답에 따라 범인을 확정할 수 있기 때문입니다.

(1) "범인은 저입니다."　　　　　　→　　이 사람을 범인으로 확정

(2) "범인은 저보다 왼쪽에 있습니다."　→　　왼쪽 사람을 범인으로 확정

(3) "범인은 저보다 오른쪽에 있습니다."　→　　오른쪽 사람을 범인으로 확정

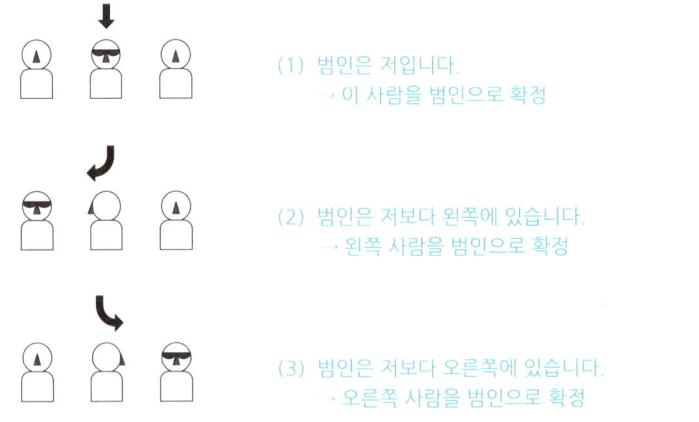

그림 7-6 세 명이라면 한 번의 질문으로 범인 확정

이를 힌트로 하여 사람 수가 15명일 때는 어떤 순서로 질문하는 것이 적절한가 생각해 보기 바랍니다.

퀴즈의 답

다음과 같이 "범인이 포함된 범위에서 한가운데 있는 사람에게 질문한다."를 반복하면 세 번의 질문으로 범인을 확실하게 찾을 수 있습니다.

질문 1 우선 15명 중 한가운데 사람에게 질문합니다.

이렇게 하면 왼쪽 7명, 본인, 오른쪽 7명의 세 그룹 중에 범인이 있다는 것을 알 수 있습니다.

질문 2 다음으로 좁혀진 범위의 7명 중 한가운데 사람에게 질문합니다.

이렇게 하면 왼쪽 세 명, 본인, 오른쪽 세 명의 세 그룹 중에 범인이 있다는 것을 알 수 있습니다.

질문 3 마지막으로 좁혀진 세 명 중 한가운데 사람에게 질문합니다.

이렇게 하면 왼쪽 사람, 본인, 오른쪽 사람의 세 명 중에서 누가 범인인지를 알 수 있습니다. 이것으로 범인을 확정할 수 있습니다.

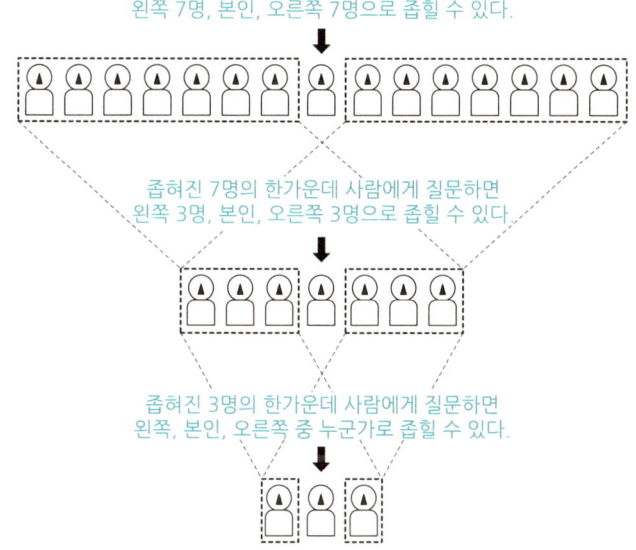

그림 7-7 한가운데 사람에게 질문해 가면 세 번 만에 범인 확정

재귀적인 구조의 발견과 점화식

예를 들어 오른쪽에서 5번째가 범인이라고 생각하면 순서는 그림 7-8과 같이 됩니다. 범인이 있는 범위가 15명 → 7명 → 3명 → 1명으로 점점 좁혀지는 모습을 잘 알 수 있습니다.

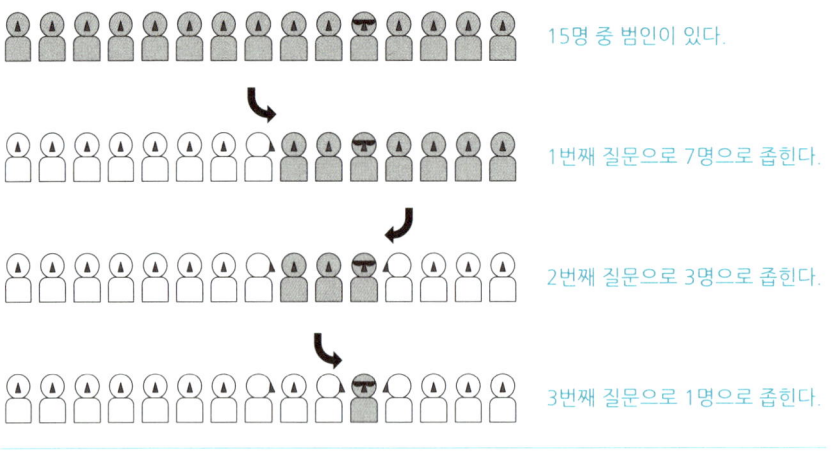

15명 중 범인이 있다.

1번째 질문으로 7명으로 좁힌다.

2번째 질문으로 3명으로 좁힌다.

3번째 질문으로 1명으로 좁힌다.

그림 7-8 범인이 오른쪽에서 5번째일 때

한가운데 있는 사람에게 한 번 질문하면 사람 수가 약 반으로 줄어든다는 것이 핵심입니다. 실제로 여기에서 단계 n의 문제를 단계 $n-1$의 문제를 사용하여 표현한다는 **재귀적인 구조**를 발견할 수 있습니다.

여기서 말하는 '단계 n'의 n은 '남은 질문의 횟수'가 됩니다.

'n번 질문해서 범인을 확정할 수 있는 최대 사람 수'를 $P(n)$이라 합시다.

n이 0일 때를 생각해 봅시다. 0번의 질문(질문 없음)으로 범인을 확정하려면 서 있는 용의자는 처음부터 한 명이어야 합니다. 또한, 두 명 이상이라면 질문 없이 범인을 확정할 수는 없습니다. 그러므로 $P(0)$은 1이 됩니다.

$$P(0) = 1$$

n이 1일 때를 생각해 봅시다. 세 명이라면 한 번의 질문으로 범인을 확정할 수 있지만, 네 명 이상이라면 한 번의 질문으로는 범인을 확정할 수 없습니다. 그러

므로 $P(1)$은 3이 됩니다.

$$P(1) = 3$$

재귀적인 구조로부터 다음과 같은 점화식을 세울 수 있습니다.

$$P(n) = \begin{cases} 1 & (n=0 \text{일 때}) \\ P(n-1) + 1 + P(n-1) & (n=1, 2, 3, \ldots \text{일 때}) \end{cases}$$

다음과 같이 생각하면 더 쉽게 이해할 수 있습니다.

$$\underbrace{P(n)}_{\substack{n\text{번의 질문으로 확정할 수 있는} \\ \text{최대 사람 수}}} = \underbrace{P(n-1)}_{\substack{\text{'왼쪽에 있다'라는 대답 후} \\ n-1\text{번의 질문으로 확정할 수 있는 최대 사람 수}}} + \underbrace{1}_{\substack{\text{이번에 질문하는 사람 수}}} + \underbrace{P(n-1)}_{\substack{\text{'오른쪽에 있다'라는 대답 후} \\ n-1\text{번의 질문으로 확정할 수 있는 최대 사람 수}}}$$

덧붙여 이 점화식은 앞서 살펴본 '하노이의 탑'의 점화식과 같은 형태입니다. $n = 0$일 때의 값이 다르므로 $P(n)$의 닫힌 식은 다음과 같이 됩니다.

$$P(n) = 2^{n+1} - 1$$

즉, n번 질문하면 $2^{n+1} - 1$명 중에서 범인을 확정할 수 있습니다.

이진 검색과 지수적 폭발

앞의 '범인 찾기' 퀴즈에서 사용한 방법은 컴퓨터에서 데이터를 검색할 때 자주 사용하는 '이진 검색'과 같은 방법입니다.

이진 검색 Binary Search은 제대로 된 순서로 나열된 데이터로부터 원하는 데이터를 찾아내고자 할 때 "원하는 데이터가 포함된 범위의 한가운데를 항상 조사한다."라는 방법입니다. '이분법'이나 '이분 검색'이라 부르기도 합니다.

다음 그림과 같이 15개의 수가 나열되어 있을 때 이 중에서 특정 수(예를 들어 67)

가 어디 있는지를 찾는다고 합시다. 단, 여기에 나열된 수는 반드시 작은 수부터 큰 수의 순서이어야 하며, 찾고자 하는 수는 반드시 이 안에 포함되어야 합니다.

| 16 | 17 | 23 | 29 | 31 | 42 | 45 | 58 | 62 | 66 | 67 | 71 | 78 | 83 | 88 |

범인 찾기와 마찬가지로 "한가운데의 수를 조사한다."라는 방법을 반복합니다. 한 번씩 조사할 때마다 다음 중 한 가지가 됩니다(이 세 가지는 빠짐없고 겹치지 않는 분할입니다).

- 조사한 수가 67과 같음(발견)
- 조사한 수가 67보다 큼(67은 더 왼쪽에 있음)
- 조사한 수가 67보다 작음(67은 더 오른쪽에 있음)

범인 찾기와 똑같이 세 번만 조사하면 67이 어디에 있는지를 알 수 있습니다.

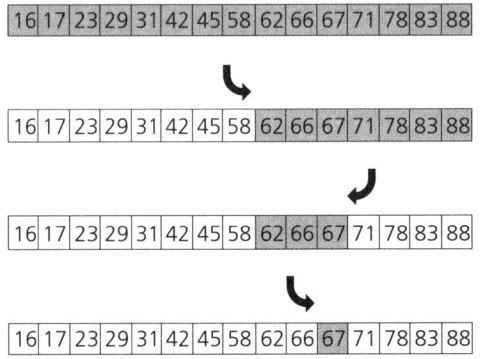

15개라는 작은 수라면 끝에서부터 조사해도 큰 어려움 없이 찾을 수 있습니다. 그러나 이진 검색은 지수적 폭발을 이용한다는 점을 생각하기 바랍니다. 이진 검색은 대량의 수 안에서 원하는 수를 찾을 때 위력을 발휘합니다. 예를 들어 겨우 10번만 조사하면 2,047개 중에서 원하는 수를 찾을 수 있으며 20번 조사하면 209만 7,151개, 30번 조사하면 21억 4,748만 3,647개 중에서 원하는 수를 찾을 수

있습니다*.

이진 검색이 위력적인 것은 한 번 조사하는 것만으로도 검색 대상을 반으로 좁힐 수 있다는 점에서 비롯합니다. 그러려면 검색 대상인 숫자를 순서대로 정렬할 필요가 있습니다. 그렇지 않으면 한 번 조사했을 때 원하는 수가 왼쪽이나 오른쪽 어디에 있는지를 판단할 수 없기 때문입니다. 앞 절에서 설명한 '범인 찾기'에서도 한 줄로 서 있는 사람들 모두가 진짜 범인이 자신의 오른쪽인지 왼쪽인지를 알고 있었습니다.

이진 검색에서는 한 번 조사할 때마다 대상을 반으로 좁힐 수 있습니다. 다른 말로 하면 **한 번 더 조사하면 약 두 배의 검색 대상에서 찾을 수 있다**는 것입니다. 이진 검색이 지수적 폭발을 효율적으로 이용하는 것임을 이해할 수 있겠지요?

로그: 지수적 폭발을 다루는 도구

지수적 폭발이 일어나면 엄청나게 큰 수를 다루어야만 합니다. 여기서는 큰 수를 다루는 도구인 로그^{Log}의 사용 방법을 배워 보도록 하겠습니다.

100,000이라는 수에서 0의 개수를 구하는 것을 100,000의 로그를 구한다고 말합니다. "로그를 취한다.", "로그를 계산한다."도 같은 의미의 말입니다. 100,000의 로그는 5입니다. 100의 로그는 2이고 1,000의 로그는 3입니다. 또한, 10,000,000,000,000,000의 로그는 16입니다(0의 개수를 세어 보세요).

아무리 큰 수라도 로그를 구하면 작은 수가 됩니다. 큰 수를 0의 개수로 나타내기 때문에 당연한 결과이지요. 예를 들어 우주 전체의 소립자 수는 100,000,000,000,000,000,000,000,000,000,000,000,000,000,000,000,000,000,000,000,000,000,000,000,000,000,000,000,000,000 정도라고 생각되지만 이 수의 로그는 겨우 80입니다. 거대한 수는 자릿수가 많아 다루기 쉽지 않으나 로그를 구하면 다루기가 쉬워집니다.

"1,000의 로그는 3이다."라는 표현은 더 정확하게 표현하면 "**10을 밑으로 하는**

---

* '범인 찾기'와 마찬가지로 n번 조사하면 $2^{n+1} - 1$개의 수 중에서 원하는 수를 찾을 수 있습니다.

1,000의 로그는 3이다."라고 씁니다. 여기서 말하는 밑이란 "무엇을 3제곱하면 1,000이 되는가?"에서 '무엇'에 해당하는 수입니다. 밑은 **기수**라 부르기도 합니다.

로그와 거듭제곱의 관계

로그는 거듭제곱과 역의 관계입니다. 따라서 다음 두 가지 문장은 같은 내용을 나타냅니다.

- 10을 5제곱하면 100,000이 된다.
- 10을 밑으로 하여 100,000의 로그를 구하면 5가 된다.

거듭제곱은 '지정한 횟수만큼 곱셈을 반복'하는 계산입니다. 반대로 로그는 '곱셈을 몇 번 반복해야 그 수를 만들 수 있을 것인가를 조사'하는 계산입니다. 이러한 사실로부터 거듭제곱과 로그는 역의 관계가 있음을 알 수 있습니다.

우리는 '10의 5제곱'을 10^5이라고 나타냅니다. 물론 구체적인 식은 10^5 = 100,000입니다.

이와 마찬가지로 '100,000의 로그'는 다음과 같이 나타냅니다('로그 10만'이라고 읽습니다).

$$\log_{10} 100000$$

일일이 '100,000의 로그'라고 말하지 않더라도 $\log_{10} 100000$이라고 쓰기만 하면 끝납니다.

구체적인 식은 다음과 같습니다.

$$\log_{10} 100000 = 5$$

$\log_{10} 100000$이라는 것은 "10을 몇 번 제곱하면 100,000이 되는가?"를 나타내며 10^5 = 100,000이기 때문입니다.

수식이 등장하는 바람에 내용이 갑자기 어려워진 것처럼 느낄지도 모르겠지만, '로그가 거듭제곱의 역'이라는 것을 확실히 이해한다면 그렇게 어려운 내용은 아닐 것입니다.

그러면 log를 제대로 이해했는지 퀴즈를 풀며 확인해 보겠습니다.

$\log_{10} 1000$의 값은 얼마일까요?

$\log_{10} 1000 = 3$입니다. $10^3 = 1{,}000$이기 때문이라고 해도 좋고, 단순하게 '1,000의 0의 개수'라고 생각해도 좋습니다.

$\log_{10} 10^3$의 값은 얼마일까요?

$10^3 = 1{,}000$이므로 $\log_{10} 10^3 = 3$입니다.

$\log_{10} N$이라는 것은 "10을 몇 번 제곱해야 N이 되는가?"를 나타내는 것이므로 $\log_{10} 10^a$의 값은 항상 a가 됩니다. 10을 a 제곱하면 10^a이 되기 때문입니다.

$10^{\log_{10} 1000}$의 값은 얼마일까요?

 $10^{\log_{10} 1000} = 1000$ 입니다. $\log_{10} 1000$이 3이므로 $10^{\log_{10} 1000} = 10^3$이 되며, 따라서 1,000이 됩니다.

$\log_{10} N$이라는 것은 "10을 몇 번 제곱해야 N이 되는가?"를 나타내는 것이므로 $10^{\log_{10} N}$의 값은 항상 N이 됩니다.

2를 밑으로 하는 로그

지금까지 주로 10을 밑으로 하는 로그를 주제로 설명했습니다. 똑같은 방식으로 2를 밑으로 하는 로그를 생각해 보도록 합시다.

$$10^3 = 1000 \quad \xleftrightarrow{\text{같음}} \quad \log_{10} 1000 = 3$$

앞서 살펴본 식과 마찬가지 방법으로 다음과 같이 계산하면 됩니다.

$$2^3 = 8 \quad \xleftrightarrow{\text{같음}} \quad \log_2 8 = 3$$

$\log_{10} 1000$은 "밑수 10을 몇 번 제곱해야 1,000이 되는가?"를 나타내는 수입니다만 $\log_2 8$은 "밑수 2를 몇 번 제곱해야 8이 되는가?"를 나타내는 수입니다.

2를 밑으로 하는 로그에 익숙해지고자 몇 가지 문제를 풀어 보도록 하겠습니다.

 $\log_2 2$의 값은 얼마일까요?

 $\log_2 2 = 1$입니다. 2를 1번 제곱하면 2가 되기 때문입니다.

Q $\log_2 256$의 값은 얼마일까요?

A 256은 2를 8번 제곱한 수이므로 $\log_2 256 = 8$입니다.

로그 그래프

이처럼 다루기 어려운 큰 수라도 로그를 구하면 훨씬 다루기 쉬운 작은 수가 됩니다. 이는 다음 식을 보면 쉽게 알 수 있습니다.

$$\log_{10} 1 = 0$$
$$\log_{10} 10 = 1$$
$$\log_{10} 100 = 2$$
$$\log_{10} 1000 = 3$$
$$\log_{10} 10000 = 4$$
$$\log_{10} 100000 = 5$$
$$\log_{10} 1000000 = 6$$
$$\cdots$$
$$\log_{10} 100000000000000000000000000000000000000000000000000 = 50$$

그래프의 세로축에 로그를 사용하면 지수적 폭발이 있다고 하더라도 보기 좋은 그래프를 그릴 수가 있습니다. 이를 **로그 그래프**라고 합니다.

앞서 본 바와 같이 종이를 접었을 때 종이의 두께를 보통의 그래프로 나타내면 선이 위로 치솟으므로 보기 좋게 표현할 수가 없습니다(그림 7-9 왼쪽 그림). 그러나 그림 7-9 오른쪽 그림처럼 로그 그래프로 표현하면 지수적 폭발도 보기 좋게 표현할 수 있게 됩니다.

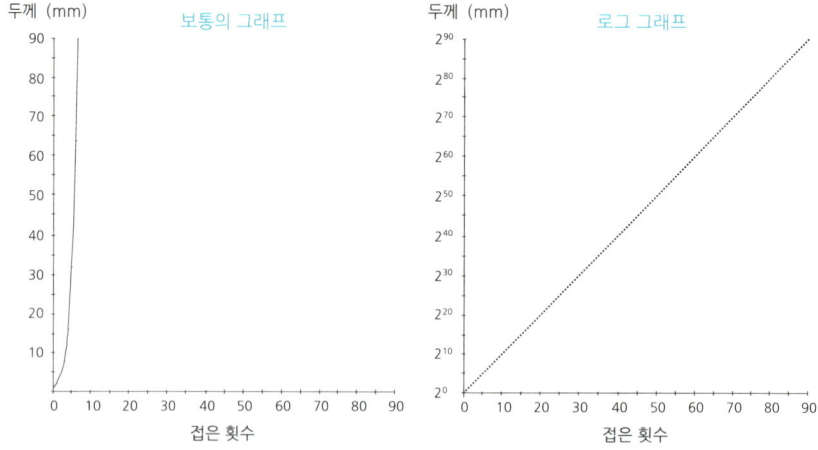

그림 7-9 접은 횟수와 두께의 관계를 나타낸 로그 그래프

로그 그래프의 세로축의 눈금에 표시된 수를 자세히 살펴보세요. 2^0, 2^{10}, 2^{20}, ..., 즉 1, 1024, 1048576, ...처럼 지수적으로 증가하고 있음을 볼 수 있습니다. 이렇게 지수적으로 증가하는 수가 눈금에 표시된다는 것이 로그 그래프의 특징입니다. 로그 그래프는 지수적 폭발과 같은 기하급수적인 수의 증가를 파악하는 것입니다.

지수법칙과 로그

좀 더 생각해 보도록 하겠습니다. 다음 지수법칙을 자세히 살펴보기 바랍니다.

$$10^a \times 10^b = 10^{a+b}$$

지금 100과 1,000의 곱셈을 계산한다고 합시다. 100은 10^2이고 1,000은 10^3이므로 지수법칙에 따라 다음 식이 성립합니다.

$$10^2 \times 10^3 = 10^{2+3}$$

| Chapter 07 | 지수적 폭발: 곤란한 문제와의 싸움

10^2과 10^3의 곱셈을 계산할 때 지수 2와 지수 3의 덧셈을 수행하여 구하는 답 10^{2+3}, 즉 100,000을 얻을 수가 있습니다.

지금 계산한 것은 **그림 7-10**과 같이 나타낼 수 있습니다.

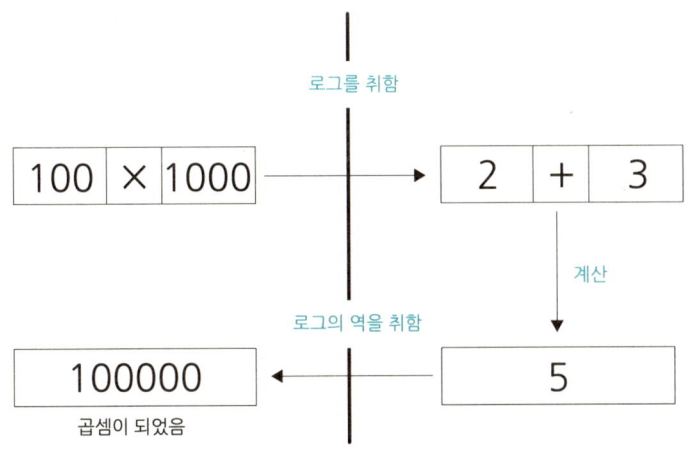

그림 7-10 덧셈을 사용하여 곱셈 계산하기

10^2에서 2, 10^3에서 3처럼 지수를 얻는 것은 원래 수의 로그를 구하는 것에 해당합니다. 그러므로 두 개의 수를 곱하려면 각각의 수의 로그를 구한 다음 더하여 그 결과를 거듭제곱하면 곱셈을 계산할 수 있게 됩니다. 즉, **덧셈을 사용하여 곱셈을 구현할 수 있다**는 것이 됩니다.

지수법칙은 로그를 사용하여(즉, log를 사용하여) 표기하면 다음과 같습니다(단, A > 0, B > 0).

$$\log_{10}(A \times B) = \log_{10} A + \log_{10} B$$

곱셈은 덧셈보다 어려운 계산입니다. 그러나 로그를 사용하면 곱셈을 덧셈으로 실현할 수 있게 됩니다. 요컨대 **어려운 계산을 쉬운 계산으로 변환한다**라는 것이 됩니다.

정리해 보도록 합시다. 여기에 두 개의 정수 A와 B를 곱한다고 합시다. 직접 A

와 B를 곱하는 대신 다음과 같은 세 단계를 거칩니다.

(1) 'A의 로그'와 'B의 로그'를 각각 구한다.

(2) 'A의 로그'와 'B의 로그'를 더한다.

(3) 덧셈의 결과를 거듭제곱한다(로그의 역을 계산).

이러한 세 단계로 A × B를 계산할 수 있습니다.

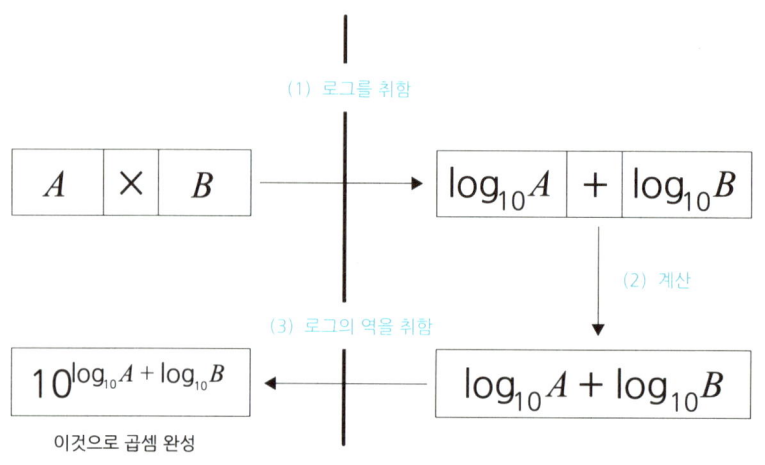

그림 7-11 덧셈을 사용하여 곱셈 계산하기 (일반화)

학생   "곱셈보다 덧셈이 더 쉬운 것은 맞지만, 로그 계산이 곱셈 계산보다 더 어려워 보이는데요?"

선생님   "분명히 그렇지만 로그는 미리 표로 만들어 둘 수 있습니다. 다음 절에서 이야기할 계산자는 미리 계산한 로그를 눈금에 새겨둔 도구랍니다."

| Chapter 07 | 지수적 폭발: 곤란한 문제와의 싸움

로그와 계산자

여기서 역사를 잠시 뒤돌아보겠습니다.

로그는 1614년 스코틀랜드의 수학자였던 네이피어$^{\text{John Napier, 1550~1617}}$가 발견했습니다. 네이피어는 거듭제곱과 나눗셈을 계산할 때 로그를 사용하면 효과적이라는 것을 보여주었습니다.

그 당시 천문학은 현재와 같은 컴퓨터 없이도 거대한 수를 다루면서 수많은 거듭제곱 계산을 수행해야만 했습니다. 따라서 네이피어의 로그를 사용한 로그표나 계산자를 사용하게 되었습니다. 앞 절에서 살펴본 것처럼 거듭제곱 계산에서 로그가 효과적인 이유는 로그를 사용하면 곱셈을 덧셈으로 변환할 수 있기 때문입니다.

계산자는 로그를 사용하여 곱셈을 계산하는 도구입니다. 지금부터 단순화한 계산자를 이용하여 그 원리를 설명해 보도록 하겠습니다.

그림 7-12를 살펴보기 바랍니다. 이 그림은 수직선을 이용하여 3 + 4 = 7을 계산하는 모습을 나타냅니다. 같은 간격으로 위치한 2개의 수직선을 다음과 같이 엇갈리게 배치한 다음 눈금을 읽으면 덧셈을 계산할 수 있는 도구입니다.

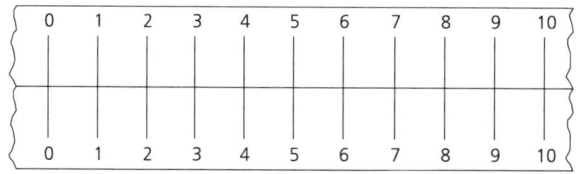

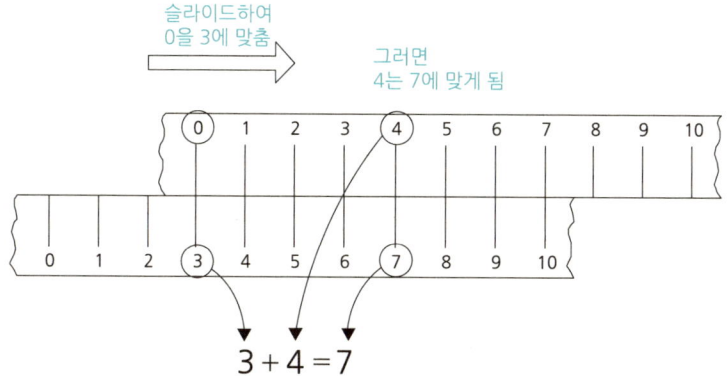

그림 7-12 계산자로 덧셈 계산

수직선의 눈금은 같은 간격으로 두고 각 눈금에 할당된 수를 거듭제곱하는 방식으로 계산하면 앞서 계산한 덧셈을 곱셈으로 다룰 수 있습니다. 그림 7-13에서는 수직선을 이용하여 $10^3 \times 10^4 = 10^{3+4}$을 계산하는 모습입니다.

이 수직선에서는 오른쪽으로 눈금 하나를 움직이면 수가 10배가 됩니다. 이렇게 지수적으로 증가하는 눈금 표시 방식이 로그 눈금의 특징입니다.

그림 7-14의 수직선도 로그 눈금입니다. 이 수직선은 그림 7-13과 달리 오른쪽으로 눈금 하나를 옮길 때에 1씩만 증가합니다. 그 대신 눈금의 간격이 점점 좁아집니다. 이처럼 숫자를 표시하는 방법을 다르게 하는 것만으로도 로그 눈금이 됩니다. 이 그림에서는 3 × 4 = 12를 계산하고 있습니다.

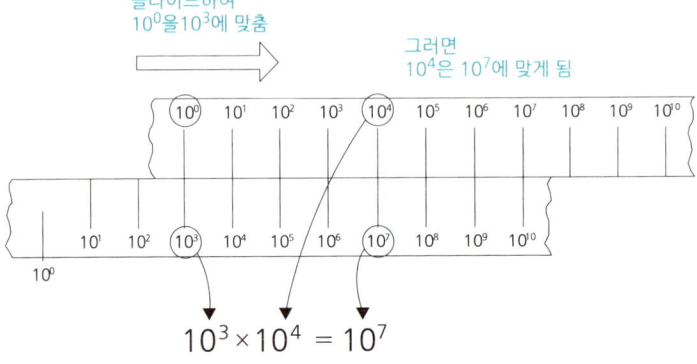

그림 7-13 지수의 덧셈은 곱셈이 됨

| Chapter 07 | 지수적 폭발: 곤란한 문제와의 싸움

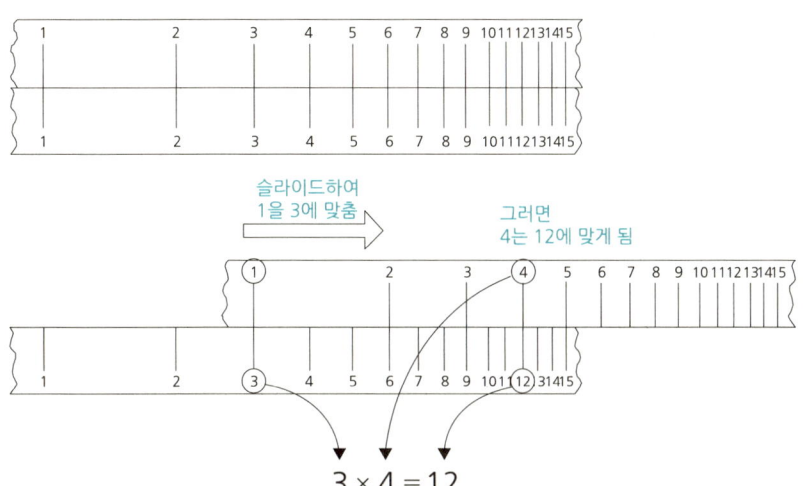

그림 7-14 로그를 사용하여 곱셈 계산

암호: 지수적 폭발로 비밀을 지킴

이번에는 지수적 폭발이 우리의 비밀을 지켜 준다는 것을 이야기하고자 합니다.

무작위 공격

현재 사용하는 암호는 '키^{Key}'라고 부르는 무작위의 비트 열을 사용하여 메시지를 암호화합니다. 이 '키'를 아는 사람만이 암호문을 원래의 메시지로 복원(복호)할 수 있습니다.

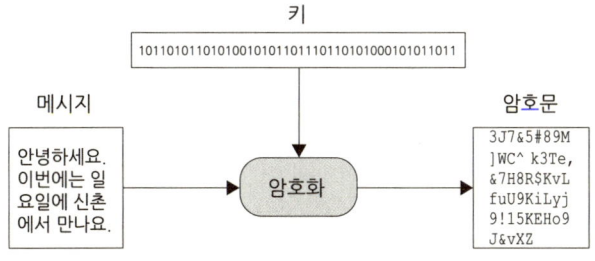

그림 7-15 메시지를 키로 암호화하기

누군가가 키를 모르는 채 암호문을 해독하려 한다고 합시다. 만약 암호화하는 알고리즘에 약점이 없다면 모든 것을 처음부터 하나하나 대입해 보며 키를 알아내는 것 외에는 방법이 없습니다. 즉, 키와 같은 길이의 비트 열을 순서대로 만들어 내어 암호문을 복원하고자 시험해 보는 것입니다. 열쇠로 잠근 문을 열고자 이것저것 모든 열쇠를 하나하나 꽂아 보며 열리는지를 시험하는 것과 비슷한 방식입니다.

이렇게 일일이 하나하나 시험해 보는 암호 해독 방법을 **무작위공격**Brute-force Attack 이라고 합니다.

비트의 길이와 안전성과의 관계

키로 사용하는 비트 열의 길이(**키의 비트 길이**)가 길면 길수록 무작위 공격에 더 많은 시간이 걸립니다. 만약 키의 비트 길이가 극단적으로 짧은 3비트라면 다음 8가지 중 올바른 키가 있는 것이 됩니다.

```
000, 001, 010, 011, 100, 101, 110, 1111
```

3비트 키로는 많아야 8번만 시험해 보면 암호문을 확실히 해독할 수 있게 됩니다. 그렇다면 4비트 키라면 어떨까요? 키는 다음과 같이 16가지가 있게 됩니다.

```
0000, 0001, 0010, 0011, 0100, 0101, 0110, 0111,
1000, 1001, 1010, 1011, 1100, 1101, 1110, 1111
```

즉, 4비트 키라면 아무리 많아야 16번만 시험해 보면 암호문을 해독할 수 있게 됩니다. 5비트 키라면 32번, 6비트 키라면 64번 시도해 보면 암호문을 풀 수 있습니다. 이처럼 짧은 비트 길이의 예를 보면 이런 키를 이용해서는 결코 중요한 비밀을 지킬 수 있을 것 같지는 않습니다. 다만 실제로는 암호에 수 비트 길이의 키는 사용하지 않으며, 현재는 128비트 이상의 키를 사용할 때가 대부분입니다.

여기서 비트 길이와 시도 횟수의 관계를 잘 살펴보기 바랍니다. 비트 길이가 n이라고 한다면 유효한 키의 가능성(시도 횟수)은 2^n이 됩니다. 1비트 늘어나면 시도

| Chapter 07 지수적 폭발: 곤란한 문제와의 싸움

횟수가 두 배가 된다는 것은 지수적 폭발을 일으킨다는 의미입니다.
예를 들어 512비트의 키를 생각해 봅시다.

　　512비트 키의 모든 가짓수　=　2^{512}

　　　　　　　　　　　　　　=　13407807929942597099574024998205846127479365820592393377723561443721764030073546976801874298166903427690031858186486050853753882811946569946433649006084096

　이것은 무작위 공격으로는 깨기가 어려울 정도의 키 개수입니다. 키의 비트 길이가 1비트 길어질 때마다 시도 횟수가 배로 늘어납니다. 일반적인 감각으로 512라는 것은 그리 큰 양이 아닙니다. 그러나 지수적 폭발이 일어나는 곳에서 512는 그야말로 엄청난 양을 발생시킵니다.

　가령 전 우주를 구성하는 소립자 하나하나가 모두 현대 슈퍼 컴퓨터라고 가정합시다. 이러한 어마어마한 수의 슈퍼 컴퓨터가 우주가 생길 때부터 지금까지의 엄청난 시간 동안 키를 계속 시도한다고 합시다. 그래도 512비트 키 모두를 시도해 볼 수는 없습니다.

　암호를 잘 모른다면 "256비트이든 512비트이든 결국 키는 한정된 수이다. 그러므로 모두 시험해 본다면 언젠가는 풀 수 있을 것이다."라고 생각하기 쉽습니다. 이는 맞는 말이기는 하지만 현실적이지는 않습니다. 작은 수이더라도 지수적 폭발이 일어날 때는 사람이 생각하는 시간이나 사람의 능력을 훨씬 뛰어넘는 양을 발생시킬 때가 있기 때문입니다.

　가능이나 불가능만을 생각한다면 거의 모든 암호는 무작위 공격으로 해독할 수 있습니다. 그러나 "해독할 수 있다."라는 말과 "현실적인 시간 안에 해독할 수 있다."라는 말은 다릅니다. 충분한 비트 수의 키를 사용하면 현실적인 시간 안에 암호를 풀 가능성은 거의 없습니다.*

---

*　암호 해독에는 암호 알고리즘에 맞는 해독 기법이 있습니다만, 여기서는 무작위 공격(Brute-force Attack)만을 다룹니다. 이러한 암호 기법을 배우고자 하는 분은 별도의 관련 서적을 참고하기 바랍니다.

지수적 폭발에 대처하려면

문제 공간의 넓이 이해하기

여러분이 어렵다고 생각하는 문제에 부딪혔다면 우선 그 문제를 다루는 '공간'을 이해하도록 합시다. 이 문제의 공간이 넓으면 넓을수록 해답을 발견하기는 어려워질 것입니다. 이는 마치 어질러진 방에서 책을 찾는 것과 비슷합니다.

우선 책이 분명히 그 방에 있는지를 확인합니다. 즉, 발견하고자 하는 해답이 애당초 있는지 없는지를 조사하는 것이 중요합니다.

"방 A 아니면 방 B 둘 중 하나에 있다."라는 것이 확실하고 방 A를 뒤져도 찾지 못했다면 책은 반드시 방 B에 있는 것이 됩니다. 이것은 논리를 사용하는 것이 됩니다.

그리고는 방 안에서도 특히 "책장에 있다."라는 것을 안다면 찾기가 조금은 쉬워질 것입니다. 이는 탐색해야 하는 문제 공간을 좁혀가는 것이 됩니다. 느닷없이 방의 구석구석을 뒤져 보는 것이 아니라 우선은 범위를 한정하는 것이 좋습니다.

또한, 책장 안에 책이 일렬로 제대로 꽂혀 있다면 처음부터 순서대로 조사해 가면 찾을 수 있습니다. "처음부터 순서대로 조사해 간다."라는 것은 어렵지 않지만, "처음부터 순서대로 조사해 가면 언젠가는 찾는다."라는 상태까지 간다는 것은 큰일입니다. 그러나 일단 거기까지 간다면 그 뒤는 로봇이나 컴퓨터에 맡길 수 있을 겁니다.

어떤 문제라도 **풀 수 있을 것인가를 판정하는 방법**과 **순서대로 시도해 보는 데 필요한 절차**가 있다면 무작위 공격이 가능합니다. 인공지능학자인 마빈 민스키Marvin Minsky는 이를 **퍼즐의 원리**라고 부릅니다.

하지만 그 뒤로는 순서대로 조사하기만 하면 된다는 것을 알고 게다가 모든 경우의 수가 한정된다고 하더라도 해결하기 어려울 때가 있습니다. 이것이 이 장에서 설명한 '지수적 폭발'이 포함된 문제입니다.

네 가지 대처법

지수적 폭발이 포함된 문제에 대해 크게 다음과 같이 네 가지 대처법을 적용할 수 있습니다.

힘을 다해 열심히 풀기

우선 생각해 볼 수 있는 것은 "방법은 알고 있으므로 그다음은 있는 힘껏 푼다."라는 방법입니다. 즉, 컴퓨터의 성능을 높여서 푸는 방법입니다. 슈퍼 컴퓨터를 사용하거나 병렬 컴퓨터나 새로운 소자를 사용한 컴퓨터를 사용하는 등의 방법이 이에 해당합니다.

있는 힘을 다해 푼다는 것은 중요한 방법의 하나이지만, 문제의 규모가 조금만 커지면 금방 감당할 수 없게 되거나 문제의 규모와 컴퓨터 성능의 쳇바퀴 돌기가 될 수도 있습니다. 이러한 사실에 주의하기 바랍니다.

변환하여 풀기

두 번째는 "어쨌든 쉬운 문제로 변환하여 푼다."라는 방법입니다. 즉, 이 문제에 대한 더 좋은 해법이나 더 좋은 알고리즘을 찾는 것입니다. 잘 된다면 3장의 쾨니히스베르크의 다리 건너기나 타일 깔기 퍼즐과 같이 모든 경우의 수를 시험해 보지 않고도 해법을 발견할 수 있을 것입니다.

그러나 안타깝게도 지수적 폭발이 포함된 문제에 대해 '모든 경우의 수를 시험해 본다'라는 것보다 항상 더 좋은 방법을 찾을 수 있다고는 할 수 없습니다. 일반적으로 이는 몹시 어려운 과정입니다.

더군다나 아무리 컴퓨터가 진화한다고 해도 절대로 풀 수 없는 문제라는 것도 있습니다. 이에 대해서는 다음 장에서 이야기하겠습니다.

비슷하게 풀기

세 번째는 "완벽하게 푸는 것이 아니라 가장 가까운 답을 찾는다."라는 방법입니다. 이것은 어림잡아 결과를 구하거나 시뮬레이션 등을 사용하여 수량으로 답

을 구할 때 사용하는 방법입니다. 엄밀하게 수학적인 결과는 모르더라도 실용적으로 도움이 되는 답을 발견할 수 있을지도 모르니까요.

확률적으로 풀기

또 한 가지는 "확률적으로 푼다."라는 방법입니다. 이것은 답을 구할 때 난수를 이용하는 방법으로, 말하자면 주사위를 던져 그 결과를 구하는 것과 같은 것입니다. 이 방법을 잘 이용하면 어려운 문제라도 짧은 시간 안에 풀 수 있을 때가 있습니다.

그러나 답을 발견할 때까지 걸리는 시간은 확률적으로밖에 알 수 없으므로 운이 나쁘면 언제까지나 답을 발견할 수 없을지도 모릅니다. "확률적으로 푼다."라 하면 대충대충 성의없이 들릴지도 모르겠으나 이는 응용과학에서 매우 중요한 방법으로, **확률적 알고리즘**Probabilistic Algorithm이라 불리며 활발히 연구되고 있습니다.

이 장에서 배운 내용

이 장에서는 지수적 폭발에 대해 이야기해 보았습니다.

두 배 게임에서는 아주 조금만 반복하더라도 엄청난 수로 늘어납니다. 그러므로 풀고자 하는 문제가 지수적 폭발을 포함하는가에 항상 주의할 필요가 있습니다. 그러지 않으면 기껏 프로그램을 작성한다 해도 그 실행과 테스트에 엄청난 시간이 걸릴 수도 있기 때문입니다.

한편, 지수적 폭발을 역으로 이용하면 문제를 해결하는 데 강력한 무기가 될 수도 있습니다. 이진 탐색은 지수적 폭발을 이용하여 대량의 정보에 대해 빠른 속도로 검색을 시행하는 알고리즘입니다. 또한, 로그를 이용하면 거듭제곱을 덧셈으로 변환할 수 있고, 이도 역시 지수적 폭발을 이용했다고 할 수 있습니다. 지수적 폭발은 현대 암호를 푸는 데에도 나름의 역할을 합니다.

지수적 폭발을 일으키는 문제는 풀기가 무척 어려우며 현대의 컴퓨터 기술로는 현실적인 시간 안에 푸는 것이 불가능한 문제도 적지 않습니다. 그러나 풀고자 하

| Chapter 07 | **지수적 폭발**: 곤란한 문제와의 싸움

는 문제의 크기보다 빠른 컴퓨터를 언제나 준비할 수 있다면 지수적 폭발을 일으키는 문제라고 하더라도 해결할 수 있을 것입니다.

그렇다면 과학이 진보하여 컴퓨터가 빨라진다면 어떤 문세라도 언젠가는 풀 수 있을까요? 안타깝게도 이에 대한 대답은 "No"입니다. 아무리 컴퓨터가 진화한다고 하더라도 절대로 풀 수 없는 문제가 있습니다. 다음 장에서는 이렇게 해결할 수 없는 문제에 대해 이야기해 보겠습니다.

 **끝내는 대화**

선생님   "전 세계의 인구를 100억이라고 한다면 전원에게 번호를 붙이려면 몇 비트가 필요할까요?"
학생   "10비트이면 1,024명이니깐… 그렇다면 300비트 정도일까요?"
선생님   "아뇨. 34비트면 충분하답니다."
학생   "그걸로 충분하다고요?"
선생님   "우주 전체의 원자에 번호를 붙인다고 해도 300비트까지는 필요 없답니다."

| Chapter 08 |

계산할 수 없는 문제

셀 수 없는 수, 프로그래밍할 수 없는 프로그램

시작하는 대화

선생님	"우선 한쪽 발을 앞쪽으로 내민다고 합시다. 그다음 어떤 때라도 반대편 발을 앞으로 내민다고 합시다."
학생	"선생님. 수학적 귀납법에서 무한의 저편까지 갈 수 있다는 이야기는 4장에서 이미 배웠는데요?"
선생님	"그러나 이렇게 해서 갈 수 있는 곳은 셀 수 있는 무한뿐이랍니다."
학생	"무한에도 종류가 있나요?"
선생님	"예, 그렇습니다."

이 장에서 배울 내용

이 장에서는 '계산할 수 없는 문제'에 대해 생각해 보겠습니다.

지금까지 이 책에서 대규모의 문제를 어떻게 해결할 것인가를 살펴보았습니다. 컴퓨터의 진화는 무척 빨라서 컴퓨터를 사용하면 어떤 어려운 문제라도 풀 수 있을 듯한 느낌이 듭니다. 그러나 안타깝게도 그렇지는 않습니다. '계산할 수 없는 문제'라는 것이 있기 때문입니다.

이 장에서는 우선 준비 과정으로 '귀류법'이라는 증명법과 '셀 수 있는Countable'이라는 개념을 설명합니다. 준비가 끝나면 '계산할 수 없는 문제'가 있다는 것을 살펴보겠습니다. 그리고 계산할 수 없는 구체적인 문제로서 '정지 판정 문제'를 소개하겠습니다.

이 장은 까다로운 이야기가 많이 등장하므로 '선생님과 학생의 대화'가 쉬어가는 페이지로 자주 나올 것입니다.

| Chapter 08 | 계산할 수 없는 문제: 셀 수 없는 수, 프로그래밍할 수 없는 프로그램

귀류법

우선 '귀류법'이라는 증명법에 대해 설명하겠습니다. 귀류법은 이 장에서 자주 나오므로 이 부분은 한 번 읽고 넘어가지 말고 꼼꼼히 읽고 이해하기 바랍니다.

귀류법이라는 것은 다음과 같은 증명법입니다.

(1) 우선 '증명하고자 하는 명제의 부정'이 성립한다고 가정합니다.

(2) 그 가정을 기본으로 증명을 진행하여 **모순***을 유도합니다.

한마디로 말하면 귀류법이란 "**증명하고자 하는 것의 부정을 가정하면 모순이 생긴다.**"라는 것을 밝히는 증명법입니다. 즉, 잘못으로 결론이 난다는 의미에서 **귀류법**이라고 합니다. 다른 말로는 이치에 어긋나게 된다는 의미에서 **배리법**이라고도 합니다.

귀류법은 증명하고자 하는 명제를 직접 증명하는 것이 아니므로 조금은 이해하기 어렵습니다. 우선은 아주 간단한 귀류법의 예를 살펴보겠습니다.

Q '최대 정수'라는 것은 존재하지 않습니다. 왜일까요?

A 귀류법으로 최대 정수가 없음을 증명해 보겠습니다.

'최대 정수'가 있다고 가정하고 그 수를 M이라고 합니다. 그러면 M + 1은 M보다도 큰 정수가 됩니다. 이는 M이 최대 정수라는 가정과 모순됩니다.

따라서 '최대 정수'라는 것은 존재하지 않습니다.

---

* 모순이란 '어떤 명제 P와 그 부정 ~P가 모두 참이 되는 것'입니다.

되돌아보기

'최대 정수'가 없다는 것은 바로 알 수 있지만 여기서는 귀류법의 예로 생각해 보도록 합시다.

여기서 증명하고자 하는 것은 다음과 같은 명제입니다.

최대 정수는 존재하지 않는다.

그러므로 귀류법에서는 이의 부정, 즉 다음을 가정합니다.

최대 정수는 존재한다.

그리고 이 가정에서 모순되는 결과를 유도합니다.

앞의 예에서는 '최대 정수 M'을 사용하여 'M보다도 큰 정수 M + 1'을 구체적으로 만들었습니다. M보다도 큰 정수를 만들 수 있다는 것은 "M은 최대 정수가 아니다."라는 의미입니다. 따라서 "M은 최대 정수이다."와 "M은 최대 정수가 아니다." 양쪽 모두가 성립하게 됩니다. 이것은 모순입니다.

모순이 생겼다는 것은 처음의 "최대 정수가 있다."라는 가정이 잘못되었기 때문입니다. 이 문제는 최대 정수가 있는가, 없는가의 둘 중 하나이므로 "최대 정수는 없다."라는 것이 증명된 것입니다. "증명하고자 하는 것의 부정을 가정하면 모순이 생긴다."라는 귀류법의 흐름을 잘 이해하기 바랍니다.

소수 퀴즈

귀류법에 익숙해지고자 유명한 문제를 하나 더 살펴보겠습니다. "소수는 무한히 많다."라는 명제를 증명해 보겠습니다. 문제를 풀기 전에 먼저 소수$^{Prime\ Number}$에 대해 알아보겠습니다.

소수란 '1과 자기 자신의 수만으로 나누어떨어지는 2 이상의 수'를 말합니다.

1은 소수가 아닙니다. 소수는 2 이상이여야 하기 때문입니다. 2는 소수입니다.

| Chapter 08 | 계산할 수 없는 문제: 셀 수 없는 수, 프로그래밍할 수 없는 프로그램

2가 나누어떨어지는 수는 1과 2뿐이기 때문입니다. 3도 소수입니다. 3이 나누어 떨어지는 수는 1과 3뿐이기 때문입니다. 그러나 4는 소수가 아닙니다. 4가 나누어떨어지는 수는 1과 4 외에도 2가 있기 때문입니다. 작은 수부터 소수를 나열해 보면 다음과 같이 됩니다.

$$2, 3, 5, 7, 11, 13, 17, 19, 23, \ldots$$

2 이외의 소수는 모두 홀수입니다. 짝수는 2로 나누어떨어지므로 소수가 될 수 없기 때문입니다. 3 이외의 소수는 모두 3의 배수가 아닙니다. 3의 배수는 3으로 나누어떨어지므로 소수가 될 수 없기 때문입니다.

일반적으로 n보다 작은 소수로 n이 나누어떨어진다면 n은 소수가 아닙니다. 또한, n보다 작은 어떤 소수로 n을 나누어도 나누어떨어지지 않으면(반드시 나머지가 생김) n은 **소수입니다**.

그러면 여기서 문제입니다.

소수가 무한히 많음을 증명해 보세요.

귀류법으로 소수가 무한히 많음을 증명해 보겠습니다.

우선 증명하고자 하는 것의 부정을 가정합니다.

"소수는 무한히 많지 않다." 즉, "소수의 개수는 유한하다."라고 가정합니다.

이 가정을 이용하여 모순을 끌어내는 것이 목표입니다.

소수의 개수가 유한하다고 가정하였으므로 모든 소수는 다음과 같이 적을 수 있습니다.

$$2, 3, 5, 7, \ldots, P$$

지금부터 소수의 전체 집합에 포함되지 않은 소수가 새롭게 만들어짐을 나타내 보겠습니다.

여기서 모든 소수(2, 3, 5, 7, ..., P)를 곱한 다음 1을 더한 수를 Q라고 합시다. 즉, 다음과 같습니다.

$$Q = \underbrace{2 \times 3 \times 5 \times 7 \times \cdots \times P}_{\text{모든 소수의 곱}} + 1$$

소수의 개수는 유한하다고 가정하였으므로 Q는 유한한 크기입니다.

Q는 모든 소수를 곱한 수보다도 1이 크므로 Q는 소수 2, 3, 5, 7, ..., P 어느 것보다도 큽니다. "Q는 어떤 소수보다도 크다."라는 것은 결국 "Q는 소수가 아니다."라는 의미가 됩니다.

그런데 방금 만든 Q는 2, 3, 5, 7, ..., P 중 어떤 수로 나누더라도 나머지가 1이 됩니다(나누어떨어지지 않습니다). 그렇다는 것은 Q가 나누어떨어지는 수는 1과 Q 자신뿐이 되므로 소수의 정의에 따라 "Q는 소수이다."라고 말할 수 있습니다.

"Q는 소수가 아니다."와 "Q는 소수이다."의 양쪽 모두가 성립되었습니다. 이는 모순입니다.

모순이 생겼다는 것은 최초의 가정 "소수의 개수는 유한하다."가 잘못된 가정이기 때문입니다.

따라서 귀류법에 의해 "소수는 무한히 많다."라는 것을 증명할 수 있습니다.[*]

귀류법에서 주의할 점

귀류법은 '증명하고자 하는 명제의 부정'으로부터 출발합니다. 즉, 잘못된 가정에서 시작해야만 합니다. 그러나 모순을 이끌어 내기까지의 논증 그 자체는 옳아야만 합니다. 왜냐하면, 도중에 논증이 잘못되면 "모순이 생긴 것은 최초의 가정이

---

[*] 소수가 무한히 많다는 증명은 유클리드(Euclid, 365~275 BC)에 따른 것입니다.

잘못되었기 때문이다."라는 결론을 이끌어낼 수 없기 때문입니다.

잘못된 가정에서 시작하여 "이 가정을 언젠가 뒤집는다."라는 마음가짐을 항상 갖고 올바른 논증을 진행하기가 그리 쉬운 일은 아닐지도 모릅니다.

셀 수 있음

그러면 이번에는 집합의 요소 '개수'를 조사하는 이야기로 넘어가 보겠습니다.

"**집합의 요소 개수가 한정되거나 집합의 모든 요소를 1 이상의 정수와 1 대 1로 대응할 수 있다.**"라고 할 때 이 집합은 **셀 수 있다**^{Countable}고 정의합니다.* 간단하게 말하면 요소를 1번, 2번, 3번, 4번, … 등 순서대로 셀 수 있는 집합이라는 뜻입니다.

집합의 요소 개수가 한정된다면 요소 모두에 번호를 붙일 수 있으므로 셀 수 있다는 의미를 이해할 수 있을 것입니다. 그러나 무한한 개수의 요소는 어떻게 셀 수 있는 것일까요?

물론 요소가 무한히 많다면 실제로 모두를 셀 수는 없습니다. 여기서 말하는 셀 수 있음이란 **요소를 '누락' 없이 '중복' 없이 센다**는 규칙을 정할 수 있다는 의미입니다. 이를 "1 이상의 정수와 1 대 1로 대응한다."라고 표현합니다.

1 이상의 정수는 한 줄로 차례대로 나열할 수 있으므로 셀 수 있다는 것은 '요소를 한 줄로 차례대로 나열할 수 있다'라고 이해해도 좋습니다.

셀 수 있는 집합의 예

셀 수 있는 집합을 이해하고자 몇 가지 예를 살펴보겠습니다.

유한 집합은 셀 수 있음

요소의 개수가 한정된 집합, 즉, 유한 집합은 모두 셀 수 있는 집합입니다. 이는 셀 수 있음의 정의를 보면 분명합니다.

---

* Countable은 Enumerable이라고 부를 때도 있습니다. 이는 셀 수 있거나 번호를 붙일 수 있음을 의미합니다.

0 이상의 짝수 전체 집합은 셀 수 있음

0 이상의 짝수 전체 집합은 셀 수 있는 집합입니다. 왜냐하면, 0 이상의 짝수 전체는 다음과 같이 번호를 붙일 수 있기 때문입니다.

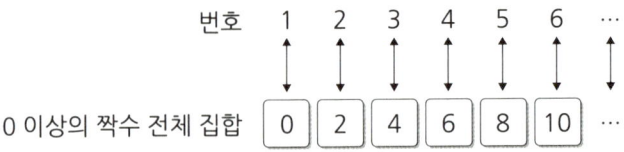

여기서는 짝수 $2 \times (k - 1)$에 k번이라는 번호를 붙이고 있습니다.

마찬가지로 홀수 $2 \times k - 1$에 k번이라고 번호를 붙이면 '1 이상의 홀수 전체 집합'도 셀 수 있는 집합임을 알 수 있습니다.

학생	"잠시만요! 0 이상의 짝수나 1 이상의 홀수는 1 이상 정수의 일부인데요?"
선생님	"그렇죠."
학생	"전체와 일부의 사이에 1 대 1 대응을 만들 수 있나요?"
선생님	"예, 만들 수 있답니다. 그것이 무한 집합의 특징이니까요."

정수 전체 집합은 셀 수 있음

정수 전체 집합(..., -3, -2, -1, 0, +1, +2, +3, ...)도 셀 수 있는 집합입니다. 왜냐하면, 다음과 같이 번호를 붙일 수 있기 때문입니다.

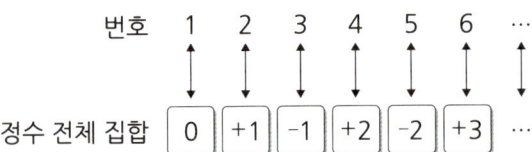

양수와 음수를 교대로 하여 번호를 붙인다는 것이 포인트입니다. 모든 양의 정수에 번호를 붙인 다음 음의 정수에 번호를 붙이는 방식으로는 안 됩니다. 왜냐하면, 양의 정수는 무한히 많으므로 번호를 차례대로 모두 붙일 수는 없기 때문입니다.

유리수 전체 집합은 셀 수 있음

$\pm\frac{1}{2}$이나 $\frac{-3}{7}$처럼 다음과 같이 분수로 나타낼 수 있는 수를 **유리수**라고 합니다.

$$\frac{\text{정수}}{\text{1이상의 정수}}$$

유리수 전체 집합은 셀 수 있는 집합입니다. 그림 8-1처럼 차례대로 번호를 붙일 수 있기 때문입니다. 이렇게 하면 유리수에 '누락' 없이 '중복' 없이 번호를 붙일 수 있습니다.

이런 식으로 순서에 따라 1, 2, 3, 4, ... 등의 번호를 붙여 가면 1 이상의 정수와 유리수를 1 대 1로 대응할 수 있습니다. 단, 이미 나온 것과 같은 수는 건너뜁니다. 그림 8-1에서는 건너뛰어야 하는 수를 점선으로 표시했습니다.

이상의 대응을 통해 유리수 전체 집합은 셀 수 있는 집합이 됩니다.

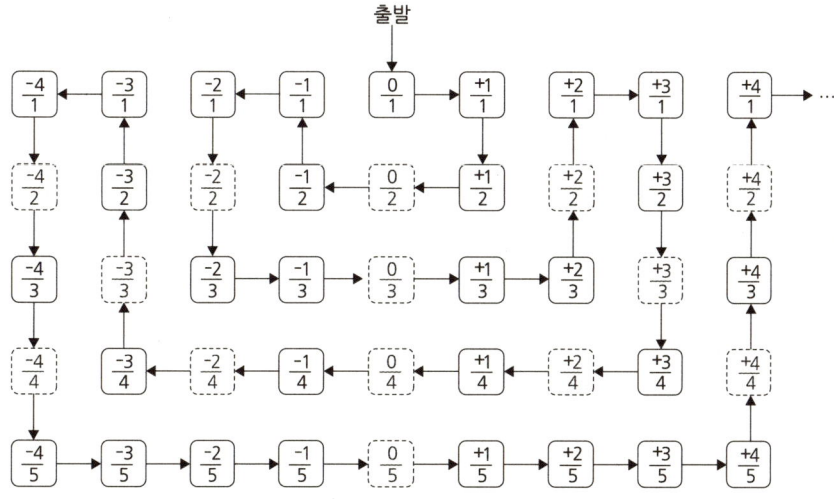

그림 8-1 유리수 전체 집합에 차례대로 번호 붙이기

프로그램 집합은 셀 수 있음

프로그램 집합은 셀 수 있는 집합입니다. 여기서 프로그램을 '프로그래밍 언어의 문법에 맞게 한정된 수의 문자를 나열한 것'이라고 생각합시다. 프로그램은 무한히 많지만 프로그램 집합은 셀 수 있는 집합이 됩니다. 왜냐하면, 다음과 같이 생각하면 모든 프로그램에 번호를 붙일 수 있기 때문입니다.

프로그램을 작성할 때 사용하는 문자는 다음과 같이 한정된 종류의 문자입니다.

```
a b c d e f g h i j k l m n o p q r s t u v w x y z
A B C D E F G H I J K L M N O P Q R S T U V W X Y Z
0 1 2 3 4 5 6 7 8 9
! " # % & ' ( ) * + , - . / : ; < = > ? [ \ ] ^ _ ` { | } ~
```

이 외에도 줄 바꿈이나 공백 등도 사용합니다. 전부 N 종류의 문자를 사용한다고 하고 N 종류의 문자를 나열한 문자열을 생각해 봅시다.

- 1 문자로 만드는 문자열의 모든 수는 N개 입니다.
- 2 문자로 만드는 문자열의 모든 수는 N^2개 입니다.

  …

- k 문자로 만드는 문자열의 모든 수는 N^k개 입니다.

  …

이렇게 하면 N 종류의 문자를 조합하여 만들 수 있는 문자열은 짧은 것부터 순서대로 나열해갈 수 있습니다. 문자 수가 같은 문자열끼리는 알파벳 순서(문자 코드 순서)로 나열할 수 있습니다. 실제로는 프로그램이 되지 않는 무의미한 문자열이 많이 나오겠지만 이런 것들은 문법 에러로 취급하여 빼도록 합니다. 남은 프로그램에 1, 2, 3, …이라고 번호를 매겨 가면 결국 모든 프로그램에 번호를 붙일 수 있습니다. 따라서 프로그램 집합은 셀 수 있는 집합입니다.*

---

* 프로그램을 0과 1의 비트열로 여기고 이를 2진수로 바꾸어 생각해도 프로그램 집합이 셀 수 있는 집합임을 알 수 있습니다.

| Chapter 08 | 계산할 수 없는 문제: 셀 수 없는 수, 프로그래밍할 수 없는 프로그램

셀 수 없는 집합은 있는가?

셀 수 있는 집합의 예를 보면 "어떤 집합이라도 셀 수 있는 집합이 아닌가?"라고 생각할 것입니다. 그럴듯한 규칙으로 말하자면 어떤 집합이더라도 모든 요소를 1 이상의 정수와 1 대 1로 대응할 수 있을 듯합니다. 설령 자신은 규칙을 발견하지 못해도 어딘가의 수학 천재가 그럴듯한 규칙을 발견할지도 모르고 말이죠.

그러나 그렇지 않습니다. 셀 수 없는 집합은 분명히 있습니다. 셀 수 없는 집합이란 요소가 1 이상의 정수 1, 2, 3, …과 1 대 1로 대응할 수 없는 집합을 말합니다. 어떠한 대응 규칙을 만들어도 신기하게 반드시 '누락'이 생기는 것입니다.

어떤 집합이 셀 수 없는 집합인지 잠시 상상해 보기 바랍니다.

대각선 논법

여기서는 셀 수 없는 집합의 예를 소개하고 귀류법을 사용하여 그 집합이 셀 수 없는 집합임을 증명해 보겠습니다.

정수열 전체는 셀 수 없다

여기서 '정수를 무한히 나열한 열'을 '정수열'이라고 부르기로 하겠습니다. 예를 들어 '0 이상의 정수열'은 정수열의 한 종류입니다.

0 이상의 정수열 | 0 | 1 | 2 | 3 | 4 | 5 | …

0 이상의 짝수열도 정수열입니다.

0 이상의 짝수열 | 0 | 2 | 4 | 6 | 8 | 10 | …

1 이상의 홀수열도 정수열입니다.

1 이상의 홀수열　1 3 5 7 9 11 …

6장에서 배운 피보나치 수열도 정수열입니다.

　　　　　피보나치 수열　0 1 1 2 3 5 …

정수열은 커지기만 한다고는 할 수 없습니다. 예를 들어 다음과 같이 똑같은 정수가 연속한 것도 정수열입니다.

　　　　　모두가 0인 수열　0 0 0 0 0 0 …

또한, 다음과 같이 원주율의 각 자리를 취하여 나열한 것도 정수열입니다.

　　　　　원주율의 각 자리 열　3 1 4 1 5 9 …

여기서는 정수열을 6가지만 표시했지만 정수열이라는 것은 무수히 많습니다. 즉, '정수열 전체 집합'은 무한 집합입니다. 그런데 이 '정수열 전체 집합'은 과연 셀 수 있는 집합일까요?

실제로는 '정수열 전체 집합'은 셀 수 없는 집합입니다.

여기서 모든 정수열에 대해 번호를 붙인다고 합시다. 예를 들어 '0 이상의 정수열'에 1번, '0 이상의 짝수열'에 2번, '1 이상의 홀수열'에 3번, '피보나치 수열'에 4번 등과 같이 번호를 붙입니다. 정수열은 무한히 있으므로 정수열 모두에 번호를 붙인 것을 실제로 볼 수는 없지만 '모든 정수열에 번호를 붙이기 위한 규칙'을 생각할 수 있습니다.

그러나 정수열에 누락 없이 번호를 붙이는 규칙을 몇 가지 생각하더라도 그 규칙으로부터도 빠지게 되는 정수열이 반드시 있습니다. 이것이 '정수열 전체 집합은 셀 수 없는 집합'이라는 것의 의미입니다.

'정수열 전체 집합'이 셀 수 없는 집합임을 증명하세요.

Hint   자 지금부터는 앞서 설명한 귀류법을 사용할 때입니다.

귀류법은 "증명하고자 하는 것의 부정을 가정하면 모순이 생긴다."라는 것을 나타내는 증명법이라고 했습니다. 여기서 증명하고자 하는 것은 다음과 같은 명제입니다.

정수열 전체의 집합은 셀 수 없다.

따라서 이 명제의 부정인 다음을 가정합니다.

정수열 전체의 집합은 셀 수 있다.

"정수열 전체의 집합은 셀 수 있다."라고 가정한다면 "모든 정수열에 번호를 붙일 수 있다."라는 것이 됩니다. "모든 정수열에 번호를 붙일 수 있다."라는 것은 "모든 정수열을 순서대로 나열할 수 있다."라는 것을 의미합니다. 정수열을 순서대로 나열하는 것이므로 무한히 커지는 2차원의 표를 만들 수 있다는 것이 됩니다. 이 표는 '모든 정수열의 표'라고 할 수 있습니다.

귀류법에 의한 증명은 '모든 정수열의 표'에 포함되지 않은 정수열을 만들어 내는 것이 목표입니다.

귀류법으로 "정수열 전체의 집합은 셀 수 **없다**."라는 것을 증명하겠습니다.

우선 "정수열 전체의 집합은 셀 수 **있다**."라고 가정합니다. 정수열 전체의 집합이 셀 수 있는 집합이라면 어떤 정수열에도 번호를 붙일 수 있습니다. 그러면 그림 8-2처럼 '모든 정수열의 표'를 생각할 수 있습니다. k번이라는 번호가 붙은 정수열은 표의 k행째에 놓입니다.

- 1번째 정수열을 1행째에 놓음
- 2번째 정수열을 2행째에 놓음
- 3번째 정수열을 3행째에 놓음

  ...

- k번째 정수열을 k행째에 놓음

  ...

이는 무한하게 커지는 표이므로 실제로 모두를 표시할 수는 없지만, 아무리 큰 1 이상의 정수 k가 주어져도 k행째까지 표를 만들 수 있습니다.

이렇게 할 수 있다는 것이 "정수열 전체의 집합은 셀 수 있다."라는 가정의 의미입니다.

그림 8-2 대각선 논법으로 "정수열 전체의 집합은 셀 수 없다."라는 것을 증명

'모든 정수열의 표'에 포함되지 않은 정수열을 만들어 모순을 유도하는 것이 목표입니다.

지금부터 다음과 같은 규칙으로 새로운 정수열을 만들도록 하겠습니다.

- 1번째 정수열의 1열째 수에 1을 더한 수를 a_1이라고 한다. (그림 8-2에서는 1)
- 2번째 정수열의 2열째 수에 1을 더한 수를 a_2라고 한다. (그림 8-2에서는 3)
- 3번째 정수열의 3열째 수에 1을 더한 수를 a_3이라고 한다. (그림 8-2에서는 6)

  ...

- k번째 정수열의 k열째 수에 1을 더한 수를 a_k라고 한다.

  ...

이렇게 하여 다음과 같이 구성합니다. (그림 8-2에서는 1, 3, 6, 3, 1, 10, ...이 됩니다.)

$a_1, a_2, a_3, ..., a_k, ...$

$a_1, a_2, a_3, ...$은 정수열입니다만 '모든 정수열의 표'에는 포함되지 않습니다. 왜냐하면, $a_1, a_2, a_3, ...$을 만드는 방법을 생각하면 '모든 정수열의 표'의 어느 정수열과 비교해도 적어도 한 곳 이상이 다르기 때문입니다.

'모든 정수열의 표'는 모든 정수열을 포함해야만 하는데도 정수열 $a_1, a_2, a_3, ...$은 포함하지 않습니다. 이는 모순입니다.

따라서 귀류법에 따라 정수열 전체의 집합은 셀 수 없다는 것을 증명할 수 있습니다.

생각해 봅시다

실은 '정수열 전체의 집합'보다 제한을 더 엄격하게 해도 셀 수 없는 집합을 만들 수 있습니다. 예를 들어 0부터 9까지의 수만을 사용한 정수열 전체의 집합도 셀 수 있는 집합이 아닙니다. 그뿐만 아니라 0과 1만으로 만든 정수열이라도 셀 수 있는 집합이 되지 않습니다. 왜냐하면, 앞서 나타낸 증명과 마찬가지로 표를 만들어 표의 대각선을 연결하듯이 선택한 수와는 다른 수를 선택하면 표에 포함되지 않은 정수열을 만들 수 있기 때문입니다.

앞선 증명에서는 표에 포함되지 않은 수를 만들고자 표의 대각선을 연결하듯이 수를 선택했습니다. 이 때문에 여기서 사용한 논법을 **대각선 논법**이라고 부릅니다. 대각선 논법은 독일의 수학자 게오르크 칸토어 $^{\text{Georg Cantor, 1845~1918}}$가 고안해 낸 것입니다.

학생	"흠. 분명히 $a_1, a_2, a_3, ...$은 '모든 정수열의 표'에 포함되지 않네요."
선생님	"그렇습니다."
학생	"$a_1, a_2, a_3, ...$을 표에 추가하여 '모든 정수열의 표'의 개정판을 만들면 되는 것이 아닌가요?"
선생님	"그래도 안 됩니다. 그 개정판 표에 대해 또다시 대각선 논법을 사용하면 어떻게 될까요?"
학생	"또다시 표에 포함되지 않는 정수열이 새롭게 생기겠네요."
선생님	"그렇습니다. 반드시 '누락'이 있습니다."
학생	"'모든 정수열의 표'가 만들어진다고 하니깐 안 되는 거네요."
선생님	"그러니까 '그런 표를 만들 수 없다'라는 것이 '셀 수 없다'라는 의미입니다."

| Chapter 08 | 계산할 수 없는 문제: 셀 수 없는 수, 프로그래밍할 수 없는 프로그램

실수 전체의 집합은 셀 수 없다

실수 전체의 집합도 셀 수 없는 집합입니다. 즉, 실수는 어떻게 세더라도 누락이 생기는 '셀 수 없는 수'입니다.

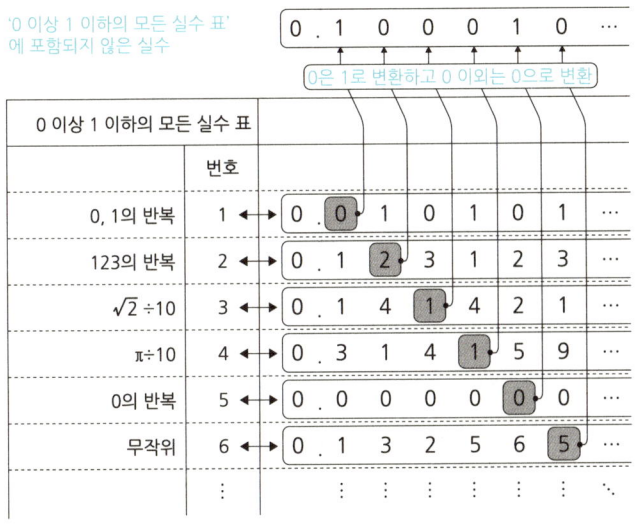

그림 8-3 대각선 논법으로 "실수 전체의 집합은 셀 수 없다."라는 것을 증명

실수 전체는커녕, 0 이상 1 이하 범위의 실수로 범위를 좁히더라도 셀 수 없습니다. 왜냐하면, '0.'으로 시작하는 숫자열을 표로 나열하여 대각선에 있는 숫자를 다른 수로 바꾸면 이 표에 없는 실수를 만들 수 있기 때문입니다. 그림 8-3에서는 대각선 위에 있는 숫자가 0이라면 1로, 0 이외라면 0으로 합니다. 숫자를 바꿀 때 반드시 이 방법을 따를 필요는 없습니다.

학생	"궁금한 점이 있습니다."
선생님	"뭔가요?"
학생	"유리수도 소수점을 이용하여 나타낼 수 있잖아요."
선생님	"그렇죠."
학생	"그렇다면 대각선 논법을 사용하면 유리수 전체도 셀 수 있는 집합이 아님을 증명할 수 있지 않나요?"
선생님	"그렇지 않습니다."
학생	"마찬가지로 대각선을 이용하여 숫자를 조작하면 표에 포함되지 않는 새로운 유리수를 만들 수 있잖아요."
선생님	"분명히 '소수'는 만들 수 있습니다. 그러나 그 소수가 '유리수'라는 보장은 없습니다."
학생	"0.50000...이나 0.11111...이나 0.142857142857...등이네요."
선생님	"그러나 지금 새롭게 만든 소수가 순환한다고는 보장할 수 없으니까요."

함수의 집합도 셀 수 없다

함수 전체의 집합도 셀 수 없습니다. 함수 전체는커녕 '1 이상의 정수를 입력하면 정수를 출력하는 함수'라는 간단한 것으로 한정하더라도 셀 수 없는 집합이 됩니다. 이 함수의 집합은 앞서 셀 수 없음을 나타낸 '정수열 전체의 집합'과 1 대 1로 대응하기 때문입니다.

예를 들어, '주어진 정수에 1을 더하는 함수'는 2, 3, 4, 5, ...라는 정수열에 대응합니다. 또한, '주어진 정수를 제곱하는 함수'는 1, 4, 9, 16, 25, ...라는 정수열에 대응합니다.

더욱이 '주어진 정수가 소수라면 1, 소수가 아니라면 0이 되는 함수'는 0, 1, 1, 0, 1, 0, 1, 0, 0, ... 이라는 정수열에 대응합니다.

일반적으로 말하면, 1 이상의 정수를 입력하면 정수를 출력하는 함수는 다음과 같습니다.

- 1을 입력하면 a_1을 출력한다.
- 2를 입력하면 a_2를 출력한다.
- 3을 입력하면 a_3을 출력한다.
- 4를 입력하면 a_4를 출력한다.

  ...

- k를 입력하면 a_k를 출력한다.

  ...

이러한 함수는 다음과 같은 정수열과 1 대 1로 대응시킬 수 있습니다.

$a_1, a_2, a_3, a_4, ...$

학생   "셀 수 있다는 것에 대한 이야기는 일단 알겠지만 점점 지치는 것 같네요."
선생님   "저런 저런."
학생   "우리가 하는 것이 무엇이었죠?"
선생님   "무한 집합의 요소 '개수'를 다루고 있답니다."
학생   "무한 집합의 요소 '개수'인가요…"
선생님   "개수를 생각할 때 보통은 '모두 셀 수 있는' 것을 전제로 합니다."
학생   "그러네요. 다 셀 수 없다면 개수를 알 수 없으니깐요."
선생님   "유한 집합이라면 그것으로 충분하지만…"
학생   "무한 집합에서는 무언가 더 필요한가요?"
선생님   "무한 집합은 유한 집합처럼 요소를 '다 셀 수'가 없습니다."
학생   "분명히 그렇죠. 요소가 무한히 많으니깐요."
선생님   "그러므로 유한 집합처럼 개수를 모두 세는 것은 포기합니다."
학생   "포기해도 괜찮나요?"
선생님   "그 대신 별도의 집합과의 사이에 1 대 1로 대응시킵니다."
학생   "흠."
선생님   "2개의 집합이 1 대 1로 대응할 때, 양쪽 집합의 개수는 같다고 정의합니다."
학생   "그렇게 하고 싶네요."
선생님   "이것이 무한의 '개수'를 다루는 방법입니다. 다만, 개수가 아닌 **농도**라고 합니다."
학생   "그래서 1 이상의 정수 집합과 같은 '개수'인 집합은 셀 수 있는 집합인 거군요."
선생님   "그렇습니다."
학생   "1 대 1 대응을 '모두 다 세는 것' 대신 쓰는 것인가요?"
선생님   "그렇습니다. 1 대 1 대응은 '누락'도 없고 '중복'도 없는 대응이기 때문입니다."

계산할 수 없는 문제

이상으로 귀류법과 셀 수 있는 집합에 대해 배웠으므로 드디어 '계산할 수 없는 문제'가 있다는 것을 다루어 보도록 하겠습니다.

계산할 수 없는 문제란?

계산할 수 없는 문제는 상상 이상으로 어려운 개념이므로 주의 깊게 다룰 필요가 있습니다. 계산할 수 없는 문제라는 것은 '답을 구하는 데 많은 시간이 걸리는 문제'가 아닙니다. 또한, '원래 답이 없는 문제'도 아니며 '현재는 누구도 푸는 방법을 알지 못하는 미해결 문제'도 아닙니다.

계산할 수 없는 문제라는 것은 '**프로그램으로 푸는 것이 원리적으로 불가능한 문제**'를 말합니다. 다른 말로 '프로그램으로 풀 수 있는 문제의 집합에 포함되지 않는 문제'라고 해도 좋을 것입니다. 계산할 수 없는 문제를 푸는 프로그램을 작성하는 것은 절대로 그 누구라도 불가능합니다. 계산할 수 없는 문제란 이렇게 신기한 것입니다.

의미를 정확히 이해하고자 '문제를 푸는 프로그램 작성'이라는 표현을 '1 이상의 정수를 입력하면 정수를 출력하는 함수를 프로그램으로 작성'하는 것으로 한정하여 생각해 보도록 하겠습니다.

'1 이상의 정수 n을 입력할 때 $n + 1$을 출력하는 함수'를 프로그램으로 작성할 수 있을까요? 물론 작성할 수 있습니다. 이것은 간단합니다. 프로그래밍에 익숙한 분이라면 금방 만들 수 있을 것입니다.

'1 이상의 정수 n을 입력할 때 n이 소수라면 1, 소수가 아니라면 0을 출력하는 함수'는 프로그램으로 만들 수 있을까요? 예, 역시 만들 수 있습니다. 1보다 크고 n보다 작은 수로 n을 나누었을 때 나누어떨어지는 수가 있는지 조사하면 되니까요. 이것이 소수 판정 프로그램입니다.

'1 이상의 정수 n을 입력할 때 $2 \times n = 1$을 만족하면 1, 만족하지 못하면 0을 출력하는 함수'는 프로그램으로 만들 수 있을까요? 예, 만들 수 있습니다. 어떤 정수 n이 주어지더라도 $2 \times n = 1$을 만족할 수는 없습니다. 그러므로 어떤 정수 n이 주어지더라도 0을 출력하는 함수를 프로그래밍하면 됩니다. 앞에서 살펴본 함수는 모두 '프로그램으로 작성할 수 있는 함수'의 예입니다.

그렇다면 계산할 수 없는 문제, 즉 '프로그램으로 작성할 수 없는 함수'라는 것은 있을까요? 지금은 작성할 수 없으며 작성할 수 있을지 어떨지를 모르겠다가 아

니라 절대로 '프로그램으로 작성할 수 없다'라고 잘라서 말할 수 있는 함수가 있을까요?

예, **프로그램으로 작성할 수 없는 함수는 있습니다**. 다음 절에서는 이에 대해 살펴보겠습니다.

계산할 수 없는 문제가 있다

앞서 살펴본 것처럼 '1 이상의 정수를 입력하면 정수를 출력하는 함수'의 집합은 셀 수 없는 집합입니다. 즉, 모든 '1 이상의 정수를 입력하면 정수를 출력하는 함수'에 번호를 붙일 수는 없습니다.

그러나 앞서 살펴본 것처럼 모든 프로그램의 집합은 셀 수 있는 집합입니다. 즉, 모든 프로그램에 1, 2, 3, 4, …와 같이 번호를 붙일 수 있다는 뜻입니다.

'셀 수 없는 집합'과 '셀 수 있는 집합' 사이에 1 대 1 대응을 만들 수는 없습니다. 왜냐하면, 이 두 집합 사이에 1 대 1 대응을 만들 수 있다고 한다면, 결국 셀 수 없는 집합에 1, 2, 3, …등의 번호를 붙이는 것이 되기 때문입니다.

따라서 '1 이상의 정수를 입력하면 정수를 출력하는 함수' 중에는 프로그램으로는 표현할 수 없는 함수가 있습니다.

학생	"요컨대 프로그램의 '개수'보다도 함수의 '개수'가 '많다'는 것인가요?"
선생님	"그렇습니다."
학생	"프로그램의 집합이 셀 수 있다는 것은 알았습니다. 프로그램은 한정된 종류의 문자를 나열한 것이니까요. 그런데 함수도 마찬가지가 아닌가요? '어떤 함수인가'를 언어로 표현하면 아는 한정된 종류의 문자를 나열한 것이 돼 버리잖아요."
선생님	"그렇죠. 즉, 아주 간단하게 말하면 함수 중에는 '정확하게 표현할 수가 없는 것이 있다'는 것이랍니다."
학생	"앗! 컴퓨터의 능력 이전에 함수를 '표현할 수 없다'는 것인가요…"
선생님	"실제로는 '정확하게'나 '표현한다'를 엄밀히 정의할 필요가 있지만요."

| Chapter 08 | 계산할 수 없는 문제: 셀 수 없는 수, 프로그래밍할 수 없는 프로그램

이하의 퀴즈*는 지금까지의 이야기를 제대로 이해한 분만 읽어 주세요. 아직 잘 이해가 안 되는 분은 퀴즈는 건너뛰고 다음 절 '정지 판정 문제'로 바로 넘어가기 바랍니다.

Q 다음 증명의 '오류'를 찾아보기 바랍니다.

지금부터 '프로그램으로 생성할 수 있는 정수열 전체의 집합'이 셀 수 없는 집합임을 증명하도록 하겠습니다. 증명에는 귀류법을 사용합니다.

'프로그램으로 생성할 수 있는 정수열 전체의 집합'이 셀 수 있는 집합이라고 가정합니다. 그러면 '프로그램으로 생성할 수 있는 정수열 전체의 표'를 작성할 수 있습니다. 그러나 대각선 논법을 사용하면 이 표 안에 없는 정수열을 만들게 됩니다. 이 표는 '프로그램으로 생성할 수 있는 정수열 전체의 표'임에도 이 표에 포함되지 않는 정수열이 만들어진다는 것은 모순입니다. 그러므로 '프로그램으로 생성할 수 있는 정수열 전체의 집합'은 셀 수 없는 집합입니다.

A 대각선 논법의 사용 방법에 오류가 있습니다. 분명히 대각선 논법을 사용하여 '프로그램으로 생성할 수 있는 정수열 전체의 표'에 포함되지 않는 '정수열'을 만들 수 있습니다. 그러나 이렇게 만든 정수열이 '프로그램으로 생성할 수 있는 정수열'인지는 보증할 수 없습니다. 이 논리 전개는 274p에 나오는 선생님과 학생의 대화와 마찬가지입니다.

실제로는 '프로그램 전체의 집합'이 셀 수 있는 집합이므로 '프로그램으로 생성할 수 있는 정수열 전체의 집합'도 셀 수 있는 집합이 됩니다.

정지 판정 문제

이번에는 계산할 수 없는 문제가 있다는 것을 나타내는 것뿐만 아니라 구체적인 예도 함께 살펴보겠습니다. 다음으로 계산할 수 없는 문제의 예로 '정지 판정 문제'를 순서대로 설명하겠습니다.

---

* 이 퀴즈는 영국의 수학자 앨런 튜링(Alan Turing, 1912~1954)의 논문 "On Computable Numbers, with an Application to the Entscheidungsproblem"의 "Application of the diagonal process"를 참고로 했습니다.

프로그램의 정지 판정

우선 프로그램을 다음 그림과 같이 "데이터를 입력하면 결과를 출력한다."라고 생각합시다.*

프로그램은 보통 앞의 그림과 같이 결과를 출력하는 것이지만, 때에 따라서는 다음 그림과 같이 영원히 정지하지 않고 결과를 출력하지 않을 때도 있습니다.

프로그램의 동작은 반드시 다음 중 하나가 됩니다.

- 한정된 시간 안에 동작을 정지한다.
- 한정된 시간 안에 동작을 정지하지 않는다(영원히 동작을 정지하지 않는다).

여기서 말하는 한정된 시간은 1초든 100억 년이든 상관없습니다. 아무리 긴 시간이 걸린다고 해도 언젠가 정지하기만 한다면 "한정된 시간 안에 동작을 정지한다."라고 말할 수 있습니다. 프로그램에 주어진 입력이 부적절하다면 에러 메시지를 출력하고 정지할 때도 있지만, 이것도 "한정된 시간 안에 정지한다."에 포함된 것으로 합시다.

'영원히 동작을 정지하지 않는' 프로그램은 결과를 출력할 수 없습니다. 무한 반복 안에 출력 명령을 작성했다면 무언가를 계속 출력할 테지만 '최종 결과'는 영원

---

* 앞 절에서는 이야기를 간단히 하고자 정수로 한정하여 설명했지만, 이번 절에서는 다루는 내용을 쉽게 이해하도록 '데이터'와 '결과'로 표현합니다.

히 출력하지 않습니다.

영원히 동작을 정지하지 않는 프로그램은 성가신 것이기는 하지만 아주 간단히 만들 수 있습니다. 예를 들어 프로그램 안에 다음과 같은 부분이 포함되었다고 합시다.

```
while ( 1 > 0 ) {

}
```

이때 1 > 0은 항상 성립하므로 이 반복은 영원히 끝나지 않습니다. 프로그램은 언제까지나 계속 실행됩니다. 흔히 말하는 **무한 반복**(또는 무한 루프)입니다. 프로그램이 실행되는 중 처리 과정에 무한 반복이 포함되면 이 프로그램은 언제가 되어도 정지하지 않습니다.

프로그램이 무한 반복에 빠지는가 아닌가는 입력하는 데이터에 따라 정해질 때도 있습니다. 예를 들어 다음과 같이 변수 x를 포함한 코드가 있다고 합시다.

```
while ( x > 0 ) {

}
```

이 코드는 변수 x가 0보다 크면 무한 반복에 빠지지만, 변수 x가 0 이하라면 무한 반복에 빠지지 않습니다.

이상에서 알 수 있듯이 프로그램이 정지하는지 아닌지를 조사하려면 프로그램뿐만 아니라 프로그램에 입력하는 데이터도 함께 살펴봐야 합니다.

프로그램을 조사하는 프로그램

다음으로 '프로그램을 조사하는 프로그램'에 대해 설명하겠습니다. 프로그램이라는 것은 컴퓨터의 기억장치에 입력한 데이터이므로, 프로그램을 처리하는 프로그램이 드문 것은 아닙니다.

예를 들어 '컴파일러'는 사람이 읽을 수 있는 형태의 프로그램(소스 코드)을 읽어 컴퓨터가 실행하기 쉬운 기계어(오브젝트 코드)로 변환하는 프로그램입니다. 즉, 컴파일러는 프로그램을 변환하는 프로그램입니다. 또한, '소스 코드 체커'처럼 프로그램의 소스 코드를 읽고 잘못된 명령을 사용했는지, 무한 반복은 없는지, 실행되지 않는 명령은 없는지 등의 확인 메시지를 프로그래머에게 제공하는 프로그램도 있습니다.

이와 함께 '디버거'는 프로그램의 실행을 도중에 중단하거나 다시 실행하거나 실행 도중의 상태를 사람에게 알려주는 등 사람이 프로그램의 동작을 조사하는 데 도움을 주는 프로그램입니다. 이처럼 프로그램을 조사하는 프로그램은 프로그래머가 일상적으로 사용하는 도구가 되었습니다.

정지 판정 문제란?

그러면 지금부터 정지 판정 문제에 대해 설명하겠습니다. 정지 판정 문제(또는 정지 문제, Halting Problem)란 다음과 같은 문제입니다.

> "프로그램에 데이터를 주어 실행했을 때 한정된 시간 안에 정지하는가?"를 판단한다.

다음과 같은 내용을 미리 판단할 수 있으면 좋겠지만, 사람이 직접 조사하기는 여간 어려운 것이 아닙니다.

- 이 프로그램은 한정된 시간에 정지한다.
- 이 프로그램은 영원히 정지하지 않는다.

프로그램으로 자동으로 판정할 수 있다면 좋겠네요. 지금부터는 '프로그램의 정지를 판정하는 프로그램'이라는 것을 만들 수 있는지 어떤지를 생각해 보도록 하겠습니다.

여기서는 편의상 판정 프로그램에 'HaltChecker'라는 이름을 붙이겠습니다.

HaltChecker에는 프로그램과 데이터를 입력으로 줄 필요가 있습니다.

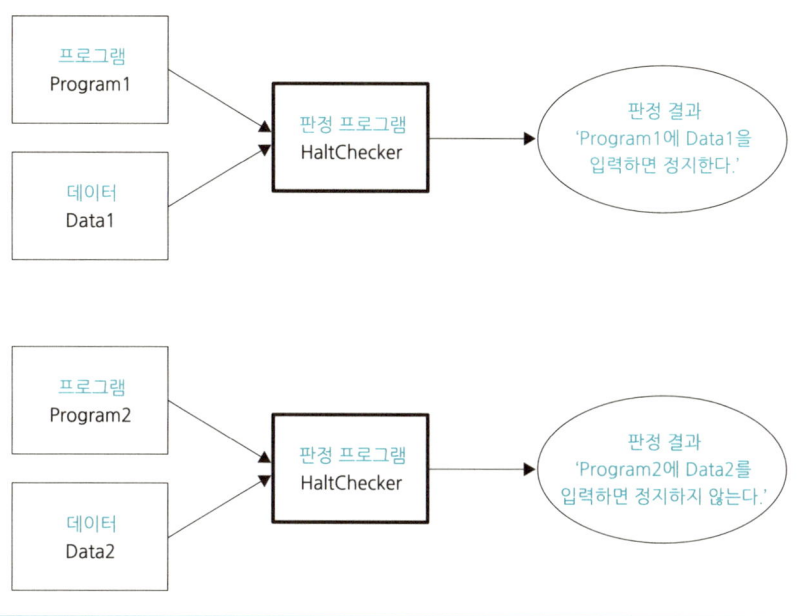

그림 8-4 HaltChecker의 두 가지 판정

    HaltChecker를 만드는 것이 그리 쉬워 보이지는 않네요. HaltChecker는 주어진 프로그램이 어떤 동작을 하는지 확실히 살펴보아야 할 것입니다. 또한, 주어진 데이터에 따라 그 동작을 시뮬레이션해야 할지도 모릅니다.

    단, **HaltChecker 자체는 반드시 한정된 시간 안에 멈추어야만 합니다.** 긴 시간이 걸려도 좋으나 한정된 시간 안에 정지하여 판단 결과를 출력해야만 합니다. 영원히 정지하지 않을 때가 있다면 판정 프로그램으로서는 실격입니다.

    그러므로 판정 프로그램 HaltChecker는 "대상이 되는 프로그램을 **실제로 움직여 판정한다.**"라는 방법을 사용해서는 안 됩니다. 왜냐하면, 대상이 되는 프로그램이 영원히 멈추지 않는다면 판정 프로그램 자신도 영원히 판정 결과를 출력할 수가 없기 때문입니다.

    실은 조금 뒤에 증명하겠지만 이러한 HaltChecker를 작성하는 것은 원리적으로 불가능합니다. **프로그램의 정지를 판정하는 HaltChecker는 절대로 그 누구도 만들 수**

없는 프로그램입니다.

'프로그램의 정지를 판정하는 프로그램'은 만들 수 없습니다. 이처럼 '프로그램의 정지 판정 문제'는 '계산할 수 없는 문제'의 대표적인 예입니다.

학생 "이해가 안 되는데요? 우리는 소스 코드를 읽고 무한 반복에 빠지는가를 조사할 수 있습니다. 그런데도 무한 반복에 빠지는지 아닌지 판정할 수 없다니…"

선생님 "개별 프로그램과 데이터 조합에 대해서는 정지를 판정할 수 있을 때도 있습니다. 그러나 어떤 프로그램과 데이터 조합이 주어져도 정지를 판정할 수 있는 범용 정지 판정 프로그램은 만들 수 없다는 뜻입니다."

정지 판정 문제의 증명

귀류법을 사용하여 정지 판정 문제를 일반적으로 푸는 프로그램은 존재하지 않는다는 것을 증명합니다.

판정 프로그램 HaltChecker를 만들 수 있다고 가정하기

증명하고자 하는 명제의 부정을 가정합니다.

판정 프로그램 HaltChecker를 만들 수 있다고 가정합니다. Haltchecker에 프로그램 p와 데이터 d를 주었을 때, 결과는 다음과 같이 함수 형태로 표기한다고 합시다.

```
HaltChecker(p, d)
```

판정 결과는 다음과 같이 표현할 수 있습니다.

```
HaltChecker(p, d) = true    (p에 d를 입력했을 때 p가 한정된 시간 안에 정지할 때)
                  = false   (p에 d를 입력했을 때 p가 한정된 시간 안에 정지하지 않을 때)
```

프로그램 SelfLoop를 작성하기

HaltChecker를 이용하여 다음과 같은 함수 SelfLoop를 만듭니다.

```
SelfLoop(p)
{
    halts = HaltChecker(p, p);
    if (halts) {
        while ( 1 > 0 ) {

        }
    }
}
```

SelfLoop는 주어진 프로그램 p를 사용하여 HaltChecker(p, p)의 결과인 halts를 조사합니다. 이 결과가 true라면 SelfLoop는 무한 반복에 들어갑니다. 여기서 **HaltChecker에 입력한 두 개의 입력이 모두 p임에 주의**하기 바랍니다.

즉, 이 SelfLoop는 다음과 같이 동작하게 됩니다.

- HaltChecker를 사용하여 '프로그램 p에 대해 그 프로그램 p 자신을 입력 데이터로 주었을 때 정지할 것인가'를 판정한다.
- 만약 정지한다고 판정하면 SelfLoop는 무한 반복에 빠진다.
- 만약 정지하지 않는다고 판정하면 SelfLoop는 바로 종료되고 정지한다.

SelfLoop는 심술꾸러기 같은 프로그램입니다만, HaltChecker가 있다면 만드는 것이 그리 어렵지는 않습니다. 또한, SelfLoop는 어떤 프로그램이 주어져도 무한 반복에 빠지거나 한정된 시간 안에 정지하거나 둘 중 하나의 결과를 보입니다.

그러면 지금 다음과 같이 ProgramA와 ProgramB가 있다고 합시다.

- ProgramA 자신을 데이터로 ProgramA에 입력했을 때는 정지한다.
- ProgramB 자신을 데이터로 ProgramB에 입력했을 때는 영원히 정지하지 않는다.

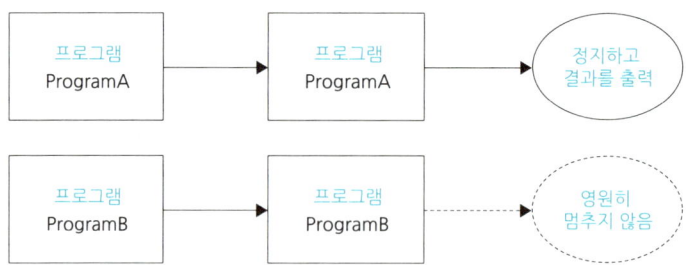

그러면 앞서 살펴본 SelfLoop의 동작 방식으로 생각하건대 다음과 같이 될 것입니다.

- ProgramA를 SelfLoop에 입력하면 무한 반복에 빠져 영원히 멈추지 않는다.
- ProgramB를 SelfLoop에 입력하면 종료하여 정지한다.

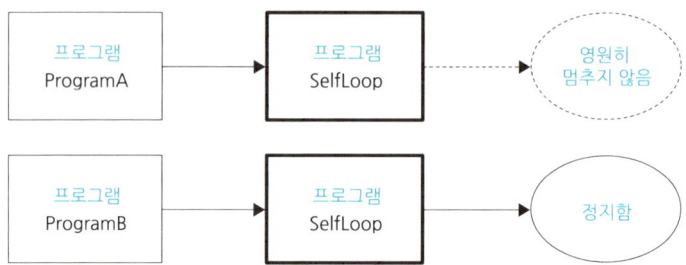

모순을 이끌어내기

여기에서 목표는 모순을 이끌어내는 것입니다.

드디어 클라이맥스입니다. 여기서 SelfLoop의 입력값으로 SelfLoop 자체를 주어 봅시다. 즉, 다음을 조사하는 것입니다.

SelfLoop(SelfLoop)의 동작

[1] SelfLoop(SelfLoop)가 한정된 시간 안에 정지할 때

'SelfLoop(SelfLoop)가 한정된 시간 안에 정지할 때'라는 것은 HaltChecker(SelfLoop, SelfLoop)가 false가 될 때입니다. 그런데 HaltChecker(SelfLoop, SelfLoop)가 false가 된다는 것은 "SelfLoop에 SelfLoop를 입력했더니 SelfLoop는 정지하지 않는다."라는 의미입니다.

'SelfLoop(SelfLoop)가 한정된 시간 안에 정지할 때'를 생각하는데 "SelfLoop에 SelfLoop를 입력했더니 SelfLoop는 정지하지 않는다."라는 결론이 되어 버렸습니다. 이는 모순입니다.

[2] SelfLoop(SelfLoop)가 무한 반복에 빠질 때

'SelfLoop(SelfLoop)가 무한 반복에 빠질 때'라는 것은 HaltChecker(SelfLoop, SelfLoop)가 true가 될 때입니다. 그런데 HaltChecker(SelfLoop, SelfLoop)가 true가 된다는 것은 "SelfLoop에 SelfLoop을 입력했더니 정지한다."라는 의미입니다.

'SelfLoop(SelfLoop)가 무한 반복에 빠질 때'를 생각하는데 "SelfLoop에 SelfLoop를 입력했더니 정지한다."라는 결론이 되어 버렸습니다. 이는 모순입니다.

[1]과 [2] 모두에서 모순이 발생했습니다.

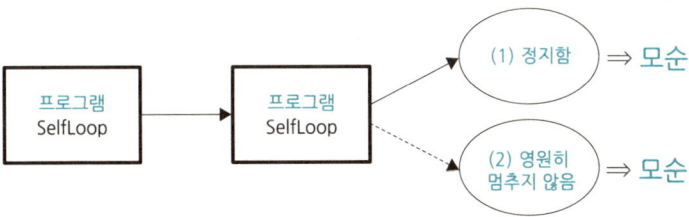

"HaltChecker를 만들 수 있다."라는 가정에서 출발하면 반드시 모순이 생깁니다. 따라서 귀류법에 의해 HaltChecker는 만들 수 없음이 증명되었습니다.

정지 판정 문제를 계산할 수 없다는 것은 1936년 앨런 튜링 Alan Turing, 1912~1954이 증명했습니다.

이해되지 않는 분을 위해

"왠지 속은 느낌이다, 아직 이해하지 못하겠다." 이렇게 생각하는 분을 위해 HaltChecker를 만드는 것이 불가능하다는 것을 감각적으로 설명해 보도록 하겠습니다. 만약 HaltChecker가 존재한다면 수많은 미해결 문제를 풀 수 있다는 내용의 이야기입니다.

우선 다음과 같은 프로그램 FermatChecker를 만든다고 합시다.

```
FermatChecker ( k )
{
   while (k > 0) {
      [ 정수 x, y, z, n을 적당히 선택한다. 단, x, y, z는 0 이상, n은 3 이상이다. ]
      if( [ x^n + y^n = z^n ] ) {
         [ x, y, z, n을 출력하고 정지한다. ]
      }
   }
}
```

이 프로그램으로 다음의 결과를 조사합니다.

```
HaltChecker(FermatChekcer, 1)
```

만약 이 식이 true가 된다면 FermatChekcer(1)은 한정된 시간 안에 종료하는 것이 됩니다. 또한, 이 식이 false라면 FermatChekcer(1)은 한정된 시간 안에 종료하지 않는 것이 됩니다.

그런데 "n이 3 이상의 정수라면 $x^n + y^n = z^n$을 만족하는 0 이상의 정수 x, y, z는 존재하지 않는다."라는 것은 유명한 **페르마의 마지막 정리**입니다. HaltChecker(FermatChekcer, 1)이 true를 반환한다면 페르마의 마지막 정리에는 반례가 존재한다는 것이 되며, false를 반환한다면 반례가 없다는 것이 됩니다. 1994년 영국의 수학자 앤드류 와일즈 Andrew Wiles, 1953- 가 참이라고 증명하기까지 360년간 그 누구도 증명하지 못할 정도로 어려운 정리의 참·거짓을 HaltChecker로 판정할 수 있

다는 것이 됩니다.

HaltChecker로 판정할 수 있는 것은 페르마의 마지막 정리뿐이 아닙니다. 현대의 수학에서도 미해결 문제 중 하나인 "4 이상의 모든 짝수는 소수 두 개의 합으로 나타낼 수 있다."라는 **골드바흐의 추측**Goldbach's conjecture을 조사해 보겠습니다.

여기에 GoldChecker라는 다음과 같은 프로그램을 만들고 입력값으로 4를 지정합니다. GoldChecker는 수 n을 4부터 6, 8, 10, 12, …으로 증가해 가며 소수 두 개의 합으로 나타낼 수 있는가를 매번 조사합니다. 어떤 n을 소수 두 개의 합으로 나타낼 수 있는가는 n보다 작은 소수를 모두 시험해 보면 되므로 그리 어렵지 않습니다. 그리고 만약 소수 2개의 합으로 나타낼 수 없는 n을 발견한다면 GoldChecker는 n을 출력하고 정지합니다.

```
GoldChecker ( n )
{
    while ( n > 0 ) {
        [ n을 소수 2개의 합으로 나타낼 수 있는가를 조사한다. ]
        if( [ 나타낼 수 없다. ] ) {
            [ n을 출력하고 정지한다. ]
        }
        n = n + 2;
    }
}
```

이처럼 GoldChecker 자체를 만드는 것은 그리 어려운 일이 아닙니다.

그런데 여기서 HaltChecker(GoldChecker, 4)를 호출했을 때 그 결과를 생각해 보도록 합시다. 이 결과가 true라면 "GoldChecker에 4를 입력하면 정해진 시간 안에 끝난다."라는 것을 의미하므로 소수 2개의 합으로 나타낼 수 없는 n이 있다는 것이 됩니다. 이것은 골드바흐의 추측을 부정하는 결과입니다.

만약 HaltChecker(GoldChecker, 4)가 false라면 "GoldChecker에 4를 입력하면 한정된 시간 안에 끝나지 않는다."라는 것이 되므로 골드바흐의 추측이 옳다는 것을 알 수 있습니다.

　페르마의 마지막 정리나 골드바흐의 추측에만 한정되지 않습니다. '현대의 수학에서는 해결되지 않았지만 모든 경우의 수를 조사하면 답을 구할 수 있는 문제'를 HaltChecker에 입력하면 그 문제의 답이 있는지 없는지를 반드시 판정할 수 있다는 것이 됩니다. 즉, HaltChecker가 있다면 많은 미해결 문제를 풀 수 있게 됩니다.*

　지금까지 증명은 아니지만 HaltChekcer를 만드는 것이 불가능하다는 것을 감각적으로 이해할 수 있도록 예를 들어 설명해 보았습니다.

계산할 수 없는 문제는 많다

　계산할 수 없는 문제의 예로 '정지 판정 문제'를 소개했습니다. 앞선 증명에서는 C 언어 형식의 코드를 사용했지만, 정지 판정 문제는 특정 프로그래밍 언어에 한정되는 것은 아닙니다. 정지 판정 문제를 푸는 프로그램은 어떤 언어로도 프로그래밍 할 수 없는 프로그램입니다. 또한, 계산할 수 없는 문제는 '프로그램의 정지 판정 문제'뿐만이 아닙니다. 실은 프로그램의 동작을 조사하는 문제 대부분이 계산할 수 없는 문제입니다.

　예를 들어, 다음과 같은 문제는 프로그램의 정지 판정 문제와 마찬가지 방법으로 계산할 수 없는 문제임을 증명할 수 있습니다.

- 주어진 임의의 두 개 프로그램이 "어떤 입력에 대해서도 같은 동작을 하는가?"를 판정
- 주어진 임의의 프로그램이 "입력한 정수가 소수임을 판정할 수 있는가?"를 판정
- 주어진 임의의 프로그램이 "어떤 입력에 대해서도 1을 출력하는가?"를 판정
- 주어진 임의의 프로그램이 "정해진 시간 T 안에 종료하는가?"를 T보다 짧은 시간 안에 판정

　프로그램에 구문 오류가 포함되어 있느냐는 문제는 프로그램을 사용하여 해결할 수 있습니다. 그러나 정지 판정 문제와 같은 원리로 어떤 프로그램의 동작을 조사하는 문제는 프로그램으로 풀 수 없습니다.

---

* 엄밀히 말하면 HaltChecker는 답의 유무만을 판정하는 것으로, 답이 있을 때 그것이 무엇인지까지는 알려주지 않습니다.

| Chapter 08 | 계산할 수 없는 문제: 셀 수 없는 수, 프로그래밍할 수 없는 프로그램

여러분은 컴퓨터 프로그램을 사용하여 많은 문제를 풀 수 있습니다. 그러나 아무리 컴퓨터가 진화한다고 해도 본질적으로 풀 수 없는 문제 또한 존재합니다.

이 장에서 배운 내용

이 장에서는 계산할 수 없는 문제에 대해 배워 보았습니다. 그전에 귀류법이라는 증명법과 셀 수 있는 집합에 대해서도 살펴보았습니다. 프로그램은 무한히 작성할 수 있지만, 이때의 무한은 어디까지나 셀 수 있는 무한입니다. 프로그램을 작성하는 것으로는 셀 수 있는 무한보다도 '많은' 무한에 다다르는 것은 불가능합니다.

끝내는 대화

학생 "흠~ 프로그래밍할 수 없는 문제가 있다는 것은 컴퓨터의 한계인가요? 인간이라면 이러한 한계를 넘을 수 있지 않나요?"

선생님 "그렇게 간단하게 생각할 수 없는 문제입니다. 만약 인간의 능력을 형식적으로 나타낼 수 있다면 같은 논법에 따라 인간에게는 풀 수 없는 문제가 있다는 것을 증명할 수 있게 됩니다."

학생 "인간의 능력을 형식적으로 나타낸다니, 말도 안 됩니다."

선생님 "그렇다면 논리적으로 논의할 수 없어서 인간의 능력에 대해 무언가를 증명하는 것도, 그것을 가정하는 것도 불가능합니다."

학생 "그건 무슨 의미인가요?"

선생님 "이를 넘는 논의는 수학에서 다룰 수 있는 범위 밖이라는 뜻입니다."

| Chapter 09 |

머신러닝 첫걸음

예측 문제와 분류 문제

 **시작하는 대화**

학생　　"데이터를 많이 모았으니 이제 좋은 프로그램을 만들기만 하면 완벽해!"
선생님　"좋은 프로그램이란 무엇일까요?"
학생　　"프로그래머가 열심히 생각해서 ……."
선생님　"프로그래머가 생각하는 것도 좋지만, 데이터 자체를 활용하는 것도 좋습니다."
학생　　"데이터가 생각을 대신해 주나요?"

이 장에서 배울 내용

이 장에서는 '머신러닝 첫걸음'을 배웁니다. 머신러닝은 다음과 같은 문제를 해결하는 방법입니다.

- 대량의 데이터를 이용하여 결과를 예측한다.
- 대량의 데이터를 식별하여 분류한다.

특히 프로그래머가 예측 방법이나 분류 방법을 미리 정하는 것이 아니라 컴퓨터가 대량의 데이터로부터 자동으로 특징을 추출하여 문제를 해결한다는 것이 포인트입니다. 이 장에서는 '머신러닝의 첫걸음'으로 다음과 같은 내용을 살펴봅니다.

- 머신러닝이란?
- 예측 문제와 분류 문제
- 퍼셉트론
- 머신러닝에서의 '학습'
- 신경망
- 인간은 필요 없어지는가?

머신러닝은 넓은 범위에 걸치는 내용을 포함하므로 이번 장은 어디까지나 '머신러닝 첫걸음'이라는 점을 명심하기 바랍니다. 그리고 앞에서와 달리 이번 장에서는 수식이 곳곳에서 등장합니다. 하지만 본문에서 친절하게 설명하므로 건너뛰지 말기 바랍니다. 수식에 익숙해지는 것도 이번 장의 목적 중 하나이니까요.

| Chapter 09 | 머신러닝 첫걸음: 예측 문제와 분류 문제

머신러닝이란?

주목받는 머신러닝

최근 **머신러닝**(Machine Learning, 기계학습)이 주목을 받고 있습니다. 머신러닝이라는 용어는 딥러닝(Deep Learning, 심층학습)이나 인공지능[AI] 등의 키워드와 함께 뉴스 등에서 접할 기회가 잦아졌습니다. 딥러닝은 머신러닝의 한 종류입니다. 인공지능은 의미가 무척 넓은 용어로, 머신러닝은 인공지능을 만드는 데 필요한 요소 기술의 하나입니다.

머신러닝이 발전함에 따라 '사람은 잘하지만, 컴퓨터는 못한다.'라고 생각해 왔던 분야에도 컴퓨터를 사용하기 시작했습니다. 예를 들어 이미지 인식은 머신러닝을 응용한 것 중 하나입니다. 손으로 쓴 글씨를 텍스트로 변환하거나 사진 속에서 사람의 얼굴이라 생각되는 부분을 추출하거나 수많은 사진 속에서 어떤 사람이 찍힌 것만 검색하는 등, 다양한 곳에서 사용되고 있습니다. 프로그램에 벌레 이미지를 주기만 하면 해충인지 아닌지를 판정할 수 있다면 다양하게 활용할 수 있을 것이며, 마을이나 도로 풍경을 인식할 수 있다면 자동차의 자동운전에도 이용할 수 있게 됩니다.

실제로 머신러닝을 이용한 이미지 인식은 인간 수준을 넘어서는 능력을 지니기 시작했으므로 앞으로 점점 더 주목받을 것입니다.

머신러닝은 시대의 기술

머신러닝이 발전하는 데는 기술적인 이유가 있습니다.

우선은 **입력**입니다. 머신러닝에는 대량의 데이터가 필요합니다. 지금은 인터넷을 이용하여 대량의 데이터를 기계가 읽을 수 있는 형태로 얻을 수 있습니다. 또한, 이렇게 얻은 대량의 데이터를 모두 저장할 수 있을 정도로 기억 장치가 저렴해졌습니다.

이와 함께 머신러닝이 발전하게 된 배경에는 컴퓨터 **처리능력**의 발전도 있습니다. 단순히 컴퓨터의 속도가 빨라졌다는 것뿐만 아닙니다. 머신러닝에서는 행렬이나 벡터 계산이 필요한데, 이 계산은 병렬로 진행할 수 있다는 것이 특징입니다. 즉, 비용을 들여 하드웨어를 투입하면 성능은 올라가게 됩니다.

그리고 머신러닝의 **출력**은 여러 분야에서 응용할 수 있습니다. 가장 단순하며 흔한 예는 인터넷 쇼핑몰에서 볼 수 있는 상품 추천 기능입니다. "이것을 산 사람은 이것도 샀답니다."라는 광고인 셈이죠.

앞서 언급한 이미지 인식은 유명합니다. 이미지 인식을 이용한 '클래스 분류'는 이미지가 사람인지 아닌지, 개미 이미지가 불개미인지 아닌지 등에 응용할 수 있습니다. '물체 검출'에서는 여러 사람이 찍힌 사진에서 몇 사람이 있는지, 거리를 찍은 사진에서는 자동차가 몇 대인지 등을 알아내는 데 응용할 수 있습니다. '영역 분할'에서는 자연을 찍은 사진에서 숲의 범위를 알아내고 도로 방향을 인식하거나 X 레이 사진에서 병의 원인이 어디 있는지 찾는 등의 응용도 생각해 볼 수 있습니다. 또한, 이미지 인식뿐 아니라 이미지를 만들어 내는 이미지 생성에도 이용할 수 있습니다.

이미지 인식이 사람의 눈에 해당한다면 음성 인식과 음성 생성은 사람의 귀와 입에 해당합니다. 자연어 인식, 자연어 생성 등 지금까지 사람이 해왔던 것 중 많은 부분이 머신러닝을 거친 컴퓨터로 바뀔 가능성도 숨어 있습니다. 즉, 어떤 응용 분야라도 생각할 수 있습니다.

이렇다면 머신러닝이 유행하는 것도 이해할 만합니다. 왜냐하면, 입력으로 주어진 데이터는 엄청나게 많고 필요한 처리를 빠르게 실행할 수 있으며 출력된 결과는 다양한 방면에 걸쳐 응용할 수 있으니까요.

예측 문제와 분류 문제

머신러닝이 대단하다는 것에 관해서는 이 정도로 이야기하고, 머신러닝이 풀고자 하는 문제 중 대표적인 '예측 문제'와 '분류 문제'를 설명해 보겠습니다.

| Chapter 09 | **머신러닝 첫걸음**: 예측 문제와 분류 문제

예측 문제

예측 문제라는 것은 **입력**이 주어졌을 때에 **목표(타깃)**에 가까운 **출력**을 얻고자 하는 문제입니다.

예를 들어, 여러분이 웹 사이트를 운영한다고 하면, 광고비를 어느 정도 들이면 매출이 얼마나 늘어날까를 예측하고자 할 것입니다. 실제로 광고를 집행하기 전에 가능한 한 정확하게 매출을 예측하고 싶을 것입니다. 이때 광고비가 '입력'이고 예측하고자 하는 매출이 '출력'이며 실제 매출이 '목표'가 됩니다. 이 경우의 예측 문제는 '정해진 광고비에 따른 매출을 가능한 한 정확하게 예측하기'가 됩니다. 예측 문제는 회귀 문제라 부르기도 합니다.

사람은 이러한 예측 문제를 자연스레 풀고자 합니다. "이전에는 이 정도 광고비를 지출하여 이만큼 매출이 올랐으므로 광고비를 더 지출하면 매출도 더 늘어나겠군."과 같이 사람은 자신의 경험을 이용하여 예측을 수행합니다.

과거의 데이터로 광고비 x와 매출 y가 그림 9-1과 같은 점의 집합으로 주어져 있다고 합시다.

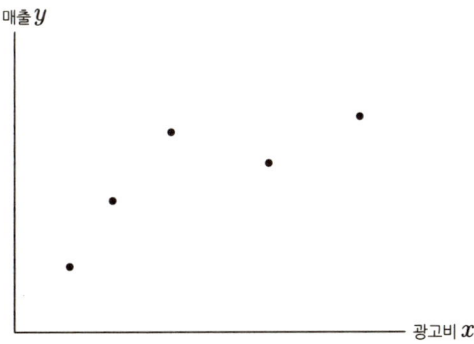

그림 9-1 광고비와 매출

예측 문제를 풀려면 지금까지 경험하지 못했던 광고비 x_0이 주어졌다고 해도 실제 매출에 가까운 출력 y_0을 얻을 수 있어야 합니다. 이는 그림 9-2와 같은 그래프를 만들어 내는 것이 됩니다.

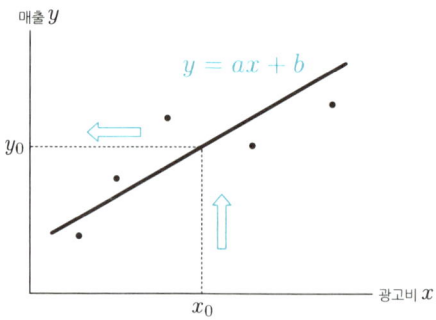

그림 9-2 광고비로 매출 예측

그림 9-2에 나타낸 그래프를 이용하여 매출을 예측한다는 것은 광고비 x와 매출 y와의 사이에 다음과 같은 관계가 있다고 가정하는 것이 됩니다.

$$y = ax + b$$

즉, 광고비 x를 a배 한 다음 b라는 수를 더하면 매출 y를 얻을 수 있다는 관계입니다. 이렇게 가정하는 것을 "예측 문제를 풀기 위한 **모델**을 정의한다."라고 말합니다.

그러나 모델을 정의하기만 해서는 구체적인 예측 문제를 풀 수 없습니다. 이 모델에는 정해야만 하는 a와 b라는 미지의 수가 포함되기 때문입니다. a와 b 같은 미지의 수를 모델이 갖는 **파라미터**라 부릅니다. 파라미터가 올바르면 예측은 정확해집니다(그림 9-3).

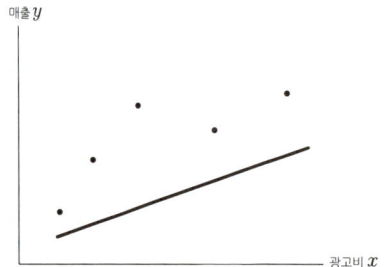 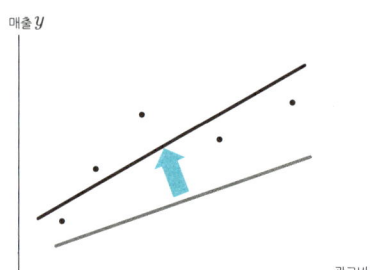

그림 9-3 파라미터가 올바르면 예측은 정확해짐

그림 9-3에는 데이터가 5개만 표시되었지만, 입력과 목표를 조합한 (x, y)라는 데이터가 많으면 많을수록 더 올바른 파라미터를 쉽게 발견할 수 있게 되므로 더 정확하게 예측할 수 있게 됩니다. 광고비와 매출을 조합한 데이터가 많다는 것은 많은 경험을 쌓았다는 것과 마찬가지 의미입니다.

입력과 목표를 조합한 것을 **훈련 데이터**라 합니다. **주어진 입력에서 가능한 한 목표에 가까운 출력을 얻고자 훈련 데이터를 사용하여 파라미터를 조정하는 것**, 이것이 머신러닝에서의 **학습**입니다. 파라미터 조정이 끝난 모델을 **학습 완료 모델**이라 합니다. 이후 **테스트 데이터**로 학습 완료 모델을 **테스트**하여 학습의 결과를 **평가**합니다 (그림 9-4).

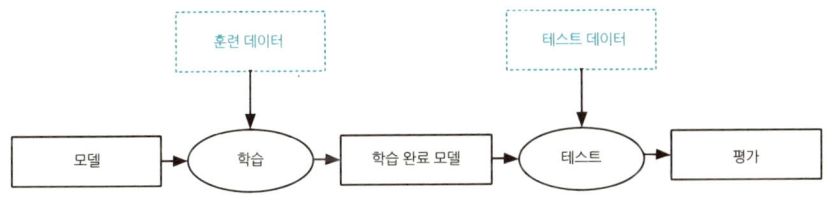

그림 9-4 학습과 테스트

머신러닝에서 파라미터 조정을 수행하는 것은 프로그래머가 아니라 컴퓨터입니다. 컴퓨터가 훈련 데이터를 이용하여 자동으로 파라미터를 조정하는 것이 머신러닝의 포인트입니다.

혹시나 하여 일러둡니다. $y = ax + b$라는 식을 사용하여 입력 x에서 출력 y를 얻을 때는 파라미터 a와 b를 값이 변하지 않는 상수로 봅니다. 이에 대해 가능한 한 목표에 가까운 출력을 얻고자 그래프를 움직일 때는 파라미터 a와 b를 값이 변하는 변수로 봅니다. 이처럼 파라미터 a, b를 두 가지 시점에서 보고 있다는 것에 주의하기 바랍니다.

그러나 여기서 잊지 말아야 할 것은 모델 그 자체에 한계가 있다는 것입니다. 예를 들어 광고비와 매출 사이에 $y = ax + b$와 같은 관계가 정말로 있는 것일까요? 이러한 관계가 없다면 파라미터를 아무리 조정해도 정확한 매출을 예측할 수는 없을 것입니다.

또한, 매출을 예측하기 위한 입력은 광고비만으로 충분할까요? 계절이나 지역 등 다른 정보는 필요하지 않을까요? $y = ax + b$에서는 입력도 하나의 수, 출력도 하나의 수였습니다. 일반화하여 생각해 보자면, 입력은 많은 수의 집합이 되고, 목표와 출력도 많은 수의 집합이 됩니다. 이러한 많은 수의 집합을 **벡터**라 부릅니다.

지금까지의 내용을 정리해 봅시다. 예측 문제를 풀어야 할 우리로서는 올바른 모델과 많은 훈련 데이터를 준비해야 합니다. 그리고 '입력 벡터를 이용하여 목표 벡터에 가까운 출력 벡터를 얻을 수 있는 학습 완료 모델'이 필요합니다.

참고로 뒤에서 살펴볼 퍼셉트론은 머신러닝에서 사용하는 모델 중 가장 기본적인 것입니다. 또한, 신경망은 더 복잡한 문제를 푸는 데 사용하는 모델입니다.

분류 문제

분류 문제란 주어진 입력이 어떤 범주로 분류되는지를 판정하는 문제입니다. 예를 들어 사람이 손으로 쓴 숫자는 형태가 모두 제각각입니다. 사람은 그 숫자를 보고 이것이 0부터 9까지 중에서 어느 수인가를 분류할 수 있습니다. 이처럼 사람이 손 글씨를 구분하는 것과 같은 문제가 분류 문제입니다. 분류 문제는 식별 문제라 부르기도 합니다.

이 책의 3장에서 '그룹 나누기'에 대해 살펴보았는데, 분류 문제는 바로 그룹 나누기 자체입니다. 컴퓨터를 이용하여 대량의 데이터를 적절하게 분류할 수 있다면 다양한 곳에 응용할 수 있습니다.

벌레 이미지를 보고 해충인지를 판정하는 것, 사람 이미지를 이용하여 등록된 사용자인가를 식별하는 것, 동작 중인 기계의 이상 상태를 검출하는 것 등 모두는 분류 문제의 한 종류라 할 수 있습니다.

손으로 쓴 문자의 분류 문제에서는 이미지 데이터를 프로그램의 입력으로 넣게 됩니다. 즉, 이미지 데이터를 구성하는 각 점(화소)의 밝기를 수로 변환하고 이렇게 변환한 많은 수를 하나로 모아 입력 벡터라는 형태로 입력합니다. 화소의 밝기를 나타내는 수가 $x_1, x_2, x_3, \cdots, x_{I-2}, x_{I-1}, x_I$와 같이 I개 있다면 입력 벡터는 이 수를 나열하여 다음과 같은 형태로 나타냅니다.

$$\boldsymbol{x} = \begin{pmatrix} x_1 \\ x_2 \\ \vdots \\ x_I \end{pmatrix}$$

일반적으로 벡터는 x라는 보통 문자가 아닌 $\boldsymbol{x}$와 같이 굵은 글씨로 나타냅니다.

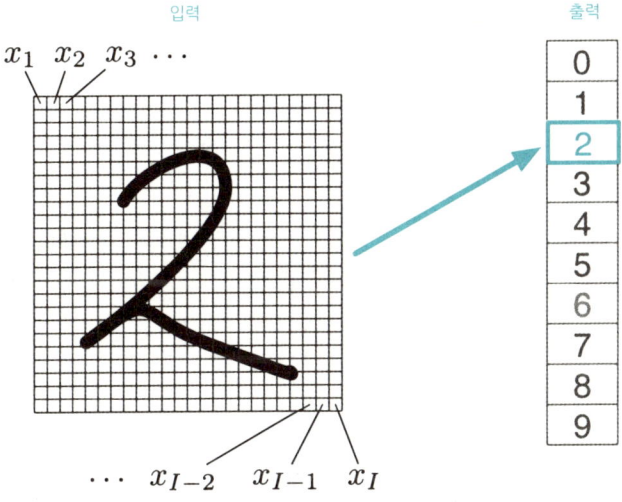

그림 9-5 손으로 쓴 문자 분류 문제

분류 문제에서 출력은 '숫자가 2이다.'와 같은 범주 종류로 나타낼 때도 있으나 확률 벡터라는 형태로 나타낼 때도 있습니다. 확률 벡터에서는 '숫자가 0일 확률이 0.04이고, 숫자가 1일 확률이 0.01이며 숫자가 2일 확률은 0.90이고, …, 숫자가 9일 확률은 0.02이다.'와 같이 분류 결과를 '확률 집합'으로 나타냅니다. 이때의 출력은 예를 들어 다음과 같은 10개의 숫자로 이루어지는 출력 벡터 $\boldsymbol{y}$가 됩니다.

$$y = \begin{pmatrix} 0.04 \\ 0.01 \\ 0.90 \\ 0.01 \\ 0 \\ 0 \\ 0.01 \\ 0 \\ 0.01 \\ 0.02 \end{pmatrix}$$

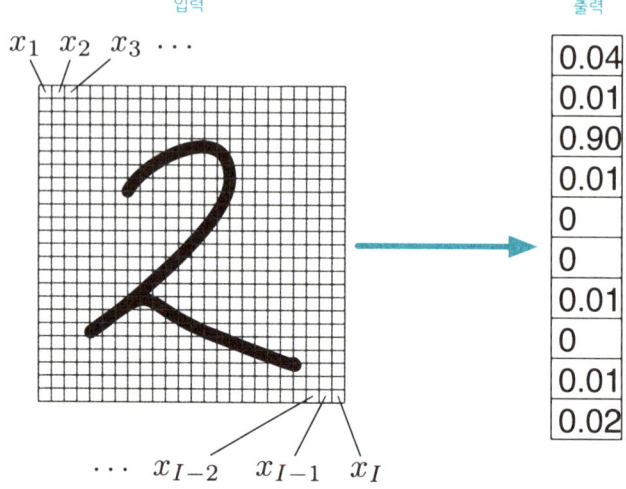

그림 9-6 손으로 쓴 문자 분류 문제 (확률 벡터)

    분류 문제는 주어진 여러 개의 데이터를 이용하여 규칙성이나 법칙성, 즉 패턴을 발견하는 것이라 할 수 있습니다. 머신러닝에서는 프로그래머가 미리 손으로 쓴 문자의 패턴을 연구하고 이를 프로그래밍하는 것이 아닙니다. 머신러닝에서는 컴퓨터가 스스로 훈련 데이터를 이용하여 파라미터를 조정합니다. 이것이 머신러닝의 특징입니다.

| Chapter 09 | 머신러닝 첫걸음: 예측 문제와 분류 문제

예측 문제와 분류 문제가 어떤 것인지 살펴보았으므로, 이제 구체적인 머신러닝의 원리에 대해 알아보겠습니다.

퍼셉트론이란?

머신러닝의 기본이 되는 계산인 **퍼셉트론**을 살펴봅시다. 그림 9-7에 퍼셉트론을 그림으로 나타냈습니다. 이 그림에서는 왼쪽에서 오른쪽으로 데이터가 흐릅니다. 왼쪽 끝에 있는 x_1, x_2, x_3이 **입력**이고 오른쪽 끝에 있는 y가 **출력**입니다.

퍼셉트론은 입력에서 출력을 구하는 '계산 방법'이라 생각해도 좋고, 컴퓨터 과학 용어로 말하자면 '알고리즘'이라 생각해도 괜찮습니다. 또는, 이것 하나가 전자 회로로 만들어진 '소자'라 볼 수도 있습니다. 어떻게 생각하든 상관없으나 여기서는 **모델**이라 부르도록 하겠습니다. 이 그림은 '입력 x_1, x_2, x_3을 이용하여 출력 y를 구하는 모델'을 나타냅니다.

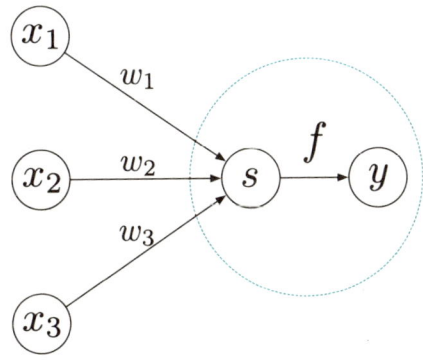

그림 9-7 퍼셉트론

이 그림에서 화살표는 데이터의 흐름을 나타냅니다. 입력 x_1, x_2, x_3에서 중앙의 s를 향해 3개의 링크가 연결되어 있으며 여기에는 각각 w_1, w_2, w_3이라 적혀 있습니다. 이 그림은 다음과 같은 계산을 나타낸 것입니다.

$$s = w_1 x_1 + w_2 x_2 + w_3 x_3$$

여기서 w_1, w_2, w_3을 **가중치** 파라미터라 합니다. 이 식은 가중치 파라미터에 x_1, x_2, x_3이라는 입력을 각각 곱하여 더한 결과를 s로 한 모습을 나타내고 있습니다. 여기까지는 별 어려움이 없을 것입니다.

s에서 y를 향해 화살표가 놓여 있으며 그 위에 f라 표시되어 있습니다. 이것은 f라는 **활성화 함수**를 사용하여 s로 y를 구하는 모습을 나타냅니다. 수식으로는 이를 다음과 같이 표시합니다.

$$y = f(s)$$

지금까지를 정리하자면 그림 9–7의 퍼셉트론은 다음과 같은 계산을 수행한다는 것을 알 수 있습니다.

$$\begin{cases} s = w_1 x_1 + w_2 x_2 + w_3 x_3 \\ y = f(s) \end{cases}$$

가중합

"곱하거나 더하고는 있지만, 도대체 이것이 무슨 의미지? 머신러닝 이야기는 어떻게 된 거야?"라고 궁금해할지도 모르겠지만, 잠시만 기다려 주세요. 우선은 퍼셉트론에 등장하는 식에 대해 조금 더 알아보고자 합니다.

퍼셉트론에서는 다음과 같은 식이 나왔습니다.

$$s = w_1 x_1 + w_2 x_2 + w_3 x_3$$

이러한 식을 **가중합**이라 부릅니다. 입력 x_1, x_2, x_3을 더하여 합을 구하는 것이지만, 단순히 더하는 것이 아니라 w_1, w_2, w_3이라는 가중치를 적용한 다음 더하기 때

문입니다. 여기서 w는 가중치^{weight}의 첫 글자입니다. 가중치 w_1, w_2, w_3은 그 이름대로 입력 x_1, x_2, x_3을 각각 얼마 정도의 가중치(중요성)로 다루는가를 표현하고 있습니다.

예를 들어 $w_1 = w_2 = w_3 = 1$과 같이 모든 가중치가 같다면 x_1, x_2, x_3 모두 같은 가중치를 적용하여 더하는 것이 됩니다. 또한, $w_2 = w_3 = 0$이라고 하면 더할 때 x_2, x_3을 무시하게 됩니다.

그러므로 같은 입력이라 해도 가중치가 다르다면 계산 결과도 달라집니다. 즉, 가중치라는 파라미터를 조정하여 계산 결과를 조정할 수 있습니다.

벡터라고 하면 화살표를 떠올리는 사람이 있습니다. 반드시 틀렸다고는 할 수 없지만, 화살표 이미지에 얽매이지 말고 벡터는 '수의 집합'이라 생각하는 편이 혼란스럽지 않을 때도 많습니다.

가중합에서는 다음과 같은 식을 보았습니다.

$$w_1 x_1 + w_2 x_2 + w_3 x_3$$

이 식은 벡터의 내적이라 불리는 형태로, 다음과 같이 쓸 수 있습니다.

$$\begin{pmatrix} w_1 & w_2 & w_3 \end{pmatrix} \begin{pmatrix} x_1 \\ x_2 \\ x_3 \end{pmatrix}$$

즉, 다음과 같은 의미입니다.

$$\begin{pmatrix} w_1 & w_2 & w_3 \end{pmatrix} \begin{pmatrix} x_1 \\ x_2 \\ x_3 \end{pmatrix} = w_1 x_1 + w_2 x_2 + w_3 x_3$$

x와 w를 1끼리, 2끼리, 3끼리 각각 순서대로 곱한 다음, 더하는 계산입니다.

벡터의 내적과 가중합

가중합을 $w_1 x_1 + w_2 x_2 + w_3 x_3$과 같이 쓰면 가중치를 나타내는 w_1, w_2, w_3과 입력을 나타내는 x_1, x_2, x_3이 식 안에서 따로따로 흩어져 버립니다. 그러나 벡터를 사용하여 나타내면 다음과 같이 가중치 벡터와 입력 벡터를 각각 모아 표현할 수 있습니다.

$$\underbrace{\begin{pmatrix} w_1 & w_2 & w_3 \end{pmatrix}}_{\text{가중치 벡터}} \underbrace{\begin{pmatrix} x_1 \\ x_2 \\ x_3 \end{pmatrix}}_{\text{입력 벡터}}$$

이와 함께 다음과 같이 굵은 글씨(w와 x)로 나타내 봅시다.

$$\boldsymbol{w} = \begin{pmatrix} w_1 & w_2 & w_3 \end{pmatrix}, \quad \boldsymbol{x} = \begin{pmatrix} x_1 \\ x_2 \\ x_3 \end{pmatrix}$$

그러면 가중합의 번잡한 식을 다음과 같이 간단하게 쓸 수 있습니다.

$\boldsymbol{wx}$

즉, 다음과 같습니다.

$$\boldsymbol{wx} = \begin{pmatrix} w_1 & w_2 & w_3 \end{pmatrix} \begin{pmatrix} x_1 \\ x_2 \\ x_3 \end{pmatrix} = w_1 x_1 + w_2 x_2 + w_3 x_3$$

여기서 한 가지 주의할 점이 있습니다. 내적은 횡 벡터와 종 벡터를 이 순서대로 나열하여 적지만, 책에 따라서는 종 벡터를 사용하면 여러 줄을 사용하게 되므로 다음과 같은 종 벡터를,

$$\begin{pmatrix} x_1 \\ x_2 \\ x_3 \end{pmatrix}$$

다음과 같이 전치라 불리는 기호 T를 사용하여 나타낼 때도 있습니다.

$$\begin{pmatrix} x_1 & x_2 & x_3 \end{pmatrix}^T$$

여기까지의 약속을 머릿속에 넣어두면 **wx**라는 식을 보더라도 당황할 일은 그리 없을 것입니다.

w_1, w_2, w_3이나 x_1, x_2, x_3은 모두 숫자이므로 쉽게 알 수는 있지만, 머신러닝에서는 많은 숫자가 등장하므로 하나로 묶어 사용하는 편이 좋습니다. 벡터를 사용하면 많은 수를 하나로 묶을 수 있으므로 식이 무엇을 나타내는지를 쉽게 알 수 있습니다.

활성화 함수

퍼셉트론에서는 다음 식이 나왔습니다.

$$y = f(s)$$

이때 f를 활성화 함수라 부릅니다. 다양한 정의가 있지만, 간단히 설명하고자 다음과 같이 정의해 보겠습니다.

$$f(s) = \begin{cases} 0 & s \leq 0 \text{일 때} \\ 1 & s > 0 \text{일 때} \end{cases}$$

즉, s가 0 이하라면 $f(s) = 0$이 되고 s가 0보다 크면 $f(s) = 1$이 된다는 것입니다. s가 어떤 값을 가지더라도 $f(s)$의 값은 0 혹은 1 중 하나가 됩니다. 두 개의 값이라 하면 2장에서 배운 '논리' 이야기가 생각나네요. 이 활성화 함수 $f(s)$는 s의 값이 '0 이하'인지 '0 초과'인지 둘 중 하나로 판정하는 것이 됩니다. 연속적인 값을 논리의 세계로 옮겼다고도 할 수 있으며 아날로그를 디지털로 변환했다고도 할 수 있습니다.

여기서는 활성화 함수를 이처럼 정의하여 s가 0을 넘는가에 따라 $f(x)$가 1이 되는지를 정했습니다. 이를 '0을 문턱값(Threshold Value, 임곗값 또는 경곗값)'으로 한다고 부를 때도 있습니다. 'Threshold'는 문턱을 일컫는 것으로, 이 문턱을 넘을 정도로 값이 크면 1이 되지만, 넘지 못한다면 아무리 가까워도 0인 상태로 둔다는 것을 표현하는 용어입니다.

퍼셉트론 요약

지금까지 퍼셉트론을 그림과 계산을 통해 설명했습니다.

- 입력 x_1, x_2, x_3에 대해 w_1, w_2, w_3이라는 가중합을 구하여 s라 한다.
- s의 값이 0 이하인가 0보다 큰가에 따라 $f(x)$의 값이 0인지 1인지가 결정된다.

이를 곰곰이 되씹어 보면 머신러닝으로 이어지는 길을 발견할 수 있습니다. 우선, 여기서는 입력을 3개로 했지만, 이를 100개나 1,000개 등으로 늘려 대량의 데이터를 입력할 수 있습니다. 또한, 가중치라는 파라미터를 잘 조정하면 입력에 따른 s 값을 조정할 수 있습니다. 그리고 활성화 함수를 잘 정의하면 s 값을 이용하여 무언가에 대한 판정을 내릴 수 있습니다.

이렇게 생각해 보면 퍼셉트론이 대량의 데이터를 이용하여 무언가에 대한 판정을 내리는 머신러닝 원리임을 이해할 수 있을 것입니다.

다음 절에서는 드디어 머신러닝의 '학습' 부분을 알아보겠습니다.

머신러닝에서의 '학습'

우리는 '학습'을 합니다. 학습을 끝낸 학생은 주어진 문제를 올바르게 풀 수 있게 됩니다. 좋은 학습일수록 정답 확률은 높아지며 더 적절한 답을 얻을 수 있습니다. '머신러닝'에서 무언가를 배우는 것은 사람이 아닌 기계입니다. 기계가 데이터를 이용하여 학습을 해 나가면 주어진 문제를 더 정확하게 풀 수 있게 됩니다.

앞 절에서 소개한 퍼셉트론을 사용하여 머신러닝에서의 '학습'에 대해 알아봅시다.

학습의 흐름

퍼셉트론은 주어진 입력 x_1, x_2, x_3에 대해 출력 y를 구합니다. 그런데 이 출력 y는 퍼셉트론이 가진 가중치 w_1, w_2, w_3이라는 **파라미터**에 따라 달라집니다. 같은 입력이더라도 퍼셉트론의 파라미터가 달라지면 출력도 변하게 됩니다.

머신러닝에서의 '학습'이란 가능한 한 정답에 가까운 출력을 얻고자 파라미터를 더 좋은 방향으로 조정하는 것입니다. 학습의 흐름은 그림 9-8과 같습니다.

- 훈련 데이터(입력과 목표)를 준비한다.
- 모델에 입력을 주어 출력을 얻는다.
- 출력과 목표를 비교한다.
- 더 나은 출력을 얻을 수 있도록 파라미터를 조정한다.

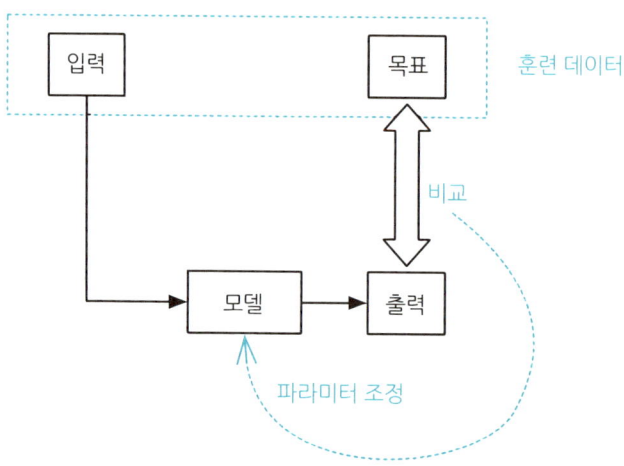

그림 9-8 학습의 흐름

훈련 데이터와 테스트 데이터

그런데 학습에 따라 모델은 일반적인 문제 해결 능력, 즉 미지의 입력에 대해서도 예측이나 분류를 수행할 능력을 분명히 갖추게 된 것일까요? 아니면 훈련 데이터에 대해서만 정확한 출력을 내는 것일까요?

일반적인 문제 해결 능력을 **일반화 능력**이라 합니다. 이런 일반화 능력을 확인하려면 테스트가 필요합니다. 그러므로 머신러닝에서는 준비한 대량의 데이터를 **훈련 데이터**와 **테스트 데이터** 두 종류로 나누어 두고, 학습에서는 훈련 데이터만 사용합니다.

이러한 사고방식은 사람이 학교에서 무언가를 배울 때와 닮았습니다. 학교에서의 학습은 수업에서 나왔던 연습 문제를 푸는 것이 목적이 아닙니다. 연습 문제와 같은 수준의 난도를 지닌 문제를 풀 수 있을 정도로 실력을 갖추는 것이 목표입니다. 따라서 학교에서도 수업 중에는 사용하지 않았던 문제로 테스트를 수행합니다. 이는 학생의 일반화 능력을 확인하는 것이 됩니다.

훈련 데이터에 대해 완벽한 출력을 낸다고 해도 테스트 데이터에서 좋지 않은 출력이 나온다면 훈련 데이터에 너무 적응해 버린 과적합^{Overfitting}이라 불리는 현상일 가능성이 있습니다. 이는 학생으로 말하면 수업에서 나왔던 문제는 완벽하게 풀 수 있었지만, 테스트에서는 성적이 나쁜 것과 비슷합니다.

손실 함수

퍼셉트론의 식을 조금 변형하여 머신러닝에서는 어떤 사고방식으로 학습을 진행하는지 알아보겠습니다.

간단히 살펴보고자 입력을 x_1, x_2 두 개로 하고, 활성화 함수는 생략하도록 합시다. 그러면 여기서 모델은 다음 식과 같습니다.

$$y = w_1 x_1 + w_2 x_2$$

이때 머신러닝에 주어진 학습 데이터는 입력 x_1, x_2와 목표 t로 이루어진 다음과 같은 수의 집합으로 나타낼 수 있습니다.

$$(x_1, x_2, t)$$

예를 들어, 다음과 같습니다.

$$(x_1, x_2, t) = (10, 2, 5)$$

또는

$$(x_1, x_2, t) = (-3, 1, 3)$$

여기서는 두 개만 예로 들었지만, 실제 훈련 데이터는 최대한 주어집니다. 학습에서는 '출력과 정답을 비교'할 필요가 있습니다. 여기서는 입력 x_1, x_2를 모델에 넣었을 때의 출력 y와 목표 t를 비교합니다. y와 t가 일치한다면 좋겠지만, 늘 그럴 수는 없습니다. 그러므로 훈련에서는 단순히 '좋은가? 나쁜가?'가 아닌 '훈련 데이터와 비교하여 얼마만큼 나쁜가?'를 평가하게 됩니다. 이러한 평가를 수행하는 함수를 **손실 함수** $E(w_1, w_2)$라 부릅니다.

손실 함수로 무엇을 선택할 것인가는 머신러닝에서 커다란 문제입니다. 여기서는 손실 함수를 설명하고자 **오차제곱합**을 소개합니다. 훈련 데이터가 n조 있을 때 오차제곱합으로 정한 손실 함수는 다음과 같은 식으로 나타낼 수 있습니다.

$$E(w_1, w_2) = (t_1 - y_1)^2 + (t_2 - y_2)^2 + \cdots + (t_n - y_n)^2$$
$$= \sum_{k=1}^{n} (t_k - y_k)^2$$

조금 복잡해 보입니다만, 이 식이 의미하는 바는 그리 어렵지 않습니다. k번째 목표 t_k와 출력 y_k의 차이를 구한 다음, 그 제곱을 구합니다. t_k와 y_k가 같다면 차이는 0이므로 제곱한 값도 0이 됩니다. 어느 한 쪽이 크다면 제곱한 값은 반드시 0보다 큰 값(양의 값)이 됩니다. 여기서 제곱을 한 것은 목표와 출력 중 어느 한 쪽이 커도 이를 '차이의 크기'로써 더할 수 있기 때문입니다.

$E(w_1, w_2)$가 크다면 출력은 목표와의 차이가 크다는 뜻이 되며 $E(w_1, w_2)$가 작다면(0에 가깝다면) 모델의 출력과 훈련 데이터와의 차이가 작다는 뜻이 됩니다. 즉, $E(w_1, w_2)$의 크기가 출력의 '나쁨'을 나타내게 됩니다. 그러므로 $E(w_1, w_2)$를 손실 함수라 부르는 것입니다.

이것으로 출력을 평가할 수 있게 되었습니다. 다음에는 무엇을 해야 할까요? 그렇습니다. 모델이 가진 가중치를 조정하여 가능한 한 손실 함수의 값이 0에 가까워지도록 하는 것입니다. 이것이 '학습의 흐름'에서 본 "더 나은 출력을 얻을 수 있도록 파라미터를 조정한다."에 해당합니다.

합을 나타내는 Σ

오차제곱합을 나타낼 때 다음과 같은 식을 보았습니다.

$$\sum_{k=1}^{n}(t_k - y_k)^2$$

Σ (시그마)에 익숙하지 않은 사람은 건너뛰고 싶을지도 모르겠습니다. 그러나 여기에서 사용한 식은 전혀 어렵지 않습니다.

$$\sum_{k=1}^{n} (t_k - y_k)^2$$

이 식은 k라는 변수를 1부터 n까지 늘려가며 $(t_k - y_k)^2$의 합을 구한다는 것을 나타냅니다. 그러므로 예를 들어 n의 값이 3이라면 다음 식이 성립한다는 것을 알 수 있습니다.

$$\sum_{k=1}^{3} (t_k - y_k)^2 = \underbrace{(t_1 - y_1)^2}_{k=1} + \underbrace{(t_2 - y_2)^2}_{k=2} + \underbrace{(t_3 - y_3)^2}_{k=3}$$

Σ는 언제나 덧셈을 나타내지만, 변수의 범위를 표현하는 방식은 다양합니다. 예를 들어 다음과 같이 부등식을 사용하여 나타낼 수도 있습니다.

$$\sum_{1 \leq k \leq 3} (t_k - y_k)^2$$

심지어는 독자가 이미 k의 범위를 알고 있다면 다음과 같이 쓸 수도 있습니다.

$$\sum_{k} (t_k - y_k)^2$$

Σ를 읽을 때는 덧셈을 구할 때 움직이는 변수가 무엇인가를 정확히 확인하는 것이 중요합니다. 예를 들어 다음 두 식은 아주 비슷하지만, 자세히 보면 다른 곳이 있습니다.

$$\sum_{k=1}^{3} a_j^k = a_j^1 + a_j^2 + a_j^3 \quad \text{k가 변함}$$

$$\sum_{j=1}^{3} a_j^k = a_1^k + a_2^k + a_3^k \quad \text{j가 변함}$$

Σ를 사용하면 긴 식을 간단하게 표현할 수 있어 편리합니다. 또한, '어떤 덧셈을 생각하고 있는가?'가 명확해지는 이점이 있습니다. **Σ는 덧셈일 뿐**이므로 이제부터는 Σ가 나와도 건너뛰지 말기 바랍니다. 그럼에도 어렵다고 느낄 때는 앞서와 같이 Σ를 구체적인 덧셈의 형태로 되돌리면 이해하기 쉽습니다.

기울기 하강법

앞에서는 손실 함수를 설명했습니다. 이때 파라미터를 조정하여 손실 함수의 값을 작게 한다는 개념을 이해하고자 아주 간단한 예를 이용했습니다.

$$E(w_1, w_2) = \sum_{k=1}^{n} (t_k - y_k)^2$$

손실 함수의 값을 작게 하기 위해 바꿀 수 있는 것은 모델 안에 포함된 파라미터 w_1, w_2입니다. 파라미터 w_1, w_2를 움직이면 똑같은 입력에 대해서도 다른 출력을 얻을 수 있으므로 손실 함수의 값도 변화합니다.

파라미터를 조정하여 손실 함수의 값이 변화하는 모습을 떠올리기 위해 이를 그래프로 표시해 보겠습니다. w_1과 w_2의 값에 따라 $E(w_1, w_2)$가 변하므로 그림 9-9와 같이 산과 계곡이 있는 지형과 같은 그래프가 그려질 것입니다. 학습에서는 예를 들어 이 지형에서 가능한 한 낮은 곳으로 이동하고 싶은 것입니다.

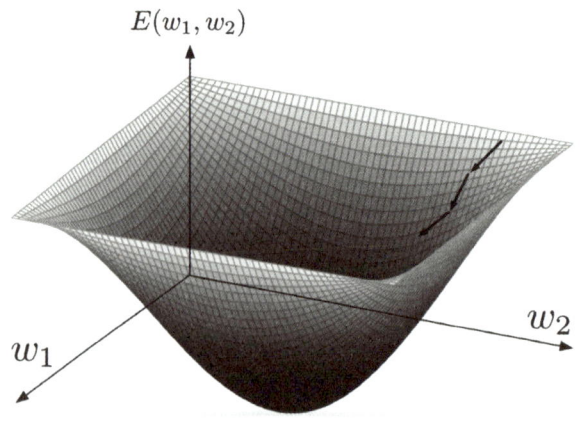

그림 9-9 손실 함수 $E(w_1, w_2)$의 값이 낮아지도록 파라미터 w_1, w_2를 바꾸어 나감

이러한 그림에서 사람은 눈으로 보고 어디가 낮은 곳인지를 알 수 있지만, 컴퓨터가 이를 찾도록 하려면 어떻게 해야 할까요?

이때는 **기울기 하강법**Gradient Descent이라는 방법을 사용합니다. 이는 산과 계곡 지형 어디선가에서 시작하여 점점 낮은 쪽으로 진행하는 것을 반복하는 방법입니다. 이는 무척 자연스런 발상입니다. 운이 좋다면 '어디로 움직여도 손실 함수의 값이 더 낮아지지 않는' 상태가 될 것입니다. 지형에 비유하자면, 계곡의 바닥에 들어간 상태와 같습니다. 그곳이 일단은 손실 함수의 값이 낮은 곳이 됩니다. 계곡 바닥에 들어가 안정된 상태의 파라미터를 갖춘 모델이 '학습 완료 모델'이라 할 수 있습니다.

이 책의 1장에서 **"커다란 문제는 작은 '덩어리'로 나누어 푼다."** 라는 사고방식을 살펴보았습니다. 전체를 대상으로 낮은 곳을 찾는 것이 아니라 현재 지점 근처의 조금은 좁은 장소를 대상으로 찾는다는 것도 마찬가지 사고방식입니다.

"주어진 훈련 데이터를 사용하여 손실 함수를 구성한다. 그리고 기울기 하강법을 이용하여 손실 함수의 값이 가장 작아지도록 파라미터를 조정한다." 아주 단순화한 것이지만, 이것이 머신러닝의 '학습'의 한 모습입니다.

내려갈 때의 '한 걸음'을 크게 취하면 최적의 파라미터에 빠르게 도달할 수 있지만, 좁은 계곡이라면 건너뛸 염려도 있습니다. 이러한 '한 걸음'의 크기를 **학습률**이

라 합니다. 처음에는 크게 한 걸음을 내딛고 점차 작은 걸음을 내딛는 것처럼 학습의 진행에 맞추어 학습률도 변화시켜 갑니다.

그런데 파라미터 수가 두 개라면 이러한 그림을 그려 개념을 잡을 수 있지만, 세 개 이상이라면 쉽지 않습니다. 게다가 파라미터의 수가 많아지면 파라미터를 여러 방향으로 증감해 가는 단순한 방법은 적용하기가 어렵습니다. 왜냐하면, 7장에서 살펴본 지수적 폭발이 일어나기 때문에 단순히 모든 값을 다 확인하여 최적의 방향을 발견할 수는 없습니다. 따라서 뒤에서 이야기할 오차 역전파법과 같이 계산량을 줄이는 다양한 방법이 필요해집니다.

프로그래머의 관여

이제 머신러닝에서 이해해야 할 점은 프로그래머가 어떻게 관여할 것인가입니다. 프로그래머는 모델 구축에 관여하지만, 파라미터 내용에는 관여하지 않습니다. 프로그래머가 직접 파라미터를 만지는 것이 아니라 모델, 손실 함수, 훈련 데이터를 통해 간접적으로 파라미터를 더 좋은 값으로 변경해 가기만 할 뿐입니다. 같은 모델, 같은 손실 함수라도 훈련 데이터가 다르다면 학습 완료 모델은 전혀 달라질 수 있습니다.

머신러닝에서는 데이터 그 자체를 이용하여 모델을 학습시킵니다. 프로그래머가 직접 관여하는 것이 아닙니다. 이는 같은 하드웨어를 가진 컴퓨터라도 소프트웨어에 따라 다르게 동작하는 것과 비슷합니다. 즉, 소프트웨어를 바꾸면 같은 하드웨어라도 다르게 동작할 수 있습니다. 이와 마찬가지로 같은 모델이라도 훈련 데이터가 달라지면 모델의 동작은 달라지게 됩니다.

신경망

지금까지 퍼셉트론을 예로 들어 모델과 학습에 대해 설명했습니다. 모델은 입력으로부터 출력을 얻는 방법을 파라미터로 제어합니다. 또한, 학습이란 훈련 데이터와 손실 함수를 기초로 기울기 하강법 등을 이용하여 파라미터를 조정하는 것이었습니다. 그러나 퍼셉트론 하나로 할 수 있는 것은 거의 없습니다. 따라서 퍼셉트론을 여러 단계로 묶어서 더 복잡한 판단을 수행하게 만듭니다. 이것이 바로 신경망입니다.

신경망이란?

신경망이란 퍼셉트론과 같이 입력과 출력을 가진 것(**노드**^{node})을 나열하여 여러 층으로 구성한 것입니다. '신경망'은 영어로는 '뉴럴 네트워크$^{Neural\ Network}$'라 하며, 원래는 생물의 정보 전달 모델에 기원을 둔 용어입니다. 퍼셉트론의 출력은 0 또는 1의 두 가지 값이지만, 신경망에서 사용하는 노드의 출력은 두 개의 값이 아닌 미분이 가능한 연속적인 값으로 이루어집니다.

그림 9-10에 2개 층으로 이루어진 신경망을 나타냈습니다. 퍼셉트론과 마찬가지로 노드 사이를 잇는 링크에는 가중치 파라미터가 있지만, 여기서는 그림을 간단히 하고자 생략했습니다.

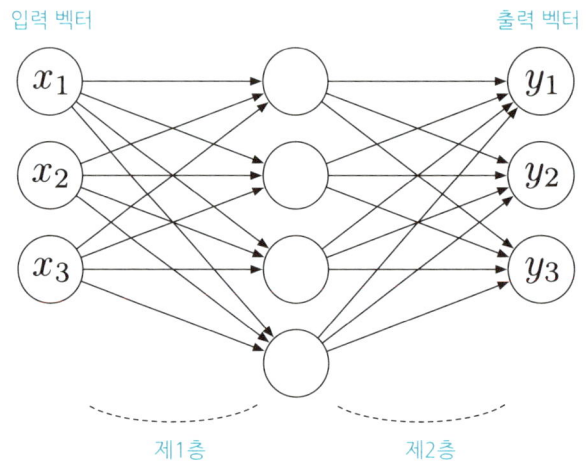

그림 9-10 2층 신경망

층을 세는 방식은 책이나 논문에 따라 다릅니다. 그림 9-10에서는 가중치 파라미터를 가진 링크 층이 두 개 있으므로 '2층'이라 부릅니다. 입력 벡터, 노드의 층,

출력 벡터를 3으로 세어 '3층'이라 부를 때도 있습니다. 어느 쪽이든 층을 반복하여 중첩하면 다층 신경망이 됨을 알 수 있습니다(그림 9-11).

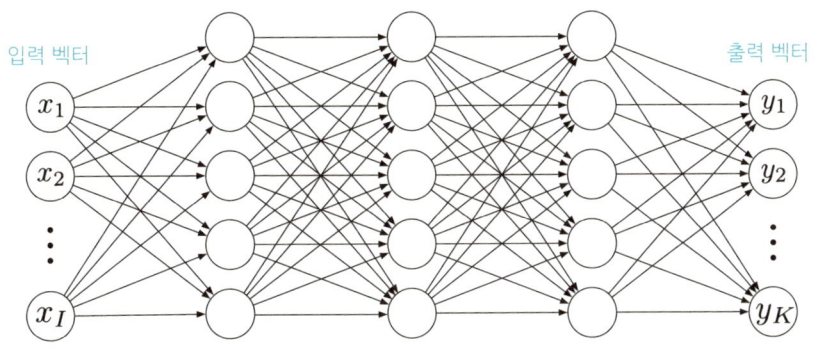

그림 9-11 다층 신경망

이런 그림은 머신러닝을 설명할 때 자주 등장합니다.

- 노드를 여러 개 나열하여 층 모양으로 겹친다.
- 왼쪽 끝에는 입력 벡터가 있고 오른쪽 끝에는 출력 벡터가 있다.
- 노드 사이에는 링크가 있으며 이곳에 가중치 파라미터가 놓인다.

신경망 모델을 만들 때는 층의 개수, 노드 개수, 노드 사이의 함수 등 많은 것을 결정해야 한다는 것을 알 수 있습니다. 따라서 어떤 모델을 만들 것인가는 프로그래머에게 달렸지만, 가중치 파라미터를 조정할 때는 훈련 데이터를 이용하여 컴퓨터가 이를 수행합니다.

오차 역전파법

신경망에서는 손실 함수를 사용하여 최적의 파라미터를 구할 때 **오차 역전파법**Error Backpropagation이라 불리는 방법을 사용합니다. 오차 역전파법에서는 우선 입력층에서 출력층을 향해 진행하여 손실 함수의 값을 계산합니다. 다음으로, 출력층에서 입력층으로 거꾸로 진행하여 가중치 파라미터가 변했을 때 출력이 어떻게 변화하는가를 미분 계산으로 조사하고 이를 가중치 파라미터 조정에 사용합니다.

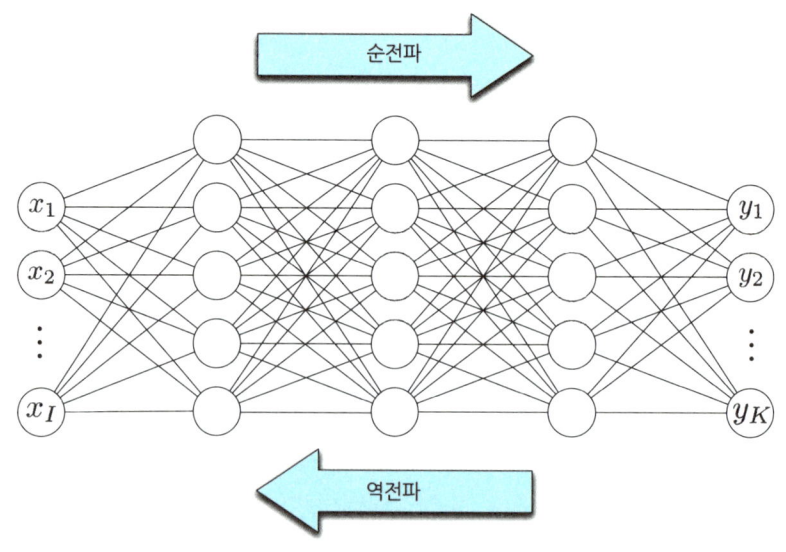

그림 9-12 오차 역전파법 (순전파와 역전파)

　신경망에서는 다루는 데이터와 파라미터 모두가 대량입니다. 이들을 조합하여 계산을 수행하므로 7장에서 소개한 '지수적 폭발'이 쉽게 일어납니다. 그러므로 머신러닝 연구자는 지수적 폭발을 일으키지 않도록 다양한 알고리즘을 연구합니다. 오차 역전파법도 이러한 알고리즘의 하나입니다.

딥러닝과 강화학습

　지금까지 신경망의 구조와 학습을 소개했습니다. 최근에는 딥러닝이나 강화학습이라는 용어도 자주 보게 됩니다.

　딥러닝이란 신경망 층을 늘려 깊게^{deep} 한 모델입니다. 층을 깊게 하는 것은 파라미터를 적게 하더라도 복잡한 함수를 만드는 효과가 있기 때문입니다. 어떻게 층을 깊게 하면 좋은가라는 이론적 배경에 대한 연구는 현재 활발히 이루어지고 있습니다.

강화학습이란 정답을 주지 않고 '교사 없이' 학습을 수행하는 머신러닝 기법입니다. 강화학습을 수행하는 시스템은 최적의 출력을 시행착오를 거쳐 찾고, 그때마다 주어지는 보상에 따라 파라미터를 조정해 갑니다. 예를 들어 Google DeepMind의 DQN^Deep Q-Network 은 딥러닝과 강화학습을 조합하여 비디오 게임을 수행하는 프로그램입니다. DQN은 게임 규칙조차 모르는 상태에서 학습을 시작하여 시행착오 끝에 인간 이상의 점수를 얻는 성과를 올렸습니다. 또한, 같은 회사의 AlphaGo*도 딥러닝과 강화학습을 조합한 바둑 프로그램입니다. AlphaGo는 바둑 기보를 연구하여 인간을 뛰어넘는 성과를 올렸습니다. 더욱이 AlphaGo Zero는 인간의 기보조차 연구하지 않고 바둑의 규칙만으로 자신과의 대국을 통한 학습을 거쳐 최강의 바둑 프로그램이 되었습니다.

인간은 필요 없어지는가?

지금까지 '머신러닝 첫걸음'이라는 제목으로, 머신러닝의 기본 주제를 소개했습니다. 마지막으로, 머신러닝의 진보에 따라 '인간은 필요 없어지는가?'라는 문제를 생각해 보겠습니다. 감정론이 아닌, 지금까지의 내용을 염두에 두고 '인간에게 남은 일은 무엇인가?'에 대해 고민해 보겠습니다.

모델 만들기

머신러닝에서는 훈련 데이터를 사용하여 파라미터를 최적화합니다. 어떻게 신경망 층을 구성하고 어떻게 함수를 조합할 것인가는(현재로서는) 인간이 정해야 합니다. 실제로 머신러닝 연구자는 어떠한 문제에 어떠한 모델이 효과적인가, 또한 학습 효율과 정밀도를 올리려면 어떻게 하면 좋은가 등을 연구하고 있습니다.

---

* https://deepmind.com/research/alphago

데이터 신뢰성 확보

머신러닝에서는 훈련 데이터를 사용하여 파라미터를 최적화합니다. 그러므로 훈련 데이터가 잘못되었다면 최적화한 결과도 잘못되며 예측은 실패하게 됩니다. 따라서 인간은 훈련 데이터가 올바른가, 신뢰할 수 있는가, 필요한 예측을 수행할 수 있을 정도의 데이터를 모두 포함하고 있는가 등의 판단을 수행해야 합니다.

결과 해석

머신러닝은 훈련 데이터를 이용하여 정확한 예측과 분류를 할 수 있도록 파라미터를 최적화합니다. 이러한 학습 결과는 학습 완료 모델이 가진 엄청난 수의 파라미터 집합이라는 형태가 됩니다.

정확한 예측과 분류가 된다고 해도 인간은 더 추상도가 높은 해석을 원할 것입니다. "이러한 경향이 있으므로 이렇게 예측할 수 있다."라거나 "이 이미지에 이러한 특징이 있으므로 이렇게 분류할 수 있다." 등의 해석을 원하게 됩니다. 그러나 파라미터의 구체적인 값을 보더라도 정확한 예측이 '왜' 가능했는지, 정확한 분류가 '왜' 가능했는지 해석하는 것은 그리 간단하지 않습니다.

예를 들어 의료 분야에서 "머신러닝에 따르면 이렇게 됩니다."라는 결과가 나왔을 때 이를 어떻게 해석하면 좋은지, 그 해석 부분은 인간이 수행하는 일입니다. 이런 일이 생기는 것은 애당초 머신러닝에 의한 문제 해결 방법이 이전과 같이 인간의 가설을 검증한 것이 아니기 때문입니다.

머신러닝에서는 데이터를 이용하여 파라미터 최적화를 수행할 뿐입니다. 그러므로 이 파라미터가 '왜' 그런 값이 되었는지는 설명할 방법이 없습니다. 입력과 출력의 관계가 그렇게 되어 있기 때문이라고밖에 말할 수 없습니다. 고도의 추상화된 해석을 하려면 인간의 힘이 필요합니다. 단, 이후 연구가 진전되면 인간이 이해할 수 없는 형태를 기계가 해설해 줄 수 있을지도 모릅니다.

| Chapter 09 | 머신러닝 첫걸음: 예측 문제와 분류 문제

의사결정

머신러닝은 입력 데이터를 이용하여 미래 예측을 수행합니다. 따라서 미래 예측은 지금까지의 경험을 통해 예측하는 '가장 그럴싸한 값'이 됩니다. 그러나 이 예측값을 "어떻게 이용해야 하는가?"라는 의사결정 부분은 기계가 수행할 수 없습니다.

"어떤 행동을 취하면 어떤 것이 일어나는가?"와 같은 미래는 머신러닝에 의해 드러날 가능성이 큽니다. 그러나 의사결정 그 자체를 머신러닝이 수행해 주지는 않습니다.

그리고 이 이후는 기술적인 문제라기보다는 윤리적인 문제가 됩니다. 예를 들어 '통증의 완화'와 '수명의 연장' 중 어느 한 쪽을 선택하는 문제에서 개인의 의사결정을 머신러닝에 맡길 수는 없습니다.

다만, 여기까지 나가게 되면 이미 이 책의 범위를 벗어나게 되겠네요. 이후는 독자에게 맡길 수밖에 없습니다. "인간은 필요 없어지는가?"라는 질문을 여러분 스스로에게도 던져보세요.

이 장에서 배운 내용

이 장에서는 '머신러닝 첫걸음'을 주제로, 다음과 같은 내용을 살펴보았습니다.

- '머신러닝'의 의미와 최근 '머신러닝'이 주목받는 이유
- 머신러닝의 기본인 퍼셉트론이라는 모델과 머신러닝에서 '학습'의 의미
- 노드를 여러 개 겹쳐 네트워크 모양을 이룬 신경망 모델
- 머신러닝의 발전에 따라 "인간은 필요 없어지는가?"라는 질문에 대한 고민

덧붙여 첫머리에 일러둔 것처럼 이번 장에서 소개한 내용은 어디까지나 '첫걸음'에 지나지 않습니다. 더 자세한 내용은 다음 자료를 참고하기 바랍니다.

참고 문헌

- Christopher Bishop, "Pattern Recognition and Machine Learning", Springer

- 斎藤康毅『ゼロから作るDeep Learning』, オライリー・ジャパン
  번역서 사이토 고키 저, 개앞맵시(이복연) 역 "밑바닥부터 시작하는 딥러닝", 한빛미디어

- 中井悦司, 『ITエンジニアのための機械学習理論入門』, 技術評論社
  번역서 나카이 에츠지 저, 김범준 역 "머신러닝 이론 입문", 위키북스

 ## 끝내는 대화

학생　　"수식은 복잡해서 싫어요."
선생님　"오히려 수식을 사용하지 않는 쪽이 복잡할 때가 많답니다."
학생　　"왜 그렇죠?"
선생님　"수식은 복잡한 것을 정확히 전달할 수 있는 언어죠."
학생　　"수식이 '언어'란 말인가요?"
선생님　"네, 그래요. 중요한 내용을 전하기 위한 '언어'랍니다."

| Chapter 10 |

프로그래머 수학이란?

정리를 대신하여

 시작하는 대화

학생   "선생님. 문제는 풀 수 있는데 설명을 잘 못하겠어요."
선생님 "설명할 수 없다는 것은 그 문제의 핵심을 파악하지 못하기 때문이랍니다."

이 책을 되돌아보며

여러분은 이 책을 통해 짧은 여행을 떠날 수 있었습니다. 마지막으로 이 책을 덮기 전에 지나온 길을 다시 한번 돌아보도록 하겠습니다. 다양하게 걸어온 길을 여기서 정리해 봅시다.

'0'은 규칙을 간단하게 만든다

$$0$$

1장에서는 0에 대해 생각해 보았습니다. 0은 '아무것도 없음'이 '있음'을 명확하게 나타내는 것입니다. 다른 말로 하면 '아무것도 없다'라는 것을 특별하게 다루지 않는다는 것입니다.

0을 도입하면 패턴이나 규칙을 쉽게 만들 수 있습니다. 일관성이 있는 간단한 규칙을 만들면 기계적으로 처리하기 쉬워지며 컴퓨터에 문제 해결을 맡기기도 편해집니다.

'논리'는 둘로 나누기

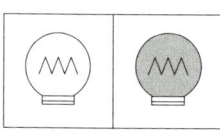

2장에서는 '논리'에 대해 배웠습니다. 논리의 기본은 true와 false의 둘로 나누기에 있습니다. 문제를 하나의 커다란 덩어리로 푸는 것이 아니라 어떤 조건이 '성립할 때'와 '성립하지 않을 때'의 두 가지로 나누어 풀어 보자는 것입니다.

더불어 논리는 자연어의 애매함을 피하는 도구이기도 합니다. 복잡한 논리를 능숙하게 풀 수 있도록 논리식과 진리표, 벤 다이어그램, 카르노 맵 등의 도구를 소개했습니다.

'나머지'로 그룹화

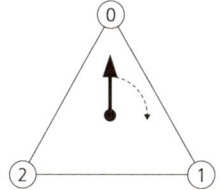

3장에서는 퀴즈와 퍼즐을 통해 '나머지'에 대해 살펴보았습니다. 대상이 무한히 많이 있는 문제에서 주기성을 발견해 내면 나머지를 이용하여 적은 개수의 문제로 바꿀 수가 있습니다.

나머지를 잘 사용하면 따로따로인 것처럼 보이는 것을 하나의 관점으로 모아 분류할 수 있습니다. 나머지에 따라 그룹화를 이용하면 여러 번의 시행착오가 필요한 문제도 간단히 풀 수가 있습니다. 또한, 패리티에 대해서도 배웠습니다.

'수학적 귀납법'은 2단계로 무한에 도전한다

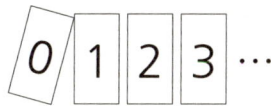

4장에서는 '수학적 귀납법'에 대해 배웠습니다. 수학적 귀납법에서는 기저와 귀납이라는 두 가지 단계를 증명하기만 하면, 무한히 많은 수의 증명 대신 사용할 수가 있습니다.

수학적 귀납법은 0, 1, 2, 3, ..., n이라는 반복(루프)으로 문제를 푸는 기초가 됩니다. 이는 큰 문제를 같은 모양과 크기를 가진 n개의 작은 문제로 분할하는 것입니다. 이렇게 분할할 수 있다면 순서에 따라 기계적으로 해결할 수 있습니다.

'순열과 조합'에서는 대상의 성질을 파악하는 것이 중요하다

5장에서는 '순열과 조합' 등을 세는 법칙에 대해 배웠습니다. 작은 크기에서 대상의 성질을 조사하여 이를 일반화하는 방법을 이용하면 직접 셀 수 없을 정도로 많은 것도 셀 수 있습니다.

단순히 수를 세는 것뿐만 아니라 세려고 하는 대상의 성질이나 구조를 파악하는 것이 핵심입니다. 또한, 공식을 통째로 암기하는 것이 아니라 그곳에 표현된 조합론적인 의미에 관심을 두는 것도 중요합니다.

'재귀'는 자신 안에서 자신을 발견하는 것

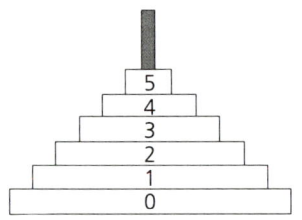

6장에서는 '재귀'에 대해 배웠습니다. 재귀도 또한 문제를 분할하는 방법이지만 이번에는 같은 모양과 같은 크기로 분할하는 것이 아니라, 형태는 같지만 다른 크기로 분할한다고 할 수 있습니다.

커다란 문제에 직면했을 때는 그것과 같은 구조로 이루어진 작은 규모의 문제가 안에 포함되어 있는지를 조사합니다. 이를 통해 재귀적인 구조를 발견한다면 점화식을 사용하여 문제의 성질을 조사할 수 있습니다.

'지수적 폭발'이란

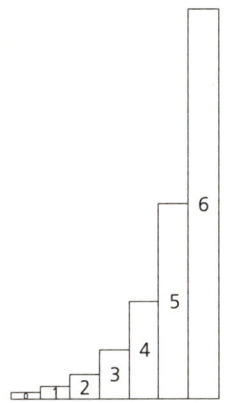

7장에서는 다루기가 쉽지 않은 '지수적 폭발'을 소개했습니다. 지수적 폭발을 포함한 문제는 약간 규모가 커지기만 해도 다룰 수 없을 정도의 문제가 되고 맙니다. 그러나 거꾸로 지수적 폭발을 적절히 사용하면 큰 규모의 문제를 다루기 쉬운 형태로 변환할 수 있습니다.

'계산할 수 없는 문제'는 원리적인 제한을 나타낸다

8장 '계산할 수 없는 문제'에서는 귀류법이라는 증명법, 셀 수 있음의 개념, 계산할 수 없는 문제, 그리고 정지 판정 문제에 대해 살펴보았습니다.

여러분이 컴퓨터로 풀 수 있는 문제는 무한히 많습니다. 그러나 그 무한이라는 것은 기껏해야 셀 수 있는 것뿐입니다. 모든 문제의 집합은 셀 수 있는 집합보다도 훨씬 큰 무한으로, 우리의 손이 닿을 수 없는 세계가 그곳에 펼쳐져 있습니다.

'머신러닝' 첫걸음

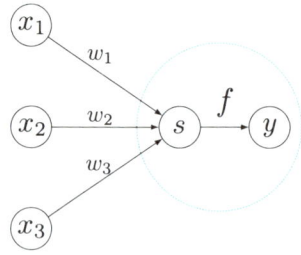

  9장에서는 최근 주목받는 머신러닝과 딥러닝에 대해 살펴보았습니다. 머신러닝으로 풀고자 하는 문제 중 대표적인 예측 문제와 분류 문제를 살펴보고, 퍼셉트론과 학습, 신경망 등의 기본적인 개념을 알아보았습니다. 더불어 머신러닝의 발전에 따라 "인간은 필요 없어지는가?"라는 문제도 고민해 보았습니다.

  머신러닝은 프로그래밍과 수학 모두와 깊은 관계가 있습니다. 머신러닝에 관심이 생겼다면 수식과도 친해지는 것이 좋습니다.

문제를 해결한다는 것

패턴을 발견하여 일반화

  이 책에서는 다양한 각도에서 '문제 해결' 방법을 살펴보았습니다. 퀴즈를 풀 때 우리는 자주 작은 수로 시험해 보곤 했습니다. 작은 수로 시험하면서 거기서부터 규칙과 성질, 구조, 반복, 정리 등을 발견해낸 다음, 문제에 숨겨진 패턴을 발견하였습니다. 패턴을 발견하지 못하면 설령 문제를 해결한다 하더라도 이해했다고는 할 수 없습니다.

  또한, 우리는 얻은 결과를 일반화해 보곤 했습니다. 일반화하면 지금 다루는 문제 이외에도 적용할 수 있게 됩니다. 만약 문제의 해법이 엄밀히 말해 그 문제에만 적용된다면 그것은 해법이라고 부를 수 없습니다. 다른 비슷한 문제에도 적용할 수 있어야 비로소 해법이라 부를 수 있습니다.

| Chapter 10 | 프로그래머 수학이란?: 정리를 대신하여

문제를 풀 때는 눈앞에 있는 문제의 패턴을 알아낸 다음 이를 일반화하는 것이 무척 중요합니다.

서투름에서 생기는 지혜

이 책을 되돌아보면 "사람은 무엇에 서툴까?"가 드러납니다. 그리고 그 '서툰 부분'을 극복하고자 다양한 지혜가 생겨납니다.

사람은 큰 수를 다루는 데 서툽니다. 그래서 수의 **표기법**을 다양하게 발전시켜 왔습니다. 로마 숫자에서는 수를 모아서 표현할 때 별도의 문자를 사용했습니다. 자리 표기법에서는 숫자를 쓰는 위치에 따라 수의 크기가 달라지므로 로마 숫자만으로는 표현할 수 없을 정도의 큰 수도 표현할 수 있게 되었습니다. 더 큰 수를 다루려면 10^n처럼 지수 표기를 사용합니다.

사람은 복잡한 판단을 틀리지 않고 수행하는 것에 서툽니다. 그래서 **논리**가 생겼습니다. 논리식의 형태로 추론하거나 카르노 맵으로 복잡한 논리를 풀거나 합니다.

사람은 많은 물건을 관리하는 데 서툽니다. 그래서 **그룹화**를 합니다. 한 개의 그룹 안에 있는 것을 동일시함으로써 편하게 관리할 수 있게 됩니다.

사람은 무한히 큰 수를 다루는 데 서툽니다. 그래서 **유한**의 단계로 무한을 다룹니다.

이처럼 사람은 다양한 지혜와 아이디어를 이용하여 문제에 맞섭니다. 어떻게든 문제의 규모를 줄이거나 복잡한 것을 단순화한다면 그다음은 기계적으로 반복하기만 하면 해결할 수 있습니다. 이러한 상태를 만들 수만 있다면 강력한 다음 주자인 컴퓨터에 바통을 전달할 수 있기 때문입니다.

여러분에게는 무언가 서툰 것이 없나요? 만약 있다면 거기서부터 새로운 지혜와 아이디어가 생겨날지도 모릅니다.

판타지 법칙

필자가 개인적으로 판타지 법칙이라고 부르는 문제 해결 방법에 대해 이야기해 보고자 합니다. 판타지라는 것은 상상의 세계를 오가는 것에 관한 이야기로, 판타지 법칙이란 상상의 세계를 오가는 것으로 문제를 풀 수 있다는 법칙입니다.

판타지 법칙

'이 곳의 세계'에서 풀 수 없는 문제가 있다면...

(1) 문제를 '이곳의 세계'에서 '상상의 세계'로 가지고 갑니다.

(2) 그리고 문제를 '상상의 세계'에서 해결합니다.

(3) 마지막으로 이렇게 얻은 답을 '이곳의 세계'로 가지고 돌아옵니다.

그림으로 나타내면 다음과 같습니다.

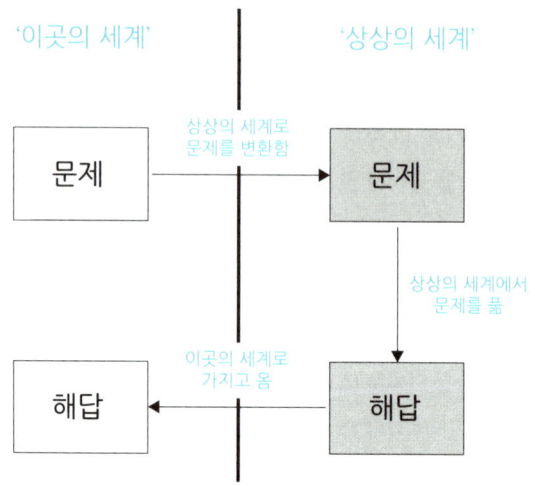

그림 10-1 판타지 법칙

이를 고속도로 법칙이라고 불러도 좋습니다.

고속도로 법칙

저 멀리 있는 목적지에 가고 싶다면...

(1) 고속도로를 탑니다.

(2) 목적지와 가까운 나들목까지 빠른 속도로 이동합니다.

(3) 나들목을 빠져나와 목적지까지 갑니다.

| Chapter 10 | 프로그래머 수학이란?: 정리를 대신하여

'고속도로 법칙'이 더 이해하기 쉬울지도 모르겠지만 '판타지 법칙'이 좀 더 재미있는 듯합니다. 실은 이 책 안에는 '판타지 법칙'이 반복되어 나타납니다. 그림 10-1과 비슷한 그림이 이 책의 여러 곳에서 등장했었다는 사실을 눈치채셨나요?

프로그래머에게 수학이란

일반적인 프로그래밍에서 프로그래머에게 고도의 수학적 지식을 요구할 때는 그다지 많지 않습니다. 그러나 문제의 구조를 파악하고 그것을 간단히 표현하여 일관성 있는 규칙으로 정리한다는 것은 프로그래머에게는 일상적인 활동입니다.

수학에 서툴다고 막연하게만 느끼는 것이 아니라 "수학 안에 재미있는 것이 있다면 이를 잘 활용해 보자!"라는 마음가짐을 가지고 프로그래밍에 수학적인 사고방식을 적용할 수 있었으면 좋겠습니다.

이 책을 통해 무미건조하게만 보이는 수학에서 아름다움과 즐거움을 조금이라도 발견할 수 있었다면 저자로서는 이보다 더 큰 즐거움은 없을 것입니다.

끝까지 읽어 주셔서 고맙습니다.

 **끝내는 대화**

| 학생 | "선생님, 수고하셨습니다. 무사히 끝까지 읽을 수 있었습니다."
| 선생님 | "그것참 다행입니다."
| 학생 | "이 책 안에서는 같은 주제가 반복해서 다루어진다는 것을 알았습니다."
| 선생님 | "오호~"
| 학생 | "'누락'과 '중복' 이야기. 작은 수로 시험해 보기. 구조를 파악하기. 판타지 법칙…"
| 선생님 | "거기에 일반화에 대한 이야기도 있었답니다."
| 학생 | "예. 처음에는 따로따로 노는 것처럼 보였던 장이 실은 전부 연결되어 있었던 것이네요."
| 선생님 | "이 책 안에 숨겨진 패턴을 여러분이 발견했는지도 모르겠습니다."
| 학생 | "아, 그렇군요. 왠지 더 공부하고 싶어지네요. 고맙습니다."
| 선생님 | "저야말로 고맙습니다."

찾아보기

기호

&&	87
⇒	70
=	68
¬	56
‖	89
~	56
∧	59
∨	62
≡	68
⊕	65
-1승	35, 37
!(계승)	166
!(부정)	91

번호

0!	166, 201
0승	34
0의 개수	102
0의 역할	38
1 대 1 대응	263, 276
2진법	25
3값 논리	86
8진법	32
10진법	23
16진법	32
60진법	41

ㄱ

가우스	125
가중치 파라미터	304
가중합	304
강화학습	321
거듭제곱	240
거듭제곱 퀴즈	102
거짓	49
경계	53
계산자	247
계산할 수 없는 문제	277
계승	166
계승의 재귀적 정의	201
고속도로 법칙	332
골드바흐의 추측	289
곱셈 법칙	161
과적합	311
귀납	132
귀납적 사고방식	204
귀류법	259
그래프	116
그룹 나누기	96
기계어	282

기계학습	295
기수	25, 240
기수 교환	28
기울기 하강법	316
기저	131
꼭짓점	116

ㄴ

나눗셈	96
노이즈	107
논리	46, 183
논리곱	59
논리식	47, 56, 80, 144
논리합	62
논리회로	86
논증	262
농도	276
누락	50, 153

ㄷ

닫힌 식	198, 237
대각선 논법	272, 279
대우	74
덧셈	125
덧셈 법칙	157
덧셈의 재귀적 정의	203
데이터	280
도미노 쓰러뜨리기	133
두 개의 램프 게임	79

두 배 게임	228
둘로 나누기	55
드모르간 법칙	64, 77, 91
등치	67
디버거	282
딥러닝	320

ㄹ

로그	239
로그 그래프	243
로그표	247
로마 숫자	33
루프 불변	144

ㅁ

머신러닝	295
명제	49
모델	298, 303
모순	51, 259
목표	297
무작위 공격	250
무한 루프	281
무한 반복	281
무한 집합	264
문턱값	309
미해결 문제	288
밑수	25, 240

반례	130
반복 처리 프로그램	144
배리법	259
배열의 모든 요소의 합을 구하는 함수	145
배타	48
배타적 논리합	65
벡터	300
벡터의 내적	305
벤 다이어그램	58
변(간선)	116
변환하여 풀기	253
복호	249
부정	56, 259
분류 문제	300
비슷하게 풀기	253
비트 열	250
빠짐없고 겹치지 않는 분할	48

사칙연산	96
세 개의 램프 게임	83
세지 않고 답을 구하는 법칙	186
셀 수 없는 집합	267
셀 수 있는 집합	263
셀 수 있다	263
셋으로 나누기	94
소수	260
소수는 무한히 많다	260
소수 판정 프로그램	277

소프트웨어 테스트	231
손실 함수	312
수를 센다	153
수직선	52, 247
수학적 귀납법	129, 204
수학적 귀납법에 의한 증명	131
수학적 귀납법 프로그램	142
순열	169
순환 불변 조건	144
승차 요금 문제	48
시어핀스키 개스킷	220
식목산	155
실수 전체의 집합	273
쌍대성	78

아라비아 숫자	42
암호	249
역	74
예측 문제	297
오셀로 게임	104
오셀로 퀴즈	138
오차 역전파법	319
오차제곱합	312
요일 퀴즈	97
위치 기수법	31
유리수 전체 집합	265
유한 집합	263
이분 검색	237
이분법	237

이중 부정	57
이진 검색	232, 237
일반화	128, 156, 165, 170, 176, 330
일반화 능력	311
입력	295, 297

ㅈ

자리 표기법	31
자리 확보	38
자연 언어	47
잘못된 수학적 귀납법	138
잡음	107
재귀	190
재귀적 사고방식	204
재귀적인 도형	217
전기회로	67
점토판	41
점화식	196
정수에 관한 주장	131
정수열	267
정수열 전체 집합	268
정수와의 대응	153
정수 전체 집합	264
정의되지 않음	86
정점	116
정지 문제	282
정지 판정 문제	282
조건 논리곱	87
조건 명제	70
조건 분기	55
조합	175
조합론적 의미	216
조합론적 폭발	227
조합론적 해석	216
조합 수의 재귀적 정의	214
주기	101
주기의 시각화	101
중복	51, 153
중복도	175
중복 조합	181
지수법칙	37, 244
지수적 폭발	227
진리표	56
진법 덧셈표	30
진법 변환	28
짝수점	117

ㅊ

차수	117
참	49
처리능력	295
최대 정수	259
출력	296, 297
치환	164
치환·순열·조합 사이의 관계	178
친구 찾기 퀴즈	108

ㅋ

카르노 맵	81

칸 나누기	182
커다란 문제는 작은 덩어리로 나누어 푼다	43
컴파일러	282
컴퓨터 통신	107
쾨니히스베르크의 다리	113
키	249
키의 비트 길이	250

ㅌ

타일 깔기 퀴즈	111
테스트 데이터	299, 311
통신	106
통신 에러	107

ㅍ

파라미터	298, 310
파스칼의 삼각형	211
파피루스	41
판타지 법칙	331
패리티	96
패리티 비트	107
패리티 확인	107, 111, 113, 121
패턴	38
퍼셉트론	303
퍼즐의 원리	252
페르마의 마지막 정리	288
포함과 배제의 원리	160
프랙털 도형	220
프로그램으로 작성할 수 없는 함수	278
프로그램 집합	266
플레이스홀더	44
피보나치 수열	208

ㅎ

하노이의 탑	191
하노이의 탑 프로그램	198
학습	299
학습률	316
학습 완료 모델	299
한붓그리기	113
함수	277
함의	70
함정의 논리	72
항진 명제	69
해독	251
홀수점	117
확률적 알고리즘	254
활성화 함수	304
회로도	67
훈련 데이터	299, 311
힘을 다해 풀기	253

A

and	59

B

Base	131

Binary Search	237
Brute-force Attack	250

C

Closed-form Expression	198
Combination	175
Conditional And	87
Countable	263

D

de Morgan's Law	77

E

Enumerable	263
Error Backpropagation	319
exclusive or	65
Exponential Explosion	227

F

Factorial	166
false	49

G

GNU	190
Goldbach's conjecture	289
Gradient Descent	316

H

Halting Problem	282

I

if 문	54
Induction	132, 203

K

Karnaugh Map	81

L

Loop Invariant	144

M

Machine Learning	295
Mathematical Induction	129

N

n!	167, 201
nCk	177, 212
not	56
nPk	171
N진법	32

or	62
Overfitting	311

Parity	96
Permutation	169
Placeholder	44
Positional Notation	31
Proposition	49

Recurrence	196
Recursion	203
Recursive Relation	196

Short-circuit Logical And	87
Sierpinski Gasket	220
Sierpinski Triangle	220
Substitution	164

T

The Principle of Inclusion and Exclusion	160
true	49

undefined	86

V

Venn Diagram	58